भारतीय मुसलमान : मिथक और यथार्थ

सुहेल वहीद इम्तियाज अहमद पंकज रफीक जकरिया
प्रवीर गंगोपाध्याय मणिशंकर अय्यर मस्तराम कपूर अरविन्द मोहन अरुण कुमार त्रिपाठी महरउद्दीन खाँ अतहर फारूकी
नीरेन्द्र नागर सुरेन्द्र मोहन राजकिशोर जावेद अख्तर

भारतीय मुसलमान

मिथक और यथार्थ

संपादक

राजकिशोर

वाणी प्रकाशन

वाणी प्रकाशन का 'लोगो'
विख्यात चित्रकार मक़बूल फ़िदा हुसेन की
कूची से

ISBN : 81-7055-291

वाणी प्रकाशन
21-ए, दरियागंज, नयी दिल्ली-110002
द्वारा प्रकाशित

फोन : 0091#11#23273167, 23275710
फैक्स : 0091#11#23275710
ई-मेल : vaniprakashan@gmail.com
vani_prakashan@yahoo.com
वेबसाइट : www.vaniprakashan.com
संस्करण : 2004
द्वितीय संस्करण : 2011

मूल्य : 200.00

जय भारत प्रिंटिंग प्रेस, शाहदरा, दिल्ली-110032
द्वारा मुद्रित

BHARTIYA MUSALMAAN
Editor by **Raj Kishore**

क्रम

सम्पादक की बात

'आज के प्रश्न' शृंखला की यह दूसरी पुस्तक है। पहली पुस्तक में हमने अयोध्या विवाद को केन्द्र में रख कर हिन्दू साम्प्रदायिकता की राजनीति के विभिन्न पहलुओं पर विचार किया था। यह भारतीय मुसलमानों की स्थिति पर प्रकाश डालती है। भारत में मुसलमान सबसे बड़ा अल्पसंख्यक वर्ग है—पूरी आबादी का लगभग 12 प्रतिशत। उनकी बहुत बड़ी आबादी हिन्दी बोलनेवालों की है—यह और बात है कि जनगणना करनेवाले कर्मचारी मुसलमान देखते ही उसकी भाषा उर्दू लिख लेते हैं। किन्तु खेद की बात है कि हिन्दी में मुसलमानों की समस्याओं पर वस्तुपरकता के साथ विचार करनेवाली पुस्तकें बहुत कम हैं। कह सकते हैं, नहीं के बराबर। आशा है, यह पुस्तक इस कमी की कुछ पूर्ति करेगी।

भारत से इस्लाम का परिचय बहुत पुराना है। ईसा की सातवीं शताब्दी में, जब पश्चिमी देश इस्लाम के सम्पर्क में नहीं आये थे, इस्लाम ने एक युवा धर्म के रूप में भारत में प्रवेश किया। आम तौर पर यह माना जाता है कि इस्लाम तलवार के जोर पर फैला। हो सकता है दुनिया के और हिस्सों के लिए यह सच हो, पर भारत में यह एक मिथक है। इस्लाम में यकीन रखनेवाले सामन्तों ने तलवार के जोर पर भारत में अपनी हुकूमत जरूर स्थापित की, किन्तु हिंसा के भय से बड़े पैमाने पर धर्मांतरण के प्रमाण नहीं मिलते। भारत में धार्मिक आस्था और धार्मिक स्वतन्त्रता का जैसा माहौल रहा है, उसे देखते हुए ऐसा कोई प्रयास शायद सफल भी नहीं होता। धर्मांतरण बेशक हुए, लेकिन उनके पीछे मुख्यतः सामाजिक गतिशीलता के तत्त्व थे। जिन जातियों की स्थिति हिन्दू समाज में अच्छी नहीं थी, उनके सदस्यों ने सामाजिक बराबरी और राजसत्ता के संरक्षण की खोज में इस्लाम की शरण ली। उच्च जातियों में कुछ ने संघर्ष किया, कुछ ने समर्पण और शेष ने यथास्थिति से समझौता। इस तरह भारत में एक ऐसा समाज बना, जिसमें हिन्दू-मुसलमान के बीच एक बुनियादी तनाव तो हमेशा बना रहा, पर साथ ही यह कोशिश भी बराबर बनी रही कि आपसी सहिष्णुता को बढ़ाया

जाये। ब्रिटिश काल में हिन्दू-मुसलमान के बीच दूरी लाने के सुनियोजित प्रयास किये गये। इसी का एक परिणाम था भारत विभाजन। कांग्रेस की ओर से देश का विभाजन इस आधार पर स्वीकार किया गया था कि इससे साम्प्रदायिक समस्या हमेशा के लिए सुलझ जायेगी। लेकिन विभाजन के साढ़े चार दशक बाद हम पाते हैं कि देश की मुख्य समस्या यही है।

विद्वान विचारक पंकज इनमें से अनेक स्थापनाओं से सहमत नहीं हैं। उन्होंने अपने विचारोत्तेजक लेख में इतिहास के विपरीत साक्ष्यों की झड़ी-सी लगा दी है। इसमें संदेह नहीं कि भारत में मुस्लिम शासकों ने कोई आदर्श राज्यतन्त्र नहीं बनाया—जो बनाया वह हिन्दू राज्यतन्त्र से अनेक स्तरों पर घटिया ही था। लेकिन यदि मुस्लिम शासकों के अत्याचार उस पैमाने पर हुए, जिसका पंकज ने जिक्र किया है, तो उसे छिपा कर रखने में कोई तुक नहीं है। अतीत की कटुताओं को रोज-रोज याद करना अच्छी बात नहीं जैसा कि भारतीय जनता पार्टी के लोग करते हैं, लेकिन कोई भी समुदाय अपना इतिहास भी भुला नहीं सकता। अतः वस्तुपरक दृष्टि से इतिहास मंथन लगातार चलना चाहिए और यह हमारी ऊँचाई ही होगी कि उसके बावजूद हम वर्तमान की समस्याओं पर मानवीय दृष्टि से विचार कर सकें। जिस समुदाय में यह ऊँचाई नहीं होगी, वह इतने कटु अतीत के साथ सहजतापूर्वक नहीं जी सकता। लेकिन यह ऊँचाई तभी हासिल की जा सकती है, जब हमारी जीवन व्यवस्था मानवीय लक्ष्यों से प्रेरित हो। फिलहाल ऐसा नहीं है। इसीलिए इतनी कटुता और इतना कोलाहल है। इस दिशा में लेखक के सुझावों पर गंभीर विचार होना चाहिए।

साम्प्रदायिक स्थिति पर टिप्पणी करते वक्त आम तौर पर दो असमान समुदायों को एक ही तराजू पर तोल दिया जाता है। यह साम्प्रदायिक तटस्थता की एक स्वाभाविक माँग प्रतीत होती है। इसीलिए हिन्दू साम्प्रदायिकता के उभार को हिन्दू-मुस्लिम संघर्ष के रूप में पेश करना आसान हो जाता है। लेकिन वास्तविकता यह नहीं है। विभाजन के पूर्व मुस्लिम उग्रवाद था। उसने अपनी कीमत भी वसूली। लेकिन विभाजन के बाद भारत का मुसलमान एक दीन-हीन प्राणी है। उस पर इतिहास की गहरी छायाएँ और वर्तमान के कुरूप दबाव हैं। उसकी सामाजिक स्थिति दयनीय है, राजसत्ता का कोई संरक्षण नहीं है और ऐसे लोगों की संख्या लगातार बढ़ती जा रही है जिन्हें भारत में मुसलमान का रह जाना अतार्किक लगता है। एक दृष्टि से शायद यह बेहतर होता, यदि विभाजन के साथ ही आबादी का विनिमय भी हो गया होता, हालाँकि तब कुछ नयी समस्याएँ पैदा हो सकती थीं, जिनके बारे में हम कल्पना भी नहीं कर सकते। लेकिन भारत में मिश्रित आबादी का बचे रहना और दोनों के बीच परिचय और सद्भाव का न बढ़ पाना भी कम भयावह नहीं है। इसके कारण भारत में मुसलमान परिवार मे

पैदा होना एक ऐसा अभिशाप हो चुका है, जिससे मुक्त होने का कोई तरीका आपाततः नजर नहीं आता। युवा पत्रकार **सुहेल वहीद** ने अपने और अपने परिचितों के अनुभव के आधार पर इस अभिशाप को कुछ अभिव्यक्ति दी है। यह उस ट्रेजेडी का एक बहुत अधूरा सारांश है, जो भारतीय मुसलमान को झेलनी पड़ती है। इस तरह की रचनाएँ अधिक संख्या में लिखी जायें तो एक अलग तरह का दलित साहित्य तैयार हो सकता है।

कुछ समय पहले तक माना जाता था कि भारतीय मुसलमानों की मुख्य समस्याएँ उर्दू की सुरक्षा, अलीगढ़ मुस्लिम विश्वविद्यालय के अल्पसंख्यक चरित्र की रक्षा आदि हैं। अब बाबरी मस्जिद का मुद्दा केन्द्रीय मुद्दे के रूप में पेश किया जा रहा है। कहना न होगा कि यह उन मिथकों के कारण सम्भव हुआ है जो मुसलमानों के एक वर्ग ने अपने समुदाय के बारे में बनाये हैं। इसके कारण भारतीय मुसलमानों की वास्तविक समस्याओं की चर्चा नहीं हो पायी है। सम्मानित समाजशास्त्री और भारतीय मुसलमान समाज के गम्भीर अध्येता **प्रो० इम्तियाज अहमद** इन समस्याओं का बहुत बारीकी से परीक्षण करते हैं। जिस तरह मंडलवादी हिन्दू-हिन्दू में फर्क करते हैं, ठीक उसी तरह तो नहीं, पर एक अलग तरीके से वे मुसलमान-मुसलमान में भी फर्क करते हैं। फर्क के इस तर्कशास्त्र को समझने से ही हम यह सवाल पूछ सकेंगे कि पश्चिम बंगाल में उर्दू अकादमी की ऐसी क्या खास जरूरत थी, जबकि हिन्दी अकादमी उसके बहुत बाद बनी। तब सरकारी नौकरियों में मुसलमानों का प्रतिशत कम होने की वास्तविकता का अर्थ सिर्फ यह नहीं रह जायेगा कि उनके साथ साम्प्रदायिक भेदभाव किया जाता है, हम यह भी समझ सकेंगे कि मुसलमानों के रोजगार का एक बड़ा क्षेत्र परम्परागत कारीगरी का रहा है और वह पश्चिमी ढंग के उद्योगीकरण से ज्यादा प्रभावित हुआ है। प्रो० अहमद के तर्क महत्त्वपूर्ण और विचारणीय हैं, इसके बावजूद ऐसा लग सकता है कि एक समुदाय के रूप में भारतीय मुसलमान को जो खास असुविधाएँ झेलनी पड़ती हैं, उन्हें शायद उनके लेख में उचित महत्त्व नहीं दिया गया है।

विद्वान और राजनीतिज्ञ **डॉ० रफीक जकरिया** का लेख इस प्रश्न से टकराता है कि क्या सचमुच भारत में मुसलमानों को विशेष महत्त्व दिया जाता है। राष्ट्रीय स्वयंसेवक संघ घराने के प्रचार के कारण बहुत-से पढ़े-लिखे और अन्यथा समझदार लोग भी यह शिकायत करते पाये जाते हैं कि हिन्दू अपने देश में ही उपेक्षित हो रहा है और मुसलमानों का तुष्टीकरण हो रहा है। निश्चय ही इसके कुछ छोटे-मोटे प्रमाण भी हैं (जैसे शाह बानो फैसले को उलट देना), लेकिन गौर से देखें तो हिन्दू समाज के साथ भी तुष्टीकरण का यही खेल खेला गया है। हरिजनों और आदिवासियों को दिये गये आरक्षण का जो हाल हुआ है, उसे देखते हुए क्या

इसे तुष्टीकरण की ही कोटि में नहीं रखा जायेगा ? पिछड़ी जातियों की व्यापक समस्याओं को देखते हुए मंडल आयोग की वास्तविकता भी यही नजर आयेगी। वर्ग के स्तर पर क्या मध्य वर्ग का तुष्टीकरण नहीं किया जाता है ? वस्तुत: कोई भी लोकतांत्रिक व्यवस्था, सतही तौर पर, तुष्टीकरणों के दांव-पेच से ही चलती है। लेकिन इस दांव-पेच में भी मुसलमान के साथ न्याय नहीं हुआ है। डॉ० जकरिया का लेख इस दृष्टि से भी महत्त्वपूर्ण है कि भारत विभाजन के लिए मुसलमान किस हद तक जिम्मेदार हैं, इस प्रश्न का भी वे गम्भीर विवेचन करते हैं। सच तो यह है कि जब तक भारत विभाजन के पाप का प्रक्षालन नहीं होगा, इस उपमहादेश की साम्प्रदायिक समस्या सुलझ नहीं सकती। इस दृष्टि से समाजवादी कार्यकर्ता और युवा पत्रकार **अरविन्द मोहन** का लेख बहुत ही महत्त्वपूर्ण है। उन्होंने बांग्लादेशी शरणार्थियों के सवाल का भी मार्मिक विवेचन किया है। यदि इस बारे में विवेकसंगत रुख अख्तियार नहीं किया गया तो हिन्दू सम्प्रदायवादियों को अपना प्रचार अभियान जारी रखने का एक मुद्दा लगातार उपलब्ध रहेगा।

साम्प्रदायिक दंगा भारत के मुसलमानों की एक स्थायी समस्या बनती जा रही है। दंगा कहने से हिंसा का वह रूप ठीक-ठीक सामने नहीं आता, जिसे भारत में मुसलमान को अक्सर झेलना पड़ता है। यह एक क्रूर, बर्बर हिंसा है। इस बात की सजा कि वह मुसलमान क्यों है और मुसलमान है तो भारत में क्यों है। निश्चय ही दंगों के दौरान कुछ हद तक हिन्दू के खिलाफ भी यह हिंसा होती है, लेकिन हाल में दंगों का जो रूप सामने आया है, उसे मुस्लिम विरोधी हिंसा ही कहा जा सकता है। उस वक्त पुलिस और प्रशासन सब घटिया हिन्दू बन जाते हैं। समाजवादी लेखक **मस्तराम कपूर** ने दंगों के इतिहास और समाजशास्त्र पर विस्तार से विचार किया है। उनके इस निष्कर्ष से कौन असहमत हो सकता है कि भारतीय समाज में बढ़ती हुई हिंसा भारतीय राज्य के छिन्न-भिन्न होने की भी निशानी है। अत: साम्प्रदायिक हिंसा को रोकने के लिए हमें सिर्फ सामुदायिक सद्भाव पर ही ध्यान नहीं देना चाहिए, बल्कि अपनी राज्य-व्यवस्था को भी सक्षम और प्रभावशाली बनाना चाहिए।

मुस्लिम आबादी के मिथक पर दो लेख हैं। पहला लेख **प्रवीर गंगोपाध्याय** का है और सबसे पहले बांग्ला मासिक 'चतुरंग' के जनवरी '91 अंक में प्रकाशित हुआ था। तीन महीने बाद अनूदित और संक्षिप्त कर इसे मुजफ्फरपुर से प्रकाशित हिन्दी मासिक 'सामयिक वार्ता' में प्रकाशित किया गया। इस लेख में 1981 तक के आँकड़ों तथा एक निजी शोध के आधार पर महत्त्वपूर्ण निष्कर्ष निकाले गये हैं। पूर्व नौकरशाह और कांग्रेस सांसद **मणिशंकर अय्यर** का लेख ताजा आँकड़ों के आधार पर संघ घराने के मिथ्या प्रचारों का उपहास करता है। श्री

अय्यर के लेख से स्पष्ट होता है कि विभिन्न समुदायों की आबादी के तुलनात्मक आँकड़े पेश कर द्वेष फैलाने से बेहतर है कि भारत की जनसंख्या समस्या का वस्तुपरक विश्लेषण किया जाये और ऐसी जीवन स्थितियाँ पैदा की जायें, जो आबादी की अनावश्यक वृद्धि रोकती हैं, जैसे साक्षरता का प्रसार, कन्या शिक्षा को प्रोत्साहन, गरीबों की स्वास्थ्य सुविधाओं में वृद्धि और तीव्र आर्थिक विकास ।

प्रश्न यह है कि मुसलमानों के बारे में इस तरह के मिथक समाज में जड़ कैसे जमा लेते हैं। इसका एक कारण है मीडिया के पूर्वाग्रह, जिन पर युवा पत्रकार **नीरेन्द नागर** ने सूक्ष्मता से विचार किया है। 'इलस्ट्रेटेड वीकली ऑफ इण्डिया' के उदाहरण से स्पष्ट है कि अंग्रेजी पत्रकारिता भी इन पूर्वाग्रहों से मुक्त नहीं है। लेकिन हिन्दी पत्रकारिता का एक बड़ा हिस्सा तो हिन्दू पत्रकारिता ही होता जा रहा है । आशा है, श्री नागर की टिप्पणी पत्रकार समुदाय को आत्मनिरीक्षण के लिए प्रेरित करेगी, हालाँकि बेहतर स्थिति के लिए कुछ संरचनात्मक परिवर्तन भी आवश्यक होंगे ।

भारतीय मुसलमानों के सन्दर्भ में समान सिविल कानून का सवाल एक महत्त्वपूर्ण मुद्दा है । जिस देश में तरह-तरह के सिविल कानून प्रचलित रहे हैं, वहाँ इस बात पर कोई खास चिन्ता नहीं होनी चाहिए थी कि मुसलमानों के लिए अलग सिविल कानून क्यों है । लेकिन साम्प्रदायिक प्रचार के द्वारा इसे एक अहम मुद्दा बनाना सम्भव हुआ है। मुख्य और शर्मनाक आपत्ति यह प्रतीत होती है कि हिन्दू एक समय में एक ही पत्नी रख सकता है, जबकि मुसलमान चार। यह स्थिति निश्चय ही अतार्किक है, यद्यपि आम तौर पर यह आपत्ति जिस प्रकार व्यक्त की जाती है, उसका संकेत मुख्यतः भोगवादी ही है यानी हिन्दुओं को तीन और विवाहित स्त्रियों का भोग करने के कानूनी अधिकार से क्यों वंचित रखा जा रहा है ? स्पष्ट है कि मुस्लिम समाज की एक विसंगति का इस्तेमाल हिन्दू साम्प्रदायिकता को बढ़ावा देने के लिए किया जा रहा है। विचारशील युवा पत्रकार **अरुण कुमार त्रिपाठी** ने समान नागरिक कानून की पेचीदगियों का संतुलित विश्लेषण किया है । उनकी यह टिप्पणी बहुत ही सटीक है कि जिस तरह हम पेड़ की फुनगी से उस पर नहीं चढ़ सकते, उसी तरह समान नागरिक संहिता से एक धर्मनिरपेक्ष और समरस समाज नहीं बनाया जा सकता । स्पष्टतः फुनगियाँ वही नोचते हैं, जिन्हें जड़ों या तने से प्रेम नहीं होता ।

समान और न्यायपूर्ण सिविल कानून की समस्या वस्तुतः मुस्लिम स्त्रियों की समस्या है और वे इसके खिलाफ उल्लेखनीय ढंग से संघर्ष नहीं कर पायी हैं, तो इसका एक कारण पूरे मुस्लिम समाज की असुरक्षा भावना है। जिस दिन यह असुरक्षा भावना खत्म या कम होगी, मुस्लिम स्त्री की आवाज सामने आयेगी। वरिष्ठ पत्रकार **महरउद्दीन खाँ** ने अपने लेख में मुस्लिम स्त्री की विडम्बनाओं

पर प्रकाश डाला है। वे बताते हैं कि इस्लाम में स्त्री के लिए बहुत ही सम्मानपूर्ण जगह है (शायद कुछ वैसी ही जैसी प्राचीन हिन्दू ग्रन्थों में 'यत्र नार्यस्तु पूज्यते' जैसे श्लोकों से प्रकट होती है), लेकिन पुरुष स्वार्थों ने इस्लामी प्रावधानों की गलत व्याख्या की है और स्त्री का अवमूल्यन किया है।

उर्दू का मामला लगातार उलझता जा रहा है। शुक्र है कि इसे विदेशी भाषा नहीं माना जाता। लेकिन भारत में उसका भविष्य क्या है? शोध छात्र **अतहर फारूकी** ने उत्तर प्रदेश का सर्वेक्षण किया, तो यह तथ्य सामने आंया कि उत्तर प्रदेश में उर्दू माध्यम के प्राइमरी, जूनियर या हाई स्कूलों की संख्या नगण्य है। जब उर्दू पढ़ायी ही नहीं जायेगी, तब उर्दू जाननेवालों की संख्या क्या लगातार कम नहीं होती जायेगी? यह सच है कि सफल मुसलमान अपने बच्चों को उसी तरह उर्दू नहीं पढ़ा रहे हैं, जिस तरह सफल हिन्दीभाषी अपने बच्चों को हिन्दी नहीं पढ़ाते, लेकिन सिर्फ यही उर्दू की दुर्दशा का कारण नहीं है। उर्दू के साथ भेदभाव कहीं न कहीं भारतीय मुसलमान के साथ भी भेदभाव है। श्री फारूकी ने अपने लेख में उर्दू की ट्रेजेडी को हमारे सामने रखा है। उनका यह खयाल इस ट्रेजेडी का ही अंग प्रतीत होता है कि मुस्लिम दीनी मदरसों की मदद से ही भारत में उर्दू को बचाया जा सकता है। निश्चय ही यह उर्दू उसी तरह गैर-सेकूलर होगी, जिस तरह ब्राह्मणों के संसर्ग के कारण संस्कृत हो गयी है। उर्दू को उसके वास्तविक सौन्दर्य और सम्पूर्ण सम्भावनाओं के साथ बचाना है, तो उसे आधुनिकता के साथ जोड़ना होगा। उर्दू यदि देवनागरी लिपि स्वीकार कर लेती है -- जो यह देखते हुए उचित ही लगता है कि आधुनिक हिन्दी और उर्दू एक ही भाषा खड़ी बोली के दो रूप हैं— तो शायद उसकी स्वीकार्यता बहुत बढ़ जायेगी और अनेक लोग, जिनके लिए फारसी लिपि में लिखी हुई उर्दू अबूझ है, उर्दू का आनन्द प्राप्त कर सकेंगे।

मुसलमान को ले कर देश में इस वक्त जितनी राजनीति की जा रही है, उसे देखते हुए भारतीय राजनीति के साथ मुसलमान के रिश्तों पर विचार करना आवश्यक लगता है। प्रबुद्ध समाजवादी टिप्पणीकार **सुरेन्द्र मोहन** ने यही किया है। स्पष्ट है कि पाकिस्तान बन जाने से सबसे अधिक राजनीतिक नुकसान भारत में रह गये मुसलमानों को ही हुआ है। (इस सन्दर्भ में पंकज का यह प्रश्न महत्त्वपूर्ण है कि फिर विभाजन को समाप्त करने के लिए भारतीय मुसलमानों ने कोई आन्दोलन क्यों नहीं चलाया?) आजादी के बाद की भारतीय राजनीति का संक्षिप्त सर्वेक्षण कर सुरेन्द्र मोहन ने जो निष्कर्ष निकाले हैं, वे इस मिथक को तोड़ते हैं कि मुस्लिम वोट बैंक नाम की कोई चीज है। मुसलमानों का सामान्य राजनीतिक आचरण कमोबेश वैसा ही रहा है, जैसा अन्य जमातों का। यह जरूरी है कि अपना राजनीतिक विकल्प चुनते वक्त उन्होंने अपनी सुरक्षा के पहलू पर

विशेष ध्यान दिया है, लेकिन एक अल्पसंख्यक वर्ग के रूप में उनके साथ जो कुछ होता रहा है, उसे देखते हुए यह स्वाभाविक ही माना जाना चाहिए।

असली दिक्कत ऐसे नेतृत्व के अभाव की है जो मुसलमानों की समस्याओं की फिक्र कर सके। मुस्लिम बुद्धिजीवी और हिन्दी पटकथा लेखक जावेद अख्तर का मानना है कि यह मुस्लिम नेतृत्व का काम नहीं है। बुनियादी तौर पर बात सच है। यदि मुस्लिम नेतृत्व होगा, तो हिन्दू नेतृत्व और सिख नेतृत्व भी होगा। जब हम इस तथ्य पर गौर करते हैं कि देश के प्रायः सभी लोगों की समस्याएँ एक जैसी हैं, तो समाधान यही प्रतीत होता है कि ऐसे संवेदनशील नेतृत्व का विकास हो, जो समाज के सभी वर्गों का हित-साधन कर सके। वस्तुतः ऐसा नेतृत्व ही साम्प्रदायिक समस्या का भी समाधान कर सकता है। लेकिन शायद इस तर्क में भी कम दम नहीं है कि अल्पसंख्यकों और विशेष समुदायों को अपना सामाजिक नेतृत्व भी चाहिए। मसलन आज एक हिन्दू मुस्लिम समाज की रूढ़ियों पर चोट नहीं कर सकता। यह काम मुस्लिम नेतृत्व का है। इसी तरह मुस्लिम समुदाय के जो खास सवाल हैं, उनमें मुस्लिम नेतृत्व का हस्तक्षेप ज्यादा कारगर होगा। मेरा लेख इस प्रश्न के कुछ पहलुओं की उधेड़बुन करता है। वह माँग करता है कि आत्मनिरीक्षण से न कतरा कर और बौद्धिक साहस तथा ईमानदारी दिखा कर ही मुस्लिम समाज देश में अपनी वाजिब जगह बना सकता है। पिछले दिनों मुस्लिम समाज में एक खास तरह का आलोड़न दिखाई पड़ा था, जिससे उम्मीद बँधती थी कि एक नये प्रगतिशील मुस्लिम नेतृत्व का उदय हो सकता है। किन्तु अभी तक तो कुछ ठोस उभर नहीं पाया है। उम्मीद करनी चाहिए कि शीघ्र ही ऐसा हो सकेगा।

राजकिशोर

भारत में मुसलमान होना

सुहेल वहीद

क्या भारत विभाजन की वकालत करनेवालों के तर्क सही थे? क्या उनका यह समझ जाना तार्किक था कि भारत में अब मुसलमानों को हिन्दुओं का महकूम बन कर ही रहना होगा? भारत में मुसलमानों को समान अधिकार नहीं मिल सकते? ये प्रश्न मेरे जीवन में भी कुछ जल्दी ही आ गये।

इंटर तक मैं विज्ञान का छात्र था। ज्यादा अच्छा तो नहीं, लेकिन ठीक-ठाक। चूंकि मेरे शहर में बी०एस-सी० की कोई व्यवस्था नहीं थी और घर में इतने पैसे नहीं थे कि मैं लखनऊ या दिल्ली जा कर बी०एस-सी० करता, इसलिए वहीं बी०ए० करने पर मुझे मजबूर होना पड़ा। बी०ए० में भी मैंने अंग्रेजी साहित्य को अपना प्रमुख विषय बनाया। लेकिन संजीदगी से पढ़ नहीं सका। कुछ घरेलू कारण, कुछ उस कॉलेज का माहौल जहाँ बी०ए० में अंग्रेजी की पढ़ाई मात्र 14 कक्षाओं तक ही सीमित रही।

बी०ए० पहले वर्ष में ही मन कुछ उचाट हो चुका था। अखबार उन दिनों ज्यादा तन्मयता से पढ़ता था। बेरोजगारों को इस व्यवस्था में किस तरह लूटा जा रहा है, इस पर एक लेख लिख कर नवभारत टाइम्स, लखनऊ को भेज दिया। लेख इतने अच्छे ढंग से छपा और इतना पसंद किया गया कि मुझे आश्चर्य ही आश्चर्य हुआ। फिर लिखने की हूक उठने लगी। लगा कि मुझे अखबार ही निकालना चाहिए।

भारत में मुसलमान को किस तरह उसकी औकात में रहने को मजबूर किया जाता है उसकी कहानी यहीं से शुरू होती है। सीतापुर, जहाँ मेरा जन्म हुआ, जहाँ मैं बढ़ा-पला, के सभी पत्रकार या तो मेरे चाचा थे या मामा। सभी का मेरे प्रति बहुत स्नेह था। सभी मेरी तारीफ भी करते थे, लिखने को उत्साहित भी करते थे, लेकिन जब मैंने अखबार निकालने की ठानी तो कई लोग बिदके।

मुझे याद नहीं कि मेरे मन में किसने यह बात बिठा दी थी कि हिन्दी छोड़ो, बहुत कम्पटीशन हैं। उर्दू में अखबार निकालो। सरकारी रियायतें बहुत हैं और

निकालना भी आसान। फिर शहर में सिर्फ एक उर्दू अखबार है, तुम्हारा अखबार जल्दी ही छा जायेगा। मैं दावे के साथ नहीं कह सकता कि मुसलमान होने की कमजोरी ने मुझे इन सब बातों पर अमल करने को मजबूर किया था या कुछ और बात थी। नतीजतन एक ऐसे शहर में, जहाँ न कोई कातिब था और न उर्दू प्रेस, मैंने 14 मार्च 1983 को कार्ल मार्क्स की 100वीं पुण्यतिथि पर एक पाक्षिक उर्दू अखबार लखनऊ से छपवा कर प्रकाशित किया। नतीजा यह निकला कि पहले अंक से ही मैं पूरे सीतापुर के मुसलमानों की निगाह में काफिर हो गया। कारण, अखबार के पहले ही पृष्ठ पर मार्क्स का स्केच था।

तब तक मैं बी०ए० कर चुका था। मुझे नहीं मालूम क्या हुआ और क्यों उर्दू मेरी कमजोरी बनती चली गयी। लेकिन यह सब हुआ उसी दौरान जब मैं अखबार निकाल रहा था। धीरे-धीरे मैं उर्दू पत्रकार के रूप में अपनी जगह बनाता जा रहा था। उत्तर प्रदेश सरकार से मुझे मान्यता भी मिल गयी थी।

इनके बावजूद कि कक्षा एक से बी०ए० तक विषय के रूप में मैंने उर्दू नहीं पढ़ी थी, मैंने उर्दू साहित्य से एम०ए० में एडमिशन ले लिया। यह सच है कि उन दिनों मैं हर काम उर्दू के माध्यम से ही करता, क्योंकि आसान था। यह भी सच है कि उन दिनों उर्दू को देने के लिए कुछ रियायतें कम से कम सरकारी स्तर पर जरूर मौजूद थीं। जब तक एम०ए० पूरा होता, मेरा अखबार बंद हो गया, क्योंकि मुसलमानों से उसे समर्थन ही नहीं मिला। अब मेरे सामने रोजगार का संकट आया। मैं दिल्ली गया।

दिल्ली में जो परेशानियाँ सबको होती हैं, वही मुझे हुईं। उनका जिक्र फिजूल है। उनका समाधान मैंने कैसे निकाला, मजेदार यह है। मेरा एक दोस्त था, उसने मुझे कुछ कीमती मशविरे दिये। मसलन, अगर मैं यहाँ की किसी यूनिवर्सिटी में एडमिशन ले लूँ तो कम से कम 12 रुपये वाला पास तो बन ही जायेगा। आना-जाना फ्री हो जायेगा। जरा कोशिश करो तो हॉस्टल भी। उसका यह फार्मूला मेरे काम आया। मुझे भेजा गया था जामिया मिलिया, लेकिन मैं गया दिल्ली विश्वविद्यालय। वहाँ मुझे कौन पूछता, लेकिन फिर उर्दू काम आयी। वहाँ के उर्दू विभाग में मुझे एम०फिल० में एडमिशन मिल गया। उर्दू स्कॉलर के तौर पर मैंने अपनी कई समस्याएँ तो हल ही कर लीं, साथ ही रोजगार की समस्या भी हल हो गयी। एक उर्दू अखबार में काम मिल गया।

उन्हीं दिनों लखनऊ से हेराल्ड ग्रुप के उर्दू दैनिक 'कौमी आवाज' का पुनः प्रकाशन शुरू हो रहा था। 'नेशनल हेराल्ड' ग्रुप में नौकरी करना मेरे लिए एक तरह का सपना था। 'कौमी आवाज' भारत का सबसे बड़ा और स्तरीय उर्दू दैनिक है। आधुनिक उर्दू पत्रकारिता के मानदंड इसी अखबार ने बनाये। उसमें काम करना मुझे सौभाग्य जैसा लगा। मैंने वहाँ नौकरी कर ली। मात्र सात

महीने में ही वहाँ के तजुर्बे चौंकानेवाले थे। वही विज्ञप्तियाँ वहाँ भेजी जातीं जो अल्पसंख्यकों से सम्बन्धित होतीं। उ० प्र० का सूचना विभाग भी उसी तरह की खबरें 'कौमी आवाज' को देता, जिनका मुसलमानों से सम्बन्ध होता। कांग्रेसी सरकार के रहते जवाहरलाल के अखबार के साथ यह रवैया आँखें खोलनेवाला था। रमजान शुरू होते ही लखनऊ के कांग्रेसी नेता 'कौमी आवाज' के पत्रकारों को इफ्तार की दावतें देना शुरू कर देते और एक महीने बाद फिर सब खत्म। हम लोग अपने अखबार के प्रति पूरी निष्ठा रखते थे। उसके स्तर में किसी तरह की कमी नहीं आये, इसका विशेष ध्यान रखते थे। किसी भी भाषा के राष्ट्रीय दैनिक से 'कौमी आवाज' पीछे न रह जाये, इसका भरसक प्रयत्न सभी का रहता था। लेकिन शासन, प्रशासन और नेताओं का 'कौमी आवाज' के पत्रकारों से यह जघन्य सुलूक मुझे अंदर तक हिला गया। मैंने पहली बार अपने मुसलमान होने का शदीद तौर पर एहसास वहीं किया। मुझे साफ लगा कि हमारे साथ भेदभाव किया जा रहा है जो इतना साजिशी है कि उसके खिलाफ बोलने पर साम्प्रदायिक करार दे दिया जायेगा।

इस एहसास के और ज्यादा पुख्ता होने से पहले ही मैंने फैसला कर लिया कि मुझे 'उर्दूवाला' हो कर नहीं रहना है और अपने साथ हो रहे इस भेदभाव का रचनात्मक रूप से मुकाबला करना है। मैंने प्रतियोगी परीक्षाओं में बैठना शुरू किया और उत्तर प्रदेश में सहायक सूचना अधिकारी हो गया। मेरी पहली पोस्टिंग गाजियाबाद में हुई।

लेकिन इस पद के चयन में मेरी कौन-सी प्रतिभाएँ काम आयीं? यह सवाल जब-जब मेरे जेहन में उभरा, मुझे परेशान कर गया। उत्तर प्रदेश में सहायक सूचना अधिकारी हिन्दी में भी होते हैं और उर्दू में भी। मैंने हिन्दी में आवेदन किया। इंटरव्यू में उस व्यक्ति ने मुझसे कुछ नहीं पूछा जो अल्पसंख्यक वर्ग का प्रतिनिधित्व करता था, अन्य लोगों ने ही मेरा चयन किया, लेकिन अल्पसंख्यक वर्ग के 'अघोषित कोटे' के तहत ही मुझे लिया गया। सेलेक्शन पैनल के उस मुसलमान सदस्य ने बाद में मुझसे स्वीकारा भी कि तुम्हारा सेलेक्शन मैंने नहीं करवाया है, स्वयं हुआ है। तब मुझ पर यह लेबल क्यों? वह बोले, यही तो व्यवस्था है।

गाजियाबाद ज्वाइन करने के दूसरे हफ्ते ही वहाँ के एक घोर भाजपाई हिन्दी दैनिक के सम्पादक समेत कई पत्रकारों ने जिलाधिकारी से मेरे व्यवहार की शिकायत की। जिलाधिकारी ने मुझे बुला कर डाँटा। मैंने पूछा, मेरी गलती क्या है, तो और डाँटा। उसके बाद यह डाँट का सिलसिला दो-तीन महीने तक चलता रहा। मैंने कई लोगों से इस बारे में पूछा। सभी चुप लगा जाते। यह बहुत बाद में समझ में आया कि वह जिलाधिकारी मुसलमान होने के कारण मुझे डाँट रहा था। एक भाजपाई की शिकायत पर एक बड़ा मुसलमान अधिकारी दूसरे मुसलमान

अधिकारी को न डाँटे, यह असम्भव था, क्योंकि इसी तरह तो वह सेकूलर होने का सुबूत दे सकता था। मुझे डाँटना उसकी रणनीतिक मजबूरी थी।

मैं जब सहायक सूचना अधिकारी था तब अपने विभागाध्यक्ष से मेरा पहला विवाद दिवाली की छुट्टियों को ले कर हुआ था। उसका तर्क था कि चूँकि मैं मुसलमान हूँ, इसलिए मुझे दिवाली की छुट्टियों की क्या जरूरत। मुझे घर जाने की 'स्टेशन लीव' उसने इसी तर्क पर नहीं दी, इसके बावजूद कि सरकारी छुट्टी थी। यह विवाद तब तक बना रहा जब तक मैंने नौकरी ही नहीं छोड़ दी। कुछ सरकारी लालफीताशाही और कुछ इसी तरह के मतभेद, अंततः इस्तीफा देने के बाद भारत की मुख्यधारा की तलाश और हिन्दुओं की संवेदना को बहुत करीब से महसूस करने की ललक ने मुझे एक प्रतिष्ठित राष्ट्रीय हिन्दी दैनिक में नौकरी करने पर मजबूर किया।

भारत के तीन बड़े पत्रकारों में से एक ने इसके लिए मेरा इंटरव्यू लिया। पूरे इंटरव्यू में वह मुझसे यही पूछते रहे कि आप उर्दू के छात्र रहे हैं (तब मैं दिल्ली विश्वविद्यालय में उर्दू का शोधार्थी था), हिन्दी लिखने में कोई परेशानी नहीं होती? क्यों नहीं? उर्दू से हिन्दी में लिखते हैं? क्या उर्दू की लिपि बदलने के पक्ष में हैं? उर्दू के कैसे शब्द हिन्दी में लेने चाहिए? कुल मिला कर मेरी सारी काबिलियत उन्हें इसी में नजर आयी कि मैं उर्दूवाला हो कर हिन्दी अच्छी लिखता हूँ, जैसे वह अपने अखबार में भाषा विशेषज्ञ के तौर पर मुझे लेना चाहते हों। मुझे भी दूसरों की तरह दुनिया के और सारे सरोकार हैं, अंतर्राष्ट्रीय घटनाक्रम, इतिहास और राजनीति मेरा भी विषय हैं, इससे उन्हें कोई मतलब नहीं था।

चयन के बाद मुझे यहाँ नौ महीने पत्रकारिता पढ़ानेवाले मेरी हर अदा में मेरी मुसलमानियत देखते रहे। मेरी तुनकमिजाजी, मेरा 'लाउड' हो जाना, चेहरे पर सच्चे 'एक्सप्रेशन' और 'एरोगेन्ट' हो जाना सब कुछ उनके बकौल इसलिए था कि मैं मुसलमान हूँ।

दफ्तर में भी मुझे मुसलमान होने का एहसास बराबर कराया जाता रहा। 'मुस्लिम मामलों' की खबरें मेरी 'अघोषित बीट' करार पायीं। दंगों की खबरें, अयोध्या से संबंधित खबरें डेस्क पर मेरे हवाले कर दी जातीं। मेरे उन्हीं लेखों और रिपोर्टों को प्राथमिकता मिलती, जो मुस्लिम राजनीति से संबंधित होते या उर्दू से संबंधित। एक वरिष्ठ सम्पादक ने सलाह दी कि आप मुस्लिम मामलों पर लिखिए, इसमें 'स्पेशलाइज' कर लीजिए। यह ठीक है कि मुस्लिम मामलों पर मुझे लिखना चाहिए। मेरी जिम्मेदारी है। लेकिन मैं कुछ और भी लिख सकता हूँ, उसके लिए उत्साहित क्यों नहीं किया जाता? मेरा खयाल है पूरी हिन्दी पत्रकारिता की स्थिति लगभग यही है।

ज्याँ पाल सार्त्र कहता है कि इनसान के बारे में यह पहले से तय नहीं किया

जा सकता कि वह कैसा और क्या होगा। वह कहता है कि इनसान का वजूद उसके गुणों और प्रतिभाओं पर प्राथमिकता रखता है, यानी पहले वह वजूद में आता है और उसके बाद अपने वजूद को किसी शक्ल में ढालने का फैसला करता है। सार्त्र इनसान को एक सम्पूर्ण अधिकारों वाला वजूद मानता है जो अपनी परवरिश और अपने चयन में बिलकुल आजाद है। वह यह भी कहता है कि इन्सान का पैदा होना उसके बस में नहीं, लेकिन उसके बाद के सारे अधिकार उसके पास हैं।

सार्त्र के इस फलसफे को जरा भारतीय परिवेश में मुसलमानों पर लागू करके देखिए। क्या पैदाइश का अधिकार इस बात का फैसला नहीं कर देता कि कोई कैसा बनेगा? इनसान अपने माहौल का अक्स होता है और उसकी शख्सियत माहौल की तरतीब दी हुई जंजीरों से कभी मुक्त नहीं हो पाती। मसलन एक गरीब, पिछड़े और गन्दे इलाके में पैदा होनेवाले बच्चे की शख्सियत का फैसला क्या उसी वक्त नहीं हो जाता जब वह दुनिया में आता है और क्या जिंदगी के बारे में उसके चयन को पैदाइश से पहले ही उसके लिए बहुत ज्यादा सीमित नहीं कर दिया गया होता? भारतीय समाज ने उन लोगों के लिए कौन-से अवसर रख छोड़े हैं जो इन जंजीरों को तोड़ने का हौसला रखते हैं या तोड़ कर निकलते हैं और आजादी का एहसास करते हुए अपने स्वच्छंद वजूद का एहसास कराना चाहते हैं?

मैं अगर किसी वेश्या की कोख से जनमता, तो क्या अपनी बहन और माँ की दलाली नहीं कर रहा होता? कोई अन्य अवसर मेरे लिए था? और, मेरे बस में ही होता तो क्यों नहीं मैं पृथ्वीराज कपूर के बेटे के रूप में राज कपूर बनता, इन्दिरा गाँधी की कोख में पलता तो संजय गाँधी या राजीव गाँधी होता। अपने बस की ही बात होती तो यासर अराफात बनता, जॉन स्टुअर्ट मिल होता, एडवर्ड अष्टम होता, जयप्रकाश नारायण होता, सआदत हसन मंटो होता और गालिब होता। मेरी पैदाइश में मेरा क्या दोष है? सिर्फ पैदाइश के कारण मैं अदना-सा मुसलमान क्यों अभागा हूँ? क्या सिर्फ मुसलमान होने के कारण?

गाजियाबाद का मुसलमान जिलाधिकारी अगर मुझे बेवजह कई महीनों तक नहीं डाँटता तो? मान लीजिए वह मेरा पक्ष लेता, एक मुसलमान दूसरे मुसलमान के लिए 'कुछ' करता तो? तब उस जनसंघी पत्रकार की शिकायत का क्या होता? जाहिर है, वह हम दोनों को साम्प्रदायिक प्रचारित कर देता और कुछ दिनों में लोगों के दिलो-दिमाग में यह बात घर कर जाती कि हाँ, ऐसा ही है। कहा जाता, मुसलमान मुसलमान का पक्ष ले रहा है। एक भिन्न प्रकार का उदाहरण लीजिए। दिल्ली के दरियागंज में बाम्बे मरकन्टाइल बैंक की दो शाखाएँ हैं। इनमें बहुत तेजी और तन्मयता से काम होता रहता है। कर्मचारी हर समय इतना

व्यस्त रहते हैं कि बात करने की फुर्सत नहीं। इसके कई कर्मचारी तो सुबह से रात तक काम में डूबे रहते हैं। इनसे बात करने पर पता चला कि चूँकि यह मुस्लिम बैंक है, इसलिए इसकी तरक्की के लिए हर कर्मचारी जुटा रहता है। इस बैंक में कार्यरत अधिकांश कर्मचारियों का अपना कोई निजी जीवन रह ही नहीं गया है। सब बैंक की तरक्की के लिए अपनी जान लगाये हुए हैं। इस बैंक में 20 प्रतिशत गैर-मुस्लिम कर्मचारी हैं। वे बिलकुल उसी तरह काम करते हैं जैसे दूसरे बैंकों के कर्मचारी। मजेदार बात यह है कि इन कर्मचारियों से कोई अधिकारी कुछ नहीं कहता, इनके 'पेंडिंग' काम इनके सहयोगी निपटा देते हैं। एक कर्मचारी ने बड़ी गोपनीयता से बताया कि इनको तो रखा ही इसलिए गया है। क्यों? भई, इसलिए कि बैंक एकदम पाकिस्तानी न लगे।

आयी न वही बात, अपने को सेक्यूलर साबित करने की। हो सकता है कि इन गैर-मुस्लिम कर्मचारियों के साथ प्रोन्नति में कोई भेदभाव बरता गया हो या कुछ और मामला हो, लेकिन इनकी गलतियों और लापरवाहियों को नजरअंदाज किया ही जाता है। यह बैंक चलानेवालों की मजबूरी जो है।

कुछ स्पष्ट कारण हैं, जो लगातार मुसलमानों के खिलाफ नफरत का माहौल बनाते रहते हैं। उनमें सबसे पहला कारण पाकिस्तान है। पाकिस्तान चूँकि मुसलमानों ने बनाया और वे मुसलमान भारत के ही थे, इसलिए वे गद्दार या दगाबाज साबित हुए। इसलिए जब प्रधानमंत्री, राष्ट्रपति, कोई मंत्री या नेता पाकिस्तान को चेतावनी देता है तो भारतीय हिन्दू मन में एक अनजानी-सी खुशी महसूस होती है। पाकिस्तानियों के लिए यहाँ के लोगों में कितनी नफरत और आक्रोश है, इसके उदाहरण जब-तब मिलते ही रहते हैं। शायद 1987 था, जब सोवियत संघ के राष्ट्रपति मिखाइल गोर्बाचौफ पहली बार भारत यात्रा पर आनेवाले थे। दिल्ली दुल्हन की तरह सजी-सँवरी थी, जगह-जगह पुलिस लगी थी। दोपहर के समय लाल किले के सामने से करीब सौ अफगान स्त्री-पुरुषों ने जुलूस निकालना चाहा। ये लोग एक बैनर लिये हुए थे जिस पर अफगानिस्तान से सोवियत सेनाएँ हटाने की माँग की गई थी। ज्यों ही ये लोग चले, पुलिस ने दौड़ाया। ये लोग भागे—शायद बीस कदम ही कि आसपास के सैकड़ों लोग आ गये और 'पाकिस्तानी हैं··· पाकिस्तानी हैं···मारो ···' के शोर के साथ भीड़ उन पर पिल पड़ी। मैं इत्तफाक से वहाँ मौजूद था। मेरे सामने की बात है कि आदमियों को पुलिस मार रही थी और भीड़ औरतों के कपड़ों के अंदर हाथ डाल रही थी। कितनी ही औरतों के जम्फर फट गये और छातियाँ लटक आयीं। मैंने साफ देखा कि कुछ औरतों की जाँघों के बीच लोगों ने हाथ डाला था। वे गिर पड़ी थीं और लोग उन पर बैठे उन्हें नोच रहे थे। यह नृशंसता पुलिस की मौजूदगी में करीब दस मिनट चली थी।

असल बात यही है कि जब पाकिस्तान को गाली दी जा रही होती है तब गाली देनेवाले के मन में भले न हो, लेकिन आम हिन्दू के मानस में कहीं न कहीं मुसलमान जरूर होता है। उसका 'अवचेतन' मुसलमान को गरियाये जाने का मजा लूटता है। वह अंदर ही अंदर आनंदित और प्रफुल्लित होता है। मुसलमानों के खिलाफ आम सतह पर नफरत पैदा करने और उनको पहली नजर में दगाबाज और गद्दार समझने में यह माहौल बहुत बड़ा कारण है। दूसरा कारण है 'तुष्टीकरण'। इस तथाकथित तुष्टीकरण का प्रचार जिस तरह से किया गया, उसका कितना गहरा, तेज और प्रतिकूल असर हुआ इसका अंदाजा ही नहीं लगाया जा सकता। हरिजनों के खिलाफ उतनी नफरत नहीं पायी जाती, जबकि उनमें से अधिकांश अपने आपको हिन्दू नहीं कहते और सरकारी नौकरियों में उनकी खासी पैठ हो चुकी है। इसी से साबित होता है कि अपने यहाँ मुसलमानों को ले कर कुछ खास किस्म का माहौल है। तुष्टीकरण कितना हुआ, यह एक अलग विषय है।

इस नफरत का एक नतीजा देखिए। प्रगतिशील लेखक संघ से सक्रिय रूप से जुड़े रहे दिल्ली विश्वविद्यालय के एक प्रोफेसर पूर्वी दिल्ली की एक पॉश कॉलोनी में रहते हैं। वह बताते हैं कि 1990 से जो माहौल बदला है, उसने उन्हें यह इलाका छोड़ने का फैसला करने को मजबूर कर दिया है। वह यहाँ की अपनी कोठी बेच कर जामिया नगर में मकान लेना चाहते हैं। 1990 में हुए दंगों के दौरान वह जामिया नगर में ही कई दिन रुके थे। वह बताते हैं कि उनके एक पड़ोसी और उन्होंने यहाँ साथ-साथ प्लॉट खरीदा, साथ-साथ मकान बनवाया। अब वह पड़ोसी खुद कहते हैं कि आप यहाँ से चले जाइए, क्योंकि कोई बात होगी तो मैं आपको बचा नहीं पाऊँगा।

उस प्रोफेसर ने बहुत तकलीफ के साथ बयान किया। नहीं, कभी मुझे रोका नहीं गया, कभी मारा नहीं गया। लेकिन उस दिन से मैं बहुत व्यथित हूँ जिस दिन मेरी शादीशुदा एकलौती लड़की को महज इसलिए छेड़ा गया कि वह मुसलमान है। बताइए यहाँ कैसे रहा जाये? अपनी लड़की की इज्जत की कीमत पर? उसके बाद?

ऐसे सैकड़ों उदाहरण दिल्ली में मिल जायेंगे। एक अति सम्पन्न घराना वसन्त विहार में अपनी दो कोठियाँ बेच कर जामिया नगर के सस्ते मकान में रहने लगा। नतीजे में उनके बच्चों की पढ़ाई चौपट हो गयी और उनकी बीबी बीमार हो गयी। लाजपत नगर की अमर कॉलोनी में किराये पर रहनेवाले एक दम्पति को इसी तरह की परेशानियों के कारण वहाँ से निकल कर पूर्वी दिल्ली में रहना पड़ा।

पटना उच्च न्यायालय के एक न्यायाधीश ने पटना के एक गदे, लेकिन

मुस्लिम इलाके में रहना पसंद किया। हालाँकि वहाँ भी वह शान्ति से रह नहीं सके, कई मकान बदलने पड़े। मेरठ दंगों से प्रभावित बिक्री कर के एक सहायक आयुक्त का तबादला जब सीतापुर हुआ तब उन्हें भी इसी तरह की परेशानियाँ हुईं। वह भी सीतापुर के मुस्लिम इलाके में रहना चाहते थे।

दिल्ली का जामिया नगर, ओखला, पार्क एंड, गालिब एन्क्लेव हो या लखनऊ का शेरवानी नगर, खुर्रम नगर और शाबाद कॉलोनी, पटना का आलमगंज हो या शरीफ कॉलोनी — हर शहर में सम्पन्न मुसलमान पलायन कर नयी जगहों पर बस रहे हैं। 6 दिसम्बर के बाद इस अभियान में और तेजी आयी है। दिसम्बर के अंतिम सप्ताह में लखनऊ के इन्दिरा नगर, विकास नगर, अलीगंज, गोमती नगर और महानगर जैसी बड़ी और आधुनिकतम कॉलोनियों में मुसलमानों के घरों पर एक ही तरह के निशान लगे पाये गये और अफवाह उड़ी कि कारसेवक आये हैं और मुसलमानों को मारेंगे। इस अफवाह की पुष्टि कुछ हिन्दू परिवारों ने भी की। मुसलमानों ने आनन-फानन में अपने घर खाली कर दिये और अपने-अपने रिश्तेदारों के 'सुरक्षित' घरों में चले गये। बात जब ज्यादा फैली तो लखनऊ के जिलाधिकारी ने समाचार पत्रों में एक खंडन प्रकाशित करवाया कि वाशिंग पाउडर बनानेवाली एक कम्पनी के कुछ कार्यकर्ताओं ने सर्वेक्षण करने के लिए मकानों पर निशान लगाये थे।

लखनऊ जैसे शहर के जिलाधिकारी से क्या इस भोंडे तर्क की उम्मीद की जा सकती है? इस तर्क ने भागे हुए लोगों में असुरक्षा की भावना को और गहरा कर दिया। पहली नजर में ही लग गया, प्रशासन कुछ छुपा रहा है। वाशिंग पाउडर कम्पनी का सर्वेक्षण सिर्फ मुसलमानों के घरों तक ही सीमित क्यों रहा? क्या भारत में ऐसी कोई कम्पनी है जो सिर्फ मुसलमानों के लिए ही पाउडर बनाती है और सर्वेक्षण तब कराती है जब साम्प्रदायिक तनाव अपने चरम पर हो? भागे हुए लोगों को वापस घरों में लाने की यह सरकारी पहल क्या स्वयं पूर्वाग्रहों और एक खास किस्म की मानसिकता का परिचय नहीं देती?

1990 में पूर्वोक्त राष्ट्रीय दैनिक में जब मेरा तबादला दिल्ली से पटना हुआ तो पटना में पहले से मौजूद मेरे एक दोस्त ने मेरे रुकने का इंतजाम पटना विश्वविद्यालय के इकबाल हॉस्टल में करवाया था। मैं पूरे दावे के साथ कह सकता हूँ कि मेरे उस दोस्त की इसके पीछे कोई दुर्भावना नहीं थी, लेकिन उसकी जिद थी कि तुम यहीं रहो। वह इसके आगे-पीछे कुछ सुनने को तैयार नहीं था। वहाँ दो महीने में ही मैं ऊब गया। फिर उसके अनुसार मैं अपने 'रिस्क' पर पटना के इंजीनियरिंग हॉस्टल में सात महीने रहा। इसके बाद जब मैंने पटना में रहने के लिए किराये पर मकान लेना चाहा, तो दफ्तर के सहयोगियों और दोस्तों ने मुझ पर ऐसा दबाव बनाया कि मुझे पटना के आलमगंज में ही मकान लेना पड़ा।

अपेक्षाकृत महँगे, दफ्तर से दूर और अभावग्रस्त मोहल्ल में ही मुझे रहने पर मजबूर होना पड़ा। जब-जब मैंने वह मकान छोड़कर पटना के बोरिंग रोड, पाटलिपुत्र कॉलोनी में बसना चाहा, लोगों ने बुरी तरह हतोत्साहित किया।

उत्तर भारत के किसी भी बड़े शहर में देखा जा सकता है कि उन इलाकों में, जहाँ मुसलमानों की आबादी है, मकानों का किराया और जमीन के दाम आज आसमान छू रहे हैं। पटना हो, लखनऊ हो या दिल्ली, गाजियाबाद, मेरठ, कानपुर, बनारस और इलाहाबाद—इन शहरों की पॉश कॉलोनियों में कम किराये पर मकान मिल जाते हैं, जबकि मुस्लिम इलाकों में किराये पर मकान के लिए नम्बर लगाने पड़ते हैं और जमीन पॉश कॉलोनियों के दाम से दुगुनी कीमत पर बिक रही है।

ऐसी कितनी घटनाएँ, हादसे और मोड़ आये हैं, तब सोचना पड़ता है कि मैं मुसलमान क्यों हूँ? क्या सारी खराबी की जड़ मुसलमान होना ही है? लेकिन क्या यह महज इत्तफाक नहीं कि मैं मुसलमान हूँ, ठीक जिस तरह कोई इत्तफाक से हिन्दू है? इन घटनाओं, हादसों और मोड़ों से अब मुझमें एक ऐसी कुंठा ने पनपना शुरू कर दिया है जिसे मैं कोई नाम नहीं दे सकता सिवाय इसके कि यह मुसलमान होने की कुंठा है।

मैं यहाँ उन सभी महानुभावों से मुखातिब हूँ जो भारत में मुसलमानों की दशा को सही ढंग से समझते हैं और उन्हें भी अपनी तरह का आदमी मानते हैं। उन सबसे भी मुखातिब हूँ जो मुसलमानों के हमदर्द हैं और सेक्यूलर कहलाना पसंद करते हैं, अपने सैकड़ों हिन्दू दोस्तों और हितैषियों से, जिन्होंने मेरे साथ कभी बुरा बरताव नहीं किया।

मैं कहना यह चाहता हूँ कि आप सब क्यों आम हालत में, आम जीवन में रोजमर्रा के कामकाज में किसी मुसलमान को मुसलमान होने का एहसास कराते हैं? 'मुस्लिम बुद्धिजीवी' जैसे शब्दों को क्यों प्रतिष्ठित किया गया? इन शब्दों का क्या मतलब होता है? जब आप बहुत दुलराते हैं तो इस खिताब से नवाजते हैं कि आप 'सेक्युलर मुसलमान' हैं। जाने-अनजाने विभाजन रेखा खींचनेवाले देश के हितैषियो, जरा ऐसे मुसलमानों की पीड़ा को समझिए जो आपके बिलकुल करीब हैं और आप ही जैसे हैं। इस पीड़ा को समझिए कि क्यों एक मुसलमान को अपने आपको सेक्यूलर साबित करने के लिए शराब पीनी पड़ती है और अपने मजहब को गाली देनी पड़ती है।

मैं उस दिन के इंतजार में हूँ जब मेरे जैसे मुसलमान का सरकारी सेवा में चयन सेलेक्शन बोर्ड के अल्पसंख्यक प्रतिनिधि के लेबल पर नहीं होगा। एक मुसलमान को भी दिवाली मनाने घर जाने दिया जायेगा। मुस्लिम इलाकों में रहने को मजबूर नहीं होना पड़ेगा। जब-तब घर छोड़ कर 'सुरक्षित' जगहों को

नहीं जाना पड़ेगा। 'उर्दूवाला' होने से खीझ नहीं होगी और 'साम्प्रदायिकता' मुसलमान पत्रकारों की अघोषित 'बीट' नहीं होगी और एक पत्रकार द्वारा धौंसियाये जाने के बाद पटना के उस मुसलमान कर्मचारी की इस बात का पूरे आत्मविश्वास के साथ 'नहीं' में जवाब दे सकूँगा कि 'इसी तरह के माहौल ने मुसलमानों को पाकिस्तान बनाने पर मजबूर किया था, इसके लिए हिन्दू ही जिम्मेदार हैं।'

भारतीय मुसलमानों की समस्याएँ

इम्तियाज अहमद

'भारतीय मुसलमानों की समस्याएँ' इस मुहावरे से कई सवाल उभरते हैं जो पहली नजर में नहीं दिखाई पड़ते। एक, यह मान्यता है कि भारतीय मुसलमान एक अखंडित समुदाय है और उनकी समस्या पर्याप्त विशिष्ट प्रकार की है जिसका सामान्य विवेचन किया जा सकता है। दो, यह प्रश्न है कि 'समस्या' शब्द का क्या अर्थ लिया जाये ? क्या भारतीय मुसलमान स्वयं समस्या हैं यानी दूसरों के लिए समस्याएं पैदा कर रहे हैं ? तीन, 'समस्या' शब्द की हम जो भी व्याख्या करें, स्पष्ट और सही मायने में 'समस्या' की परिभाषा की कठिनाई बनी रहेगी। अंत में प्रश्न यह है कि क्या भारतीय मुसलमानों की समस्याएँ उन्होंने स्वयं पैदा की हैं या वे उन परिस्थितियों से पैदा हुई हैं जिनमें वे रहते हैं। अगर यह व्याख्या की जाये कि ये समस्याएँ स्वयं भारतीय मुसलमानों की पैदा की हुई हैं, तब उत्तर एक प्रकार के होंगे। किन्तु यदि यह मान लिया जाये कि उनकी समस्याएँ उस प्रसंग और परिस्थितियों में सन्निहित हैं, जो व्यापक समाज में लागू हैं, तब उत्तर सर्वथा भिन्न प्रकार के होंगे।

मेरी मान्यता है कि 'भारतीय मुसलमानों की समस्याएँ' गलत मुहावरा है। यह कहना सही नहीं है कि मुसलमान किन्हीं ऐसी समस्याओं का सामना कर रहे हैं जिन्हें भारत के अन्य समुदायों या समूहों के सदस्य नहीं महसूस कर रहे हैं। न ही वे ऐसी कोई समस्या खड़ी कर रहे हैं जो अन्य समूह न कर रहे हों। इसलिए आगे मैं इन मुद्दों पर भारतीय मुसलमानों और सामान्यत: भारतीय समाज की जानकारी के आधार पर विवेचन करूँगा।

अपनी युक्ति को आगे बढ़ाने का एक अच्छा रास्ता यह है कि हम पहले यह प्रश्न करें कि जब यह कहा जाता है कि भारतीय मुसलमानों की समस्याएं नाम की कोई चीज है, तो उसका वास्तविक अर्थ क्या है। अगर यही सवाल खुद मुसलमानों से पूछा जाये तो, तब यह निश्चित है कि अनेक ऐसे मसलों की फेहरिस्त मिल जायेगी जिनके बारे में वे बहुत चिंतित हैं। यह कहा जायेगा कि भारतीय

मुसलमान लोगों के साथ सही सलूक नहीं हो रहा है; नौकरियों की भर्ती में उनके साथ भेदभाव बरता जा रहा है; सेवाओं में उनका पर्याप्त प्रतिनिधित्व नहीं है, विशेषकर उच्च स्तर की प्रशासनिक सेवाओं में; उनके निजी कानून को और उनकी भाषा को, जिसमें उनकी सांस्कृतिक और धार्मिक विरासत है, खतरा है। उर्दू भाषा प्रोत्साहन और सरकारी समर्थन के अभाव में लुप्त होती जा रही है। अगर कोई हिंदुओं से पूछे, तब वे दूसरे ही प्रकार की समस्याओं की सूची देंगे। कहा जायेगा कि भारतीय मुसलमान अपने को अलग-थलग रख रहे हैं; वे राष्ट्रीय मुख्य धारा का अंग बनना नहीं चाहते; वे आधुनिकीकरण की दौड़ में अन्य समुदायों और समूहों से पिछड़ रहे हैं जिसके परिणामस्वरूप सारे देश की प्रगति प्रभावित होती है। वे शिक्षा में पिछड़े हुए हैं, वे अपने धर्म से अत्यधिक चिपके हुए हैं और अपने निजी कानूनों में कोई परिवर्तन नहीं चाहते, इत्यादि। कुछ अन्य मुद्दों को भी दोनों पक्षों की ओर से जोड़ा जा सकता है, किंतु मैंने उन सामान्य प्रवृत्तियों का उल्लेख किया है जिनका अक्सर उल्लेख किया जाता है।

किसी भी मानदंड से समस्याओं की लम्बी फेहरिस्त और उनकी सत्यता या औचित्य को सिद्ध करने के लिए यह जरूरी है कि हर मुद्दे पर अलग-अलग विचार किया जाये और उसकी ब्योरेवार क्रमबद्ध विश्लेषण द्वारा परीक्षा की जाये। एक निबंध में इस प्रकार का प्रयास संभव नहीं है। स्थानाभाव की सीमा को ध्यान में रखते हुए यह पूछा जा सकता है कि ये मुद्दे क्या इस तथ्य से उद्भूत नहीं होते कि दोनों तरफ से कुछ भ्रांत संकल्पनाओं को लेकर या गलत पूर्व-स्थापनाओं के आधार पर विचार किया जा रहा है ? इस निबंध की यह स्थापना है कि वाकई बात ही ऐसी है और इसलिए हम पहले इस बिंदु की पुष्टि का प्रयास करेंगे।

जब भारतीय मुसलमान कहते हैं कि उनके साथ सही सलूक नहीं हो रहा है और उनके साथ दोयम दर्जे के नागरिक का व्यवहार हो रहा है या उनके निजी धार्मिक कानूनों को खतरा है, तो उसके पीछे यह पूर्व कल्पना है कि वे एकतत्त्वीय समुदाय हैं और समग्र रूप से ये बातें उन पर लागू होती हैं। इसमें कोई संदेह नहीं कि एक आदर्श धार्मिक अर्थ में भारतीय मुसलमान एक समुदाय है और एक समुदाय की यह कल्पना उनके ऊपर उम्मा या मिल्लत के विचार से उनके लिए वास्तव में एक धार्मिक आदेश है। लेकिन यह भी मानना होगा कि उपदेश और व्यवहार में बहुत भिन्नता होती है। अपने विश्वास में धार्मिक आधार पर समुदाय होने का यह अर्थ नहीं कि भारतीय मुसलमान किसी मूर्त अर्थ में एक समुदाय हैं। सच तो यह है कि वे फिरके, जाति, वर्ग, क्षेत्रीयता और भाषाई विभेदों से इतने अधिक विभक्त हैं कि कभी-कभी उनमें भी बड़ा टकराव होता है और प्रायः उनमें आपस में स्पष्ट मतभेद और प्रतिद्वन्द्विता रहती है। इस प्रकार भारतीय

मुसलमान एक समुदाय बनने की प्रक्रिया में, जो उनका धार्मिक कर्तव्य है, वास्तव में भावनात्मक अर्थ को छोड़ कर, किसी अर्थ में एक समुदाय नहीं हैं।

अगर यह बुनियादी तथ्य समझ लिया जाये, तो यह स्पष्ट हो जायेगा कि जिस तरह के मुद्दे प्राय: सामने रखे जाते हैं और जिन्हें भारतीय मुसलमानों की समस्या कहा जाता है, वे वस्तुत: एकतत्त्वीय समुदाय के रूप में भारतीय मुसलमानों की समस्या नहीं हैं। अगर हैं भी तो वे भारतीय मुसलमानों के किसी विशिष्ट समूह या उसके अंश की समस्याएँ हैं जो फिरके, जाति, सामाजिक स्तर, भाषाई और क्षेत्रीय निष्ठा पर निर्भर हैं।

मसलन, हम इस शिकायत पर विचार करें कि मुसलमानों की भाषा को सरकार का प्रोत्साहन और समर्थन नहीं मिल रहा है। यदि यह मान भी लिया जाये कि उर्दू को सार्वजनिक समर्थन और प्रोत्साहन नहीं मिल रहा है; तब भी क्या यह कहना सच होगा कि उर्दू सब भारतीय मुसलमानों की भाषा है या सभी मुसलमान यह महसूस करते हैं कि उसके लोप का भय है? यह तो साफ है कि भारतीय मुसलमानों और उनमें उर्दू बोलनेवालों की जो संख्या जनगणना आँकड़ों से मिलती है, उसकी पुष्टि नहीं होती। दूसरे, जो व्यक्ति भारतीय मुसलमानों के भौगोलिक वितरण से अवगत है, वह जानता है कि वे विभिन्न भाषाई और सांस्कृतिक क्षेत्रों में फैले हुए हैं, जहाँ अनेक क्षेत्रीय भाषाएँ मुसलमानों और गैर-मुसलमानों द्वारा बोली जाती हैं। यहाँ तक कि तथाकथित हिंदुस्तानी मध्य देश में भी, जहाँ उर्दू जनसंपर्क भाषा बन गयी थी, उर्दू सिर्फ भारतीय मुसलमानों के केवल अभिजात वर्ग द्वारा ही बोली जाती है। आम मुसलमान जो बोली बोलता है, वह हिंदुस्तानी का मिश्रण है, जिसमें कुछ अधिक फारसी और अरबी शब्दावली है, लेकिन यह भी सदा सही नहीं है। यहाँ तक कि जब तमिल या बंगाली मुसलमान कुछ खुशहाल हो जाता है, वह उर्दू सीखने लगता है, लेकिन इससे भी यह नहीं कहा जा सकता कि उर्दू सब मुसलमानों की भाषा है। इससे सिर्फ यही जाहिर होता है कि उर्दू अभिजात वर्ग के मुसलमानों की भाषा है, सब मुसलमानों की नहीं। इसलिए उर्दू के संबंध में सरकारी नीति चाहे जो भी हो, मुद्दा यह है कि उर्दू के साथ जो सलूक हो रहा है, वह सब मुसलमानों की समस्या नहीं है।

अब हम सरकारी नौकरियों में भेदभाव और मुसलमानों के प्रतिनिधित्व के प्रश्न को लें। जब तक कि हम यह न मान लें कि सब भारतीय मुसलमान नौकरियों की तलाश में हैं; तब तक यह कहना मुनासिब नहीं कि यह सब एकांतत: मुसलमानों की समस्या है। सामाजिक स्तरों और शैक्षणिक भिन्नताओं को देखते हुए ऐसा कहना बेहूदगी होगा। इसलिए क्षण भर के लिए इस प्रश्न को हम छोड़ दें कि नौकरियों की भर्ती में, विशेषकर सरकारी नौकरियों में, मुसलमानों के साथ भेदभाव हो रहा है या नहीं। वास्तविक स्थिति यह है कि नौकरियों में, रोजगार

की तलाश मुसलमानों के उस तबके की समस्या है जो वास्तव में सरकारी नौकरियाँ तलाश कर रहा है। यह सब मुसलमानों की समस्या नहीं है और यह कहना गलत है कि यह समस्या उन्हीं तक सीमित है।

या फिर हम इस प्रश्न पर विचार करें कि मुसलमान व्यक्तिगत धार्मिक कानून में परिवर्तनों का प्रतिरोध कर रहे हैं। किसी परिवर्तन के विरुद्ध प्रतिरोध तभी होता है जब किसी की उसके साथ अत्यधिक प्रतिबद्धता हो। व्यापक वैचारिक अर्थ को छोड़ कर, क्या यह सत्य है कि सब मुसलमान व्यक्तिगत निजी कानून के अंध-अनुयायी हैं और इसलिए वे उसके स्वरूप से अत्यंत निजी रूप से प्रभावित होंगे? हमारे पास मानव सांस्कृतिक अध्ययनों की प्रबल साक्षियाँ हैं कि भारतीय मुस्लिम सामाजिक जीवन में मुस्लिम निजी कानून के प्रति कोई सार्वभौम आस्था नहीं है। मुसलमानों की निचली जातियों और वर्गों के अधिकांश लोग विवाह, सम्पत्ति के बँटवारे और उत्तराधिकार के सम्बन्ध में वस्तुतः परंपरागत रिवाज का पालन करते हैं। यहाँ तक कि चाचा-ताऊ की संतानों के बीच समानान्तर विवाह प्रणाली, जिसे मुसलमानों की विशेषता माना जाता है, का अनुपालन भी थोड़े-से ही मुस्लिम समूह करते हैं और कुछ तो वास्तव में उसके खुले विरोधी हैं। इस कथन की पुष्टि उन मुकदमों के विश्लेषण से होती है जो मुस्लिम निजी कानून के अंतर्गत अदालतों के सामने ब्रिटिश राज और उसके बाद आये। इस विश्लेषण से यह जाहिर होता है कि अधिकतर उच्च सामाजिक वर्ग के ही मुसलमान ऐसे हैं जो मुसलमानों के निजी धार्मिक कानून के अनुसार फैसले कराने के पक्ष में हैं। इसलिए यह कह पाना मुश्किल है कि वे मुसलमान, जो वास्तव में सामाजिक व्यवहार में मुस्लिम धार्मिक कानून का पालन नहीं करते, उसमें परिवर्तन का प्रतिरोध क्यों करेंगे।

इस संक्षिप्त विवेचन से यह स्पष्ट है कि भारतीय मुसलमानों की तथाकथित समस्याएँ, जैसे उन्हें देखा जाता है, इस कल्पना पर आधारित हैं कि मुसलमान एक अविभाज्य समुदाय है और इसीलिए ये समस्याएँ सब मुसलमानों की समस्याएँ हैं। यदि हम यह भी मान लें कि ये समस्याएँ हैं, तो मुझे इस कल्पना के प्रति भी शंका है कि ये समस्याएँ वास्तव में केवल विशिष्ट मुसलमान समूहों की ही समस्याएँ हैं। इसीलिए उन्हें सामूहिक तौर पर भारतीय मुसलमानों की समस्या मानना और उसके आधार पर निर्णय करना बहुत गलत होगा। यह समझना होगा कि भारतीय मुसलमानों की जनसंख्या में इतनी अंदरूनी विविधता है कि उनके प्रत्येक वर्ग को जिन समस्याओं का सामना करना पड़ता है या जिन्हें वे पैदा करते हैं, वे बहुत भिन्न हैं। इस बात की जाँच भी जरूरी है कि क्या ये समस्याएँ इतनी अद्वितीय और विशिष्ट हैं कि उन्हें किसी एक समुदाय का लक्षण मान लिया जाये या अन्य समुदायों के समूहों के सामने भी वे हैं। इससे पहले कि हम यह कहें

कि वे भारतीय मुसलमानों की समस्याएँ हैं, यह जानना निहायत जरूरी है। अब हम दूसरे प्रश्न पर आते हैं कि वे समस्याएँ, जिनका सामना भारतीय मुसलमान कर रहे हैं या जिन समस्याओं को अन्य लोग कहते हैं कि वे पैदा कर रहे हैं, क्या वे उनके द्वारा पैदा की गयी हैं या वे किसी अन्य व्यापक संदर्भ में जनमी हैं। इस सवाल का जवाब देने के लिए हमें भारतीय जनसंख्या में मुसलमानों की आंतरिक संरचना पर विचार करना होगा और उन कारकों को ढूंढ़ना होगा जो ऐतिहासिक और समसामयिक परिस्थितियों में उन्हें प्रभावित कर रहे हैं और यह भी जाँचना होगा कि क्या उनका होना अद्वितीय और विनाशकारी है। जब तक ऐसा नहीं किया जाता, तब तक इस सवाल का जवाब सामान्य और सरलीकृत होगा और जरूरी नहीं कि वह सही हो।

हम पहले बता चुके हैं कि धार्मिक-सांस्कृतिक समूह के रूप में भारतीय मुसलमानों की आंतरिक संरचना में उल्लेखनीय जटिलता है। सांप्रदायिक, सैद्धांतिक और धर्मशास्त्रीय भिन्नताओं के अलावा सामाजिक, आर्थिक वर्ग स्थिति के संदर्भ में उनके पाँच प्रमुख सामाजिक स्तर या श्रेणियाँ हैं। अनेक भारतीय मुसलमानों का यह नजरिया है कि गैर-मुस्लिम भारत में सभी सामाजिक स्तरों के मुसलमानों को एक भारतीय धार्मिक अल्पसंख्यक के रूप में प्रबलतया सरकार की भेदभावपूर्ण नीतियों और शत्रुता के रुख का सामना करना पड़ता है। यह सच नहीं है। विभिन्न घटनाओं से मुसलमान जरूर प्रभावित हुए हैं, पर ध्यानपूर्वक किये गये अवलोकन और अध्ययन से यह संकेत मिलते हैं कि प्रत्येक सामाजिक स्तर पर ये प्रभाव भिन्न-भिन्न हैं और स्वतंत्रता के बाद हुए सामाजिक परिवर्तनों और विकास और समकालीन भारतीय समाज द्वारा दिये गये नये अवसरों की संरचना पर निर्भर करते हैं। स्थानाभाव के कारण मैं यहाँ पर केवल इन भिन्नताओं की ओर ही संकेत करूँगा।

स्वतंत्रता प्राप्ति के बाद सर्वाधिक महत्त्वपूर्ण परिवर्तन भारत सरकार द्वारा कृषि उत्पादन में बढ़ोत्तरी और भूस्वामित्व की प्रणाली में विषमता को कम करना था। जमींदारी उन्मूलन इस प्रयास का सर्वाधिक प्रत्यक्ष परिणाम था। यह मानते हुए कि असमानता को घटाने के प्रयास अभी बेमन से किये गये और आंशिक हैं, यह भी सही है कि एक साहसपूर्ण निर्णायक कदम उठाया गया। जमींदार वर्ग पर इसका जबरदस्त प्रभाव पड़ा और यह कहना गलत होगा कि वह समान रूप से विनाशकारी था।

जहाँ कहीं भी जमींदार सामाजिक संरचना में मूलबद्ध थे, वहाँ पर जमींदारी उन्मूलन का प्रभाव भी सीमित और सीमांत रहा। किंतु जहाँ वे गांवों में स्वयं न रह कर, मध्यस्थों की मार्फत सिर्फ लगान वसूलते थे, वहाँ उसका प्रभाव बहुत ही क्रांतिकारी और नाटकीय हुआ। स्थिति यह थी कि स्वतंत्रता प्राप्ति के समय बहु-

संख्यक जमींदार मुसलमान ग़ैरहाजिर किस्म के थे, जबकि हिन्दू जमींदार इससे कुछ भिन्न थे। इसीलिए जमींदारी उन्मूलन से हिन्दुओं की तुलना में मुसलमान आमूलचूल अधिक प्रभावित हुए। यद्यपि यह भी बताना जरूरी है कि हिन्दुओं में बनियों, जो ग़ैरहाजिर जमींदारों में प्रमुख थे और सूदखोरी के कारण जमीनें हथिया लेते थे, को भी शायद उतना ही भारी नुकसान उठाना पड़ा। बावजूद इसके यह कहना सच न होगा कि जमींदारी उन्मूलन से कोई भी मुसलमान जमींदार बिना नुकसान उठाये नहीं बचा। औसतन वे मुसलमान जमींदार, जो ग्रामीण संरचना में मूलबद्ध थे, जैसे कि उत्तर प्रदेश के किदवई और चौधरी, जमींदारी उन्मूलन के विनाश से बच गये, जबकि जो जमींदार शहरों में रहते थे, उनका नाटकीय पतन हुआ। इस प्रकार इस कदम ने मुसलमानों पर प्रत्याशित प्रभाव डाला, इसलिए नहीं कि वे मुसललान थे, बल्कि इसलिए कि वे शहर में बसे जमींदार थे।

अगर भारतीय मुसलमान यह धारणा बनायें कि उन पर जमींदारी उन्मूलन के प्रतिकूल प्रभाव पड़े और कुछ तो यहाँ तक युक्ति दे सकते हैं कि यह कदम उन्हें नुकसान पहुँचाने के लिए ही उठाया गया; तो असलियत यह है कि इससे जमींदारों को जो नुकसान पहुँचा वह उनकी आवास स्थिति का नतीजा था। उसमें उनका मुसलमान होना या न होना, कारण न था। अगर भारतीय मुसलमान इस कदम से बहुत गहरे और नाटकीय ढंग से प्रभावित हुए तो उसका यह कारण था कि उनमें से अधिक लोग दूरस्थ (एबसेंटी) किस्म के जमींदार थे, न कि यह कि वे मुसलमान थे।

मध्यवर्गीय मुसलमानों की स्थिति एक नया नजारा उत्पन्न करती है। स्वतंत्रता प्राप्ति से पूर्व मुसलमान मध्य वर्ग का आकार अपेक्षाकृत छोटा था। इसका कोई सम्बन्ध उनके धर्म से न था, हालाँकि इस तरह की युक्ति को ब्रिटिशकालीन रचनाओं में पर्याप्त सम्मान मिला है। यह मुख्यत: ब्रिटिश राज्य के भौतिक भूगोल का परिणाम था। ब्रिटिश प्रशासनिक सीमाएँ पहले उन इलाकों में बढ़ीं जहाँ हिन्दुओं की केवल अनुकूल स्थिति ही नहीं थी, बल्कि वे पाश्चात्य शिक्षा और परिणामस्वरूप सार्वजनिक सेवाओं और वकालत, डाक्टरी जैसे सम्मानित पेशों में, जो मध्य वर्ग में भर्ती का आवश्यक साधन था, अधिक अनुपात में भर्ती हो सके। जैसे-जैसे ब्रिटिश प्रशासनिक मीमा बिहार और उत्तर प्रदेश की तरफ बढ़ी, जहाँ मुसलमान निश्चित रूप से अनुकूल स्थिति में थे, वहाँ धीरे-धीरे उनका मध्य वर्ग बना। इसलिए जब हम यह कहते हैं कि भारतीय मुसलमानों में स्वतंत्रता से पूर्व मध्य वर्ग का आकार छोटा था, तब इस कथन को निरपेक्ष अर्थ में न ले कर सापेक्ष अर्थ में लेना चाहिए। अगर इस अपेक्षतया लघु मध्म वर्ग के भारतीय मुसलमान देश विभाजन के बाद भारत में

टिक गये होते, तब यह स्थिति इतनी खराब न होती जितनी आज है। कम से कम इस वर्ग के सदस्यों के दृष्टिकोण से स्वातंत्र्योत्तर भारत में दुर्भाग्य से एक खासा बड़ा तबका बिलोये मक्खन की तरह निकल कर पाकिस्तान की तरफ चला गया, जहाँ सफेदपोश रोजगार के असाधारण अवसर थे। इसका एक परिणाम यह हुआ कि भारतीय मुसलमानों का मध्य वर्ग बहुत छोटा रह गया और अभी तक इसकी वृद्धि की संभावना सीमित है। यह युक्ति भी दी गयी है कि इस वृद्धि के अभाव का एक कारण भारतीय मुसलमानों के विरुद्ध नौकरियों में भर्ती के मामले में भेदभाव का बर्ताव है। इस सवाल पर मैं अभी विचार करूँगा। यह भी मानना पड़ेगा कि स्वतंत्रता प्राप्ति के बाद हिंदू मध्य वर्ग का पर्याप्त विस्तार हुआ है, जबकि मुसलमान मध्य वर्ग छोटा और स्थिर रह गया है। फिलहाल हमने यह संकेत किया कि यह स्थिति पाकिस्तान में इसके सदस्यों को सुलभ रोजगार अवसरों की प्रतिक्रिया का परिणाम थी, जिसके कारण इस सामाजिक स्तर में उल्लेखनीय कमी आयी। अगर हिन्दुओं में भी इसी तरह के बहिर्गमन की प्रतिक्रिया होती, तो उनके मध्य वर्ग की हालत भी बहुत कुछ वही होती।

मुसलमान किसानों और खेतिहर कमकरों के बारे में भी बहुत कुछ यही बात लागू होती है। यह युक्ति दी जा सकती है कि पंजाब और हरियाणा के किसानों की तुलना में भारतीय मुसलमान किसान अपने हिन्दू और सिख साथियों की तुलना में कम बेहतर हालत में थे। लेकिन एक क्षण सोच कर देखें तो पता चलेगा कि यह भी विशिष्ट क्षेत्रों में उनके निवास का परिणाम है, न कि मुसलमान होने का। अधिकांश मुसलमान किसान चावल उगानेवाले क्षेत्रों में रहते हैं जहाँ कृषि में उस तरह की उन्नति या क्रांति नहीं हुई है जैसी कि हरियाणा, पंजाब में या महाराष्ट्र, गुजरात और कर्नाटक के कुछ भागों में। इसके अलावा उनकी कार्य कुशलता इस बात से भी प्रभावित है कि वे ज्यादातर मझले और छोटे काश्तकार हैं जिनकी नगदी फसलें उगाने या उन्नत किस्म के बीजों, उर्वरकों और सिंचाई सुविधाओं के लिए अधिक पूंजी विनियोग की क्षमता सीमित है। इसलिए गेहूँ उत्पादक क्षेत्रों की तुलना में चावल उत्पादक क्षेत्रों के भारतीय मुसलमान कृषक पिछड़े हुए हैं। लेकिन उनकी हालत उसी इलाके के उसी आकारवाले खेतों के मालिकों और उतनी ही कृषि कुशलतावाले हिन्दुओं से कमजोर नहीं है, लगभग उन जैसी ही है। यह दीगर बात है कि चावल उत्पादक क्षेत्रों में अधिकांश भारतीय मुसलमान छोटे किसान हैं और वे हिन्दुओं और सिखों की तुलना में, जिनके पास बड़ी जोतें हैं, उतनी अच्छी खेती नहीं कर सके हैं।

एक आर्थिक क्षेत्र, जिसका स्वतंत्रता के बाद भारत में सर्वाधिक विस्तार हुआ है, शायद वाणिज्य और व्यापार का है। इस क्षेत्र में भारतीय मुसलमानों की उपलब्धि उल्लेखनीय है, जो कुछ हद तक उनमें लघु उद्यमी वर्ग से पुष्ट होती

है। इसमें भी भारतीय मुसलमानों और अन्य लोगों की कार्यकुशलता इस बात पर निर्भर करती है कि वे किस पैमाने पर काम कर रहे हैं। यह युक्ति दी जा सकती है कि इसका कारण धार्मिक भिन्नता है। यहाँ पुनः इस भिन्नता की कैफ़ियत मुख्यत: धार्मिक वर्गों की लौकिक (सेक्यूलर) भिन्नताओं में है। आर्थिक दृष्टि से सफल उद्यमियों ने वाणिज्य और व्यापार में हाल के विस्तार का अधिक फायदा गुजरात या महाराष्ट्र जैसे इलाके में उठाया, जो ब्रिटिश राज्य के प्रारम्भ से ही व्यापारिक और औद्योगिक विकास के केन्द्र थे। इस प्रकार के उद्यमी पर्याप्त संख्या में, विशेषकर खोजा और अन्य परम्परागत मुसलमान व्यापारिक समुदाय पाकिस्तान निष्क्रमण कर गये और खबरों से पता चलता है कि वहाँ वे आर्थिक दृष्टि से बहुत कामयाब हुए। परिणामत: अब अधिकांश भारतीय मुसलमान, जो व्यापार और वाणिज्य में लगे हुए हैं, नये प्रवेशार्थी हैं जो हिन्दू, सिख और जैनों की तुलना में छोटे पैमाने पर काम कर रहे हैं। फिर भी कुछ विशिष्ट व्यापार के कार्यों में उनका नाम है और उनका बड़ा अंश है।

इसी प्रकार भारतीय मुसलमान दस्तकार और शिल्पी पर्याप्त सफल हुए हैं। निस्संदेह हाथ की बनी कलात्मक वस्तुओं की देश के अन्दर और बाहर माँग पिछले सालों में बहुत बढ़ी है, जिससे दस्तकारों को लाभ पहुँचा है। अन्य किसी क्षेत्र की तुलना में इसका विशेष लाभ भारतीय मुसलमानों को ही मिला है। लगभग मुगल काल से ही उनके पास कुछ विशिष्ट कौशल रहे हैं जिन्हें पहले मुगल बादशाहों ने राजाश्रय दिया, चूँकि उनकी सेवाएँ और सामान राज्य के लिए महत्त्वपूर्ण थे, या इसलिए कि उनसे शासक कुलीनतंत्र को प्रतिष्ठा मिली थी। मुगल शासन के पतन के बाद, ब्रिटिश काल में मिल की बनी वस्तुओं की प्रतियोगिता के फलस्वरूप दस्तकारों और शिल्पकारों के बुरे दिन आये। बिना धार्मिक भेदभाव के सभी दस्तकारों का यह दुर्भाग्य रहा। हाल के वर्षों में हस्तशिल्प की वस्तुओं की माँग बढ़ने के फलस्वरूप इस सामाजिक वर्ग के भारतीय मुसलमान सदस्यों को बड़ा प्रोत्साहन मिला है, क्योंकि उन्हें मुगल काल से ही यह हुनर विरासत में मिला था। अधिकांश भारतीय मुसलमान कारीगरों ने आधुनिक आवश्यकताओं के अनुरूप अपने भिन्न-धर्मी साथियों की तरह पारंपरिक कौशल को ढाल लिया है। इस तरह मोटे तौर पर भारतीय मुसलमान दस्तकारों की हालत काफी अच्छी है और इस कामयाबी का कारण उनका धर्म न हो कर उनका हुनर और काबिलियत है।

अब हम भारतीय मुसलमानों के आखिरी वर्ग की चर्चा करेंगे। वह हैं सामंतों के सेवक, टहलुए जो परंपरा से राजतंत्रीय या सामंती व्यवस्था पर आधारित थे। चूँकि वे कुलीनों और राजा-महाराजाओं की सेवा में लगे थे और उनकी प्रतिष्ठा बढ़ाते थे, अत: रियासतों की समाप्ति ने इनकी परंपरागत दक्षता को बेकार कर

दिया, क्योंकि अब वह प्रासंगिक नहीं रही। बाजार में उनकी माँग घट गयी या बिलकुल ही खत्म हो गयी। उदाहरण के लिए पीलवान या महावत और सईस इत्यादि, जिनका सामंती व्यवस्था में विशेष स्थान था, वे अब अकुशल मजदूरों के स्तर पर आ गये और मजूरी करना भी उनके लिए मुश्किल हो गया। चूँकि देशी राज्यों में न तो अधिक औद्योगिक विस्तार हुआ और न ही अधिक विकास कार्य, इसलिए यह कहा जा सकता है कि भारतीय मुसलमानों का यह वर्ग एक तरह से बहुत ही आर्थिक विपन्नता की स्थिति में पहुँच गया।

लेकिन इस वर्ग की आर्थिक दुर्दशा और पतन के लिए उनके मुसलमान होने को दोष देना या उस पर जोर देना गलत होगा। इस वर्ग के पतन का कारण उनका मुसलमान होना न था। वह वस्तुतः उनकी भौगोलिक स्थिति का परिणाम था। जैसा कि पहले संकेत किया जा चुका है, वे पिछड़े देशी रजवाड़ों में बसे हुए थे और उन इलाकों में अधिक उपयुक्त विकास नहीं हुआ और न ही बड़े सार्वजनिक निर्माण कार्य, जहाँ उन्हें अकुशल मजदूरों के तौर पर काम मिल जाता। हालाँकि सामान्य आर्थिक मानदंडों से वे गरीब हैं, लेकिन उन्हें भारतीयों में निर्धनतम नहीं कहा जा सकता। अभी भी उनकी तुलना जनजातीय और अनुसूचित जातियों के सदस्यों से नहीं की जा सकती, जो भारतीय जनता का सर्वाधिक निर्धन वर्ग है।

अभी तक की हमारी चर्चा यह दर्शाती है कि भारतीय मुसलमानों के संबंध में जो सामान्य बातें वे स्वयं या उनकी समस्याओं के बारे में अन्य लोग कहते हैं, वे वस्तुतः परीक्षणीय तथ्यों पर आधारित नहीं हैं। हमारी चर्चा ने यह भी दर्शाया कि पिछले 46 वर्षों के विकास का प्रभाव सब भारतीय मुसलमानों पर एक-सा नहीं पड़ा है, पर यह प्रतिकूल प्रभाव इसलिए नहीं पड़ा कि वे मुसलमान थे, बल्कि इसका कारण बिभाजन से पूर्व की कुछ स्थितियाँ थीं और पाकिस्तान वनने के बाद निष्क्रमण का स्वरूप था और देश की व्यापक आर्थिक संरचना में हो रहे परिवर्तनों से सामंजस्य स्थापित करने की उनकी योग्यता थी। भारतीय मुसलमानों के कुछ तबकों में बहुत कम सामाजिक और आर्थिक गतिशीलता या पदपरिवर्तन हुआ, किन्तु इसमें वे अकेले नहीं हैं। अन्य धार्मिक समुदायों में भी उनके समकक्ष पूर्व स्थितिवालों की हालत बहुत कुछ वैसी ही रही। भारतीय मुसलमानों के कुछ अन्य वर्गों ने विकास की संभावनाओं और वृद्धि के अवसरों का फायदा उठाया है। इसलिए समग्र रूप से जो कुछ भारतीय मुसलमानों के साथ हुआ है, वह उनकी उपलब्ध कुशलता और दक्षता और साथ ही भौगोलिक स्थिति का परिणाम है। इस प्रकार की स्थिति उस सामान्य जनसंख्या की भी रही है जिसके वैसे ही लक्षण थे या प्रतिकूल आवास स्थिति थी। इसमें भारतीय मुसलमानों के रूप में उनकी हैसियत निर्णायक नहीं थी, जैसा कि आम तौर से भारतीय

मुसलमान या गैर-मुसलमान अकसर समझते हैं।

यह युक्ति दी जा सकती है कि इस स्पष्टतः सुखद निष्कर्ष पर पहुँचने के लिए मैंने चतुराई से भेदभाव बरतने के प्रश्न की उपेक्षा की है जिसकी भारतीय मुसलमान प्रायः शिकायत करते हैं। अब मैं इस प्रश्न पर विचार करूँगा। इस प्रश्न पर विचार करने के लिए यह जरूरी है कि भारतीय समाज की बुनियादी प्रकृति को समझा जाये। भारतीय संदर्भ में भारतीय समाज को बहुलवादी (प्लूरल) कहने का या मानने का आम रिवाज है। और, चूँकि धार्मिक समुदाय एक निश्चित सामाजिक इकाई है, इसलिए जब भेदभाव बरता जाता है, तो वह धार्मिक समुदायों पर लागू होता है। भारतीय समाज के चरित्र का यह सर्वथा भ्रांत चित्रण है। भारतीय समाज बहुलवादी समाज नहीं है, यह एक विखंडित (सेग्मेंटेड) समाज है जिसमें अस्मिताएँ न तो निश्चित हैं और न ही वे किसी विशिष्ट स्तर के अर्थ में परिभाषित हैं। वस्तुतः वे एक खिसकते हुए पैमाने की तरह हैं जो निम्न स्तर विखंडन से उच्च स्तर विखंडन की ओर बढ़ता है, सिकुड़ता या बढ़ता है।

भारतीय समाज की विखंडित प्रकृति का एक परिणाम यह है कि सामाजिक समूहों की सीमाएँ बदलती रही हैं और भिन्न-भिन्न हैं। प्रत्येक समूह अपने को विखंडन के एक विशिष्ट स्तर पर एक या अधिक समूहों में विभक्त करता है, किन्तु ये समूह विखंडन के उच्च स्तर पर अन्य समूहों के विरुद्ध आपस में मिल जाते हैं। इस प्रकार मुसलमान और गैर-मुसलमान दोनों ही उपजातियों, जातियों, सामाजिक वर्गों, संप्रदायों और क्षेत्रीय समूहों में बँटे हैं और एक व्यक्ति की अनेक अस्मिताएँ हैं, जिनमें से प्रत्येक विखंडन की सामाजिक और आर्थिक अंतर्क्रिया के एक विशिष्ट संदर्भ में प्रासंगिक है।

जब ऐसे समाज में भेदभाव बरता जाता है, वह स्थान-विशिष्ट हो जाता है और सामाजिक अंतर्क्रिया के प्रत्येक पृथक और सभी स्तरों पर लागू होता है। उदाहरण के लिए ऐसे समाज सैयद, गैर-सैयद के विरुद्ध भेदभाव बरतता है, सुन्नी शिया के विरुद्ध और मुसलमान गैर-मुसलमान के विरुद्ध। इसी प्रकार ब्राह्मण, बनिये और अहीर के विरुद्ध भेदभाव बरतता है, आर्यसमाजी सनातनी के विरुद्ध और हिन्दू गैर-हिन्दू के विरुद्ध। दूसरे शब्दों में, प्रत्येक व्यक्ति एक या भिन्न प्रसंग में दूसरे व्यक्ति के विरुद्ध भेदभाव बरतता है या भेदभाव का शिकार होता है। अंततोगत्वा इस भेदभाव का व्यक्ति पर क्या प्रभाव है, इस बात पर निर्भर करता है कि उसकी क्या पद-स्थिति है। यदि वह दूसरों को फायदा पहुँचाने की स्थिति में है, तब वह अपने समूह के सदस्यों को वरीयता देगा और उसका परिणाम होगा कि एक व्यक्ति का पक्षपात अंततः दूसरों के पक्षपात को काट देगा। ऐसी स्थिति में प्रत्येक व्यक्ति लाभ पानेवाला और हानि उठानेवाला, दोनों ही साथ-साथ हैं।

फिर भी यह युक्ति दी जा सकती है कि इसके बावजूद मुसलमानों की स्थिति

विशेषकर आघात योग्य और कठिन है। चूंकि धार्मिक समुदाय विखंडन का एक उच्च स्तर है, इसलिए इस बात की अधिक संभावनाएँ हैं कि मुसलमानों के साथ ज्यादा अधिक भेदभाव बरता जा सकता है जो अन्य समूहों के सदस्यों पर उतना लागू नहीं होता। शायद यह काफी अंश तक सत्य है। पर तब यह समस्या भारतीय समाज की है, न कि भारतीय मुसलमानों की। इसलिए इसे महज भारतीय मुसलमानों की समस्या मान लेना गलत और तथ्यों को तोड़ना-मोड़ना होगा। अंत में, प्रश्न यह है कि उन पूर्वाग्रहों को समाप्त किया जाये जो मुसलमानों के विरुद्ध दीवार खड़ी करते हैं और उन्हें वितरण के आवंटन के लाभ से वंचित करते हैं, उन्हें आवंटन के लाभ इस तरह वितरित हों कि राष्ट्रीय कार्यस्थल में उनकी समता सुनिश्चित रहे।

कुछ लोग, हिन्दू और मुसलमान दोनों, यह तर्क दे सकते हैं कि इस विश्लेषण में मैंने मुसलमानों के शारीरिक अस्तित्व के लिए खतरा समेत उन सभी विशिष्ट समस्याओं को बिलकुल नजरअंदाज कर दिया है जो पिछले कुछ समय से हिन्दू कट्टरवादिता के कारण उठनेवाली लहरों के परिणामस्वरूप मुसलमानों को झेलनी पड़ी हैं। इसमें सन्देह नहीं कि जिस जहरीले रूप में कट्टरवादी विचारधारा हिन्दुओं के एक व्यापक वर्ग पर हावी हुई है; वह मुसलमानों के लिए खास कठिनाई पैदा करता है, लेकिन एक प्रकार से चक्रव्यूह में फंस जाने की चेतना, जो हिन्दू कट्टरवादिता के जन्म का कारण है, को भी सामाजिक परिवर्तन की प्रक्रिया के संदर्भ में देखने की आवश्यकता है जो भारतीय समाज में क्रियाशील रही है और जिसेके कारण मुसलमानों को पहले से ज्यादा नागरिक स्थान प्राप्त करने में सफलता मिली है।

इन प्रक्रियाओं से हमारी समझ काफी बढ़ सकती है, यदि हम इस पर विचार करें कि पिछले कुछ दशकों में सामाजिक एवं आर्थिक स्तर पर मुसलमानों के साथ क्या घटित हुआ है। सर्वविदित है कि देश का बंटवारा भारतीय मुसलमानों के लिए एक सदमे की तरह था। एक ओर, बँटवारे ने उन्हें दो देशों में विभाजित कर दिया, जबकि लगातार उनकी मान्यता यह रही थी कि वे एक कौम हैं। दूसरी ओर, यद्यपि बँटवारे के निर्णय को आजादी सम्बन्धी बातचीत में शामिल सभी पक्षों ने स्वीकार किया था, सिर्फ मुसलमानों को बँटवारे की जिम्मेदारी का भार उठाना पड़ा, जिसके कारण वे शक और नफरत का निशाना बने। बहरहाल, जैसे-जैसे बँटवारे के प्रारम्भिक सदमे की तीव्रता में कमी आयी और भारत में मुसलमानों की उपस्थिति से पैदा होनेवाली असहिष्णुता कम होने लगी, वे आर्थिक विकास और सामाजिक परिवर्तनों से उत्पन्न होनेवाले नये अवसरों से लाभान्वित होने लगे। इसका एक नतीजा यह हुआ कि मुसलमान एक बार फिर जीवन के विभिन्न क्षेत्रों में दिखाई देने लगे। आर्थिक मोर्चे पर उनकी सफलता खास तौर पर स्पष्ट थी। वे पारम्परिक मुसलमान बस्तियों से निकल कर नयी

कॉलोनियों में रहने लगे। वे उन इलाकों में अपना आर्थिक कारोबार शुरू करने लगे जहाँ पहले उनका अस्तित्व ही नहीं था। वे अपने धर्मस्थानों की मरम्मत और पुनर्निर्माण कराने लगे और अपने पर्व पहले की तुलना में कहीं व्यापक और बड़े पैमाने पर मनाने लगे।

इन सभी मामलों में भारतीय मुसलमान एक ऐसे पैटर्न का ही अनुसरण कर रहे थे, जो सामान्यतः दूसरे समुदायों, विशेषतः हिन्दुओं और सिखों पर लागू होता है। पिछले दस या बीस वर्षों में सभी समुदायों के धर्मस्थान पहले के मुकाबले ज्यादा दिखाई और सुनाई देते हैं। फर्क केवल यह है कि अपने समुदाय के धर्मस्थलों का पुनर्निर्माण और विकास सभी लोग स्वाभाविक समझते हैं, किन्तु दूसरे समुदायों के धर्मस्थानों के पुनर्निर्माण को जरा वक्र दृष्टि से देखते हैं।

सारतः मेरा मुद्दा यही है कि पिछले कुछ दशकों में भारतीय मुसलमानों के साथ जो कुछ घटित होता रहा है, वह न ही अजूबा है और न ही कुछ खास। यह किसी स्वैच्छिक सार्वजनिक नीति के बजाय एक सामान्य प्रक्रिया द्वारा प्रोत्साहित बाजार की शक्तियों की अन्तःक्रिया का ही हिस्सा है। बाजार की इन्हीं शक्तियों के कारण भारतीय समाज के दूसरे हिस्सों की तरह भारतीय मुसलमान भी लगभग उसी दिशा में गतिशील रहे हैं, जिस दिशा में समूचा देश। मेरा अभिप्राय यह नहीं है कि भारतीय मुसलमान भी उसी रफ्तार से इस दिशा में बढ़ रहे हैं जिस रफ्तार से देश के अन्य समुदाय। भारतीय मुसलमानों की गतिशीलता में औरों के मुकाबले कुछ वर्षों का फासला जरूर है, मगर यह फासला इसलिए नहीं है कि वे मुसलमान हैं या उनका धर्म और धार्मिक रुझान उनकी प्रगतिशीलता में बाधक हैं। यह फासला खास तौर पर सामाजिक तथा आर्थिक पूँजी तथा विरासत पर उनकी पकड़ से उत्पन्न हुआ है। उदाहरण के तौर पर जहाँ-जहाँ मुसलमानों को अच्छी सफलता मिली है, वहाँ-वहाँ संसाधनों और कौशलों पर पकड़ ने उन्हें बाजार की प्रक्रियाओं का फायदा उठा सकने का मौका दिया है। उन्हें सबसे ज्यादा सफलता दस्तकारी और व्यापार-वाणिज्य के क्षेत्रों में मिली है, क्योंकि इन क्षेत्रों में सफल होने के कौशल उनके काबू में थे— राष्ट्रीय और अन्तर्राष्ट्रीय दोनों स्तरों पर। दूसरी ओर भारतीय मुसलमानों में मध्य वर्ग का विकास धीरे-धीरे हो पाया है और अब भी हिन्दू मध्य वर्ग की तुलना में वह कुछ नहीं है। इसका कारण यह है कि भारतीय मुसलमानों में मध्य वर्ग पहले से ही बहुत छोटा था और शिक्षा तक पहुँच के अभाव के कारण, जो एक ऐसे समुदाय के लिए स्वाभाविक ही था जिसका झुकाव स्व-रोजगार के अवसरों की तरफ है, उसका विकास बाधाग्रस्त रहा। सिर्फ पिछले दशक या उसके आसपास से ही दूसरे समुदायों की तरह ही भारतीय मुसलमानों में मध्य वर्ग के विकास में तीव्रता आयी है। बहरहाल, परिवर्तन का जो व्यापक स्वरूप भारतीय मुसलमानों में दिखाई देता है, उसकी दिशा वही है जो देश के

सामान्य जनगण की।

बाजार की शक्तियों से प्रभावित इस विकास का एक नतीजा है शेष समाज के साथ मुसलमानों का बढ़ता हुआ एकीकरण। चुनावी राजनीति में भारतीय मुसलमान भी अन्य भारतीय समुदायों की तरह अलग-अलग राजनीतिक दलों में विभाजित है, आर्थिक दृष्टि से अन्य समुदाओं की तरह उनमें भी एक उद्यमी वर्ग विकसित हुआ है और पिछले दो दशकों में नियंत्रण की अर्थव्यवस्था से, जो लगभग 25 करोड़ का नया मध्य वर्ग देश में विकसित हुआ है, उसका एक छोटा-सा अंग भारतीय मुसलमान भी हैं। जनसंख्या वृद्धि के दृष्टिकोण से भी इस आम प्रचार के बावजूद कि मुसलमानों की जनसंख्या देश की जनसंख्या की तुलना में तेजी से बढ़ रही है, वास्तविकता यही है कि उनकी आबादी में भी वैसे ही ठहराव आया है जैसे एक दशक पहले देश की आम आबादी में ठहराव आना शुरू हो गया था।

राजनीतिक, आर्थिक एवं सामाजिक सभी स्तरों पर देश की आम जनता के साथ भारतीय मुसलमानों के बढ़ते एकीकरण ने उनकी दृश्यमानता को बढ़ाया है। बहुत से कट्टरपंथी हिन्दुओं और हिन्दू संगठनों को आशा थी कि आजादी के बाद हिन्दू, जो मध्य एवं आधुनिक काल में भेदभाव के शिकार थे, देश पर अपना राजनीतिक और आर्थिक आधिपत्य स्थापित कर सकेंगे और मुसलमान हाशिये पर रह जायेंगे। अनुसूचित जातियों, जनजातियों एवं अन्य पिछड़े वर्गों की उन्नति के साथ भारतीय मुसलमानों की यह बढ़ती हुई दृश्यमानता ऐसे लोगों के लिए परेशानी पैदा करती है। उन्हें ऐसा लगता है कि हाशिये तक सीमित रहने के बजाय मुसलमान भारत में फिर अपना वर्चस्व स्थापित करने जा रहे हैं। पिछले कुछ वर्षों में कट्टरपंथी हिन्दू संस्थाओं ने हिन्दुओं के कुछ वर्गों में यह भावना पैदा कर दी कि उन्हें घेरा जा रहा है, इसका राजनीतिक लाभ उठाने की कोशिश की है। छद्म धर्मनिरपेक्षता और सरकार द्वारा अल्संख्यकों का तुष्टीकरण जैसे नारे इसलिए हिन्दुओं को आकर्षित करते हैं—इससे उनकी घिरे होने की भावना दृढ़ होती है और हिन्दुओं को जत्थेबन्दी में मदद मिलती है।

'80 के दशक में भारतीय मुसलमानों के उभराव और एकीकरण के कारण पैदा होनेवाली हिन्दू आत्मचेतना के परिणामस्वरूप देश के धर्मनिरपेक्ष वातावरण में जो गिरावट आयी है, उसका एक नतीजा यह हो सकता है कि भारतीय समाज में पिछले दो दशकों से चल रही एकीकरण की प्रक्रिया स्तम्भित हो जाये। कारण, राज्य द्वारा प्रोत्साहन के परिणामस्वरूप हो या बाजार की शक्तियों के नतीजे में, इसमें सन्देह नहीं कि भारतीय मुसलमानों ने जो भी उन्नति की है, उससे समाज के एकीकरण को बढ़ावा मिला है। यह प्रक्रिया किस सीमा तक बाधाग्रस्त होती है, यह इस पर निर्भर करेगा कि हिन्दू आत्म-चेतना विजयी होती है या बाजार।

दूसरे समाजों और देशों का अनुभव तो यही बताता है कि अन्ततः धार्मिक एवं सांस्कृतिक कट्टरता की तुलना में बाजार की शक्तियाँ ही सफल होती हैं। यदि यह मान लिया जाये कि धार्मिक एवं सांस्कृतिक कट्टरवाद भारतीय मुसलमानों को आर्थिक एवं सांस्कृतिक अलगाव की खाई में धकेलने में कामयाब हो जायेगा, तो भी इस परिस्थिति से उत्पन्न होनेवाली समस्या भारतीय समस्या होगी, न कि केवल भारतीय मुसलमानों की समस्या।

इतिहास का साक्ष्य और वर्तमान के प्रश्न

पंकज

भारत के इतिहास में इस्लाम की क्या भूमिका रही है और मुसलमानों की इस सामाजिक संरचना में क्या स्थिति है, इस पर परस्पर विरोधी धारणाएँ प्रचलित हैं। इनमें से बहुत कम का रिश्ता ऐतिहासिक तथ्यों से है।

पहले स्वयं मुसलमानों के वर्तमान नेताओं तथा विद्वानों की बात लें। आज प्राय: कहा जाता है कि 'भारत में इस्लाम कतिपय व्यापारियों और सूफियों के जरिये आया। भारत का मूल धर्म इतना आततायी था कि उससे त्राण पाने के लिए दलित-शोषित जनों ने समतामूलक इस्लाम को अपनाया। इस्लाम में समता का आधार है। वह सच्चा भाईचारा सिखाता है।' फिर, यह भी कहा जाता है कि 'इस्लाम ने भारत को जहालत से निकाल कर शहरियत दी, सभ्यता दी, रोशनी दी।' ज्यादातर मुसलमान विद्वानों और नेताओं को इस पर पूरा भरोसा है कि 'भारत को अधिक उन्नत बनाने में इस्लाम की मुख्य भूमिका है।' इरफान हबीब जैसे मार्क्सवादी इतिहासकार भी भारत में इस्लाम के आगमन को शुभ और हितकर तथा विकास-प्रेरक मानते हैं। तदनुसार फिर, आधुनिक दौर आया। 'भारत एक पंथ-निरपेक्ष गणराज्य बना। पाकिस्तान एक इस्लामी राज्य बना। इस शेष भारत में हिन्दू बहुसंख्यक हैं। अत: इस्लाम, ईसाइयत आदि अल्पसंख्यक संस्कृतियों को विशेष संरक्षण प्रदान करना इनका कर्तव्य है। इस्लामी गणराज्यों में हिन्दुओं को ऐसा संरक्षण प्राप्त नहीं है तो इससे क्या ? वे तो इस्लामी उसूलों पर चलते हैं। सेकूलर नहीं हैं। हिन्दू तो बड़े उदार और सेकुलर बनते हैं। तो दिखायें उदारता। असलियत तो यह है कि हिन्दू बड़े संकीर्ण हैं, जातवादी हैं, मुसलमानों से भी भेदभाव बरतते हैं। इनका सेकूलरिज्म नकली है। इस्लाम को जरूरत पड़ने पर इस नकली सेकूलरिज्म के खिलाफ बगावत करनी पड़ सकती है।' यह है अधिकांश मार्क्सवादी वामपंथियों एवं अन्य आधुनिकतावादियों की दृष्टि।

उधर, हिन्दूवादी हैं। उनके अनुसार 'भारत की एकमात्र समस्या है इस्लाम। इस्लाम ने हमें बहुत अपमानित किया। उस अपमान का कलंक धोना है। मुसल-

मान यहाँ हिन्दू समाज से घुलमिल कर रहें। वरना इस देश में उनका क्या काम !'

इनमें से हर एक स्थापना की जांच जरूरी है। पहली बात यह कि इस्लाम दुनिया भर में केवल सैद्धांतिक श्रेष्ठता से नहीं फैला। युद्ध और हिंसा के जरिये फैला है। इन युद्धों का तमाम मुसलमान इतिहासकारों और विद्वानों ने गौरवगान किया है। इन्हें जिहाद, शबाब, वीरता, पुण्यकर्म आदि कहा है। स्वयं मक्का में भीषण हिंसा, युद्ध, छल-धोखाधड़ी और अन्य उपायों से ही यह हो पाया कि वहाँ शम्स, मनात, लात, उज्जा आदि देवताओं-देवियों के उपासक पंथों को नष्ट किया गया और एकपंथवादी मत का प्रसार संभव हुआ। फिर अरब जातियों ने जोर्डन, सीरिया, इराक, तुर्की, स्पेन, मिस्र और फारस को युद्ध से ही जीता था। प्रेम से या भावात्मक अपील से नहीं।

भारत में भी इस्लाम युद्ध के ही बल पर फैला है। यह कहना कि यादवों, चालुक्यों, चेरों, काकतेयों, राष्ट्रकूटों, चोलों, पल्लवों, तोमरों, चौहानों, पँवारों, प्रतिहारों, पालों, सिखों, सोलंकियों, भरों, खरवारों, गोंडों, भीलों आदि के राज्यों में जो व्यवस्थाएँ थीं, वे इस्लामी व्यवस्था से कम समतामूलक थीं, सरासर झूठ है। दर्जनों वनवासी राज्यों को मुसलमानी हमलावरों ने नष्ट किया, रौंदा, बरबाद किया। यह इसलिए नहीं कि इस्लाम उन वनवासी समूहों से अधिक समता-मूलक है। इस्लाम निश्चय ही आक्रामक रूप में आया। मध्यकालीन इस्लामी विद्वानों ने विस्तार से इन आक्रमणों, विजयों, शासन-तंत्रों तथा अन्य ब्यौरों की प्रशंसापूर्ण जानकारियाँ प्रस्तुत की हैं। सर्वाधिक उदार मुसलमान शासक अकबर तक ने गोंडवाना की रानी दुर्गावती पर हमला किया।

717-724 ईसवी में मुहम्मद-बिन कासिम और खलीफा उमर द्वितीय के आक्रमणों के बाद सिंध में कुछ लोग मुसलमान बने। पर 20 वर्षों के भीतर ही वे पुनः हिन्दू बन गये। महमूद गजनी के हमले के बाद मुलतान में लोग बड़ी संख्या में मुसलमान बने। 636 ईसवी में गुजरात के समुद्री तट पर भी इस्लामी आक्रमण हुए थे। अरबों ने भड़ौंच और काठियावाड़ के बंदरगाहों पर धावा बोला तथा भारतीय नाविकों पर समुद्र में भी हमले किये। व्यापार के क्रम में भी कई मुसलमान गुजरात में बसे। चौल राज्य में 916 में अरब यात्री मसूदी जब घूमा तो उसने पाया कि वहाँ सिराफ, ओमन, बगदाद और बसरा के मुसलमान आ बसे हैं। मलाबार तट पर भी सातवीं सदी के अंत में मुसलमान बसने लगे थे। हिन्दुओं ने इनका प्रेमपूर्ण स्वागत किया। मलाबार में हिन्दुओं की इच्छा से अनेक मस्जिदें बनने दी गयीं।

सन 1000 में महमूद गजनी ने पेशावर से कन्नौज तक तथा दक्षिण में अन्हिलवाड़े तक धावा बोला। उसने लाखों लोगों को जबरिया मुसलमान बनाया।

कन्नौज, बनारस और बहराइच में कई मुस्लिम कॉलोनियाँ बन गयीं। 1015 में महमूद गजनी ने कश्मीर घाटी पर चढ़ाई की। वहाँ बड़े पैमाने पर मारकाट की और लोगों को जबरिया मुसलमान बनाया। इसके बाद की अवधि में बुलन्दशहर, किरात, नूर, लोहकोट और लाहौर जीते गये। ताकत के बल पर लोगों को मुसलमान बनाया गया। जकारिया अल काजवीनी का कहना है कि सोमनाथ का मंदिर तोड़ा ही इसीलिए गया, जिससे हिंदू लोग इस्लाम को शक्तिशाली मान कर मुसलमान बन जायें। महमूद ने इसीलिए कई मस्जिदें बनवायीं व मदरसे चलवाये।

बारहवीं शती ईसवी के अंत तक भारत में मुहम्मद गोरी ने अपना आधार सुदृढ़ कर लिया। उनके अधीनस्थ कुतुबुद्दीन ऐबक, बख्तियार खलजी आदि ने इस्लामी साम्राज्य के फैलाव में मुख्य भूमिकाएँ निभायीं। कई लाख लोग मुसलमान बनाये गये।

प्रारंभ में खिताई, कारा-खिताई, किपचकी, गरजी और इलवारी तुर्की कबीले बड़े पैमाने पर भारत आ कर बसे। ये फौजों के रूप में ही आये थे। बाद में मुसलमानों की बादशाहत कायम होने पर मध्य एशिया, फारस, अफ्रीका आदि से मुस्लिम समूह आये। भारत की जरखेज जमीन, यहाँ के लोगों का प्रेम-व्यवहार और साम्राज्यवादी प्रतिष्ठा से जुड़े होने का सुख उन्हें भारत खींच लाये थे। इसी के साथ, अनेकों मुस्लिम विद्वान, मशाइख, नमाजी और गवैये भी भारत आ बसे। व्यापारी, सौदागर भी बड़े पैमाने पर आये। ये सब भारत में साम्राज्यवादी ताकत के बल पर ही बसे। तुर्की सुल्तानों के दरबार पूरी तरह इस्लामी थे। वहाँ हब्शियों, अरबों, अफगानों, मंगोलों, फारसीकों तथा तुर्कों का बोलबाला था। मुस्लिम इतिहास में इनके विशद वर्णन हैं।

1231 में सुल्तान इल्तुतमिश ने ग्वालियर पर धावा किया। फिर, अवध के त्रैलोक्य वर्मन को तथा चंदेल राजाओं को हराया। हरियाणा पर हमला किया। औरतें-बच्चे लाखों की संख्या में गुलाम एवं मुसलमान बनाये गये। कई शहरों में हुक्म दिया जाता कि आठ साल से ज्यादा उम्र के तमाम लड़कों और समस्त पुरुषों का संहार किया जाये। अलाउद्दीन खलजी, फीरोज तुगलक आदि ने भारत में गुलामों के बड़े-बड़े बाजार खोल दिये। मुहम्मद बिन तुगलक को मंदिरों की औरतों को बाँदिया-लौडियाँ बनाने का नशा था। मुस्लिम इतिहासकारों ने इसकी भारी तारीफ़ की है। इब्न-बतूता ने विस्तार से ये ब्यौरे दिये हैं।

मुस्लिम शासन काफिरों को मुसलमान बनाने के मिशन चलाते थे। अक्सर मस्जिदें, सरायें और खानकाह वहीं बनाये जाते, जहाँ पास ही हिंदू मंदिर हो। उन मंदिरों को तोड़ कर ये इमारतें बनवायी जातीं, ताकि इस्लाम की श्रेष्ठता सिद्ध हो। इब्न बतूता ने सगौरव यह भी लिखा है कि सोने के गहने तथा अन्य आर्थिक

प्रलोभन दे कर हिन्दुओं को मुसलमान बनाया जाता था। फीरोज तुगलक ने स्वय लिखा है कि मैंने लोगों को मुसलमान बनाने के लिए गैर-मुसलमानों पर जिजिया कर लगाया और इसका अच्छा असर हुआ।

इब्न बतूता बताता है कि अक्सर बड़े पैमानों पर हिंदुओं को कुतबुद्दीन मुबारकशाह के महल में लाया जाता, जहाँ उन्हें मुसलमान बनाया जाता। ऐसे ही एक अवसर पर आये हिन्दुओं ने मुबारकशाह को मार डाला।

सूफी मसाइखों ने भी मजहब के फैलाव की खूब कोशिशें कीं। जहाँ तक दलितों के मुसलमान बनने की बात है, किसी भी तत्कालीन मुस्लिम इतिहास ग्रंथ में इसका कोई ब्यौरा नहीं है। इसके विपरीत अल बिलदूरी ने 'फतह-उल-बुलदान' में एक राजा का उल्लेख किया है, 'राजा का बेटा बीमार था। राजा ने मंदिर में जा कर पूजापाठ किया। तब भी बेटा मर गया। राजा मुसलमानों के संपर्क में था। कई सूफी व मौलाना तथा मुस्लिम व्यापारी उसके मित्र थे, जो बुतपरस्ती के खिलाफ बोला करते। पुत्र-शोक से भरे राजा ने मंदिर को नष्ट कर दिया और मुसलमान मित्रों को बुला कर कलमा पढ़ा एवं मुसलमान बन गया।' एक अन्य उदाहरण सिंध के राजा डालू राय के छोटे भाई का है। उसने एक मुसलमान लड़की से मक्का में विवाह किया। इसके लिए वह मुसलमान बना।

यह अनुमान किया जाना उचित है कि जिजिया से बचने के लिए जो लोग मुसलमान बनते थे, वे अवश्य गरीब ही रहे होंगे। मुस्लिम-हिन्दू संघर्ष काल में 1400 के बाद मुस्लिम आबादी तेजी से बढ़ी। कई शिल्पी जातियों को इस्लाम कबूल करना पड़ा, यद्यपि इससे उनकी आर्थिक या सामाजिक दशा तनिक भी नहीं सुधरी। जियाउद्दीन बरनी ने 'फतवा-ए-जहाँदारी' में केवल विदेशी मूल के मुसलमानों को गुणवान तथा भारतीय मूल के मुसलमानों को दुर्गुणी ही कहा है। विशेषकर, जुलाहों के प्रति तो उसका तिरस्कार भयंकर है।

मुस्लिम सुल्तानों ने इस्लाम को बहुत फैलाया। यह सब पक्षपात, लोभ, नीतिगत अन्याय और जुल्म के द्वारा ही किया गया। मुस्लिम सल्तनतों में तमाम महत्त्वपूर्ण राजकीय ओहदे विदेशी मूलवाले आलियों, उलमाओं तथा अन्य ऐसे भारतीयों को ही दिये गये। इन सबको प्रायः 'तुर्क' या 'तुरुक' कहा जाता, यद्यपि इन तुरुकों में टर्की, फारस, अरब, अफगान, मंगोल और अबीसीनियाई मूलों के लोग शामिल थे।

पंद्रहवीं शती में बहमनी राज्य में जबरिया धर्मान्तरण बड़े पैमाने पर कराये गये। सैय्यदों और लोदियों ने अफगानों की बड़ी तादाद अपनी मदद के लिए बुलवायी। अपने शरणादाता कश्मीरी हिन्दू शासक सिहदेव को धोखा दे कर षड्यंत्रपूर्वक सूफी बाना धारण किये शाह मिर्जा ईस्वी 1346 में कश्मीर की गद्दी पर बैठा। धर्मान्तरित लोग उसके साथी बने। फिर सिकदर बुतशिकन ने पंद्रहवीं

शती के आरम्भ में फारस, अरब और मेसापोटामिया से उलमाओं और आलमों को बुलवा कर उन्हें धर्मान्तरण का काम सौंपा। कश्मीर में मार्तण्ड, तृप्तेश्वर, चक्रमृत आदि प्रख्यात मंदिर इसी सिकन्दर ने तोड़े। हजारों कश्मीरी ब्राह्मणों ने आत्महत्या कर ली, ताकि इस्लाम न कबूलना पड़े। शेष भाग गये। जो फँस गये या डर गये, वे मुसलमान बन गये। इस सिकंदर के समय केवल 11 ब्राह्मण परिवार कश्मीर घाटी में बचे थे।

कश्मीरी ब्राह्मणों का मुस्लिम शासकों ने 500 वर्षों तक नृशंसतम दमन किया है। बचे-खुचे ब्राह्मण दुर्गम लद्दाख क्षेत्र में जा बसे। कई जम्मू के इलाके में बसे। पर कश्मीर घाटी क्षेत्र में मुस्लिम एकाधिपत्य रहा।

पन्द्रहवीं शती ईसवी में ही गुजरात में अहमदशाह ने वलपूर्वक धर्मान्तरण किये। प्राय: मुस्लिम जमींदार किसानों-व्यापारियों से बीवियाँ और बेटियाँ तथा धन माँगते और न देने पर छीन लेते। लाखों हिन्दू स्त्रियाँ इसी प्रकार मुसलमान बनीं। विदेशी मुसलमानों को अबीसीनिया से बुला कर पदवियाँ और जागीरें दी गयीं। विदेशी मूलवाले सैनिक भी यहाँ बड़ी तादाद में रखे गये। दक्कन में भी यही सब हुआ। बहमन शाह, ताजुद्दीन फीरोज, अहमद वली, अलाउद्दीन आदि ने बलात धर्मान्तरण किये, हिन्दू स्त्रियाँ ला कर हरम में रखीं—मुस्लिम बना कर और विदेशी मूल के मुसलमानों को बसाया-बढ़ाया।

केवल अकबर के समय हिन्दुओं को कुछ राहत मिली। तब तक मुख्यत: विदेशी मूलवाले मुसलमानों तथा उनकी हिन्दू स्त्रियों से उत्पन्न संतानों के कारण भारत में लगभग डेढ़ करोड़ मुसलमान बन चुके थे, जबकि भारत की कुल आबादी 1600 में 14 करोड़ थी। शाहजहाँ ने अकबर की उदार नीतियाँ त्याग दीं और हिन्दुओं को जबरन मुसलमान बनाना शुरू कर दिया। अकबर ने लगान न दे पानेवाले किसानों के बीवी-बच्चों की बिक्री व उन्हें गुलाम बनाने की प्रथा पर रोक लगा दी थी। शाहजहाँ ने उसे फिर शुरू किया। औरंगजेब ने तो 'कानूनगो बशर्ते इस्लाम' (इस्लाम कबूलो तभी कानूनगो बन सकते हो) जैसी नीतियाँ घोषित कीं। हिन्दू कानूनगो की जगह मुसलमान ही नियुक्त किये गये। पंजाब से बंगाल तक इसके कारण कई खाते-पीते हिन्दुओं ने इस्लाम कबूला। ऐसे कई धर्मान्तरित कानूनगोओं के ब्यौरे इतिहास में उपलब्ध हैं। इसी के साथ, अल्मोड़ा के राजा का पोता मुसलमान बनने पर ही इम्तियाजगढ़ का मुशरफ बनाया गया, नेकराम दिलावर और किन्हीं नामदेव आदि को फौजी ओहदे मिले। मनोहरपुर के जमींदार, पटौदी के जमींदार, देवगढ़ के जमींदार का भाई, जाट नेता राजा राम का बेटा फतह सिंह, कूच बिहार के राजा का बेटा बिशन नारायन, पलामू का राजा आदि ने भय और प्रलोभनवश इस्लाम कबूला। तब इनकी देखा-देखी, उनके नौकर-चाकर तथा अन्य गरीब-गुरबे भी मुसलमान बनने लगे, क्योंकि मुसलमानी

राज में हिन्दू होने का अर्थ था—दरिद्रता, दुख, अपमान, यातना, कष्ट। गरीबी इतनी बढ़ी कि लोगों को चार आने से ले कर सात रुपये तक में मुसलमान बनाया जाने लगा। कुछ सम्पन्न लोग 2000 रुपये ले कर मुसलमान बने। बहनों-बेटियों की इज्जत खतरे में देख भी हजारों हिन्दू मुसलमान बने, क्योंकि मुसलमान बनने पर फिर उन्हें मुसलमान गुंडों तथा अत्याचारियों से लूट-बलात्कार का भय न रहता।

इन सबके साथ-साथ सूफी लोग प्रेम से भी इस्लाम का प्रचार करते। मुस्लिम फकीरों को बहुत संरक्षण मिला। कई बादशाहों के यहाँ 40 से 50 हजार मुस्लिम फकीरों को रोज भोजन दिया जाता।

इस तरह भारत में मुस्लिम आबादी का मुख्य प्रेरक आधार हिन्दू-विरोधी इस्लामी शासन ही रहा है। दर्जियों और कस्साबों (कसाइयों) जैसे कुछ पेशों में लोग लालच के कारण मुसलमान बने। जाति प्रथा के अन्याय से पीड़ित हो कर मुसलमान बननेवाले हिन्दू बेहद कम हैं—नगण्य। इस्लाम, ईसाइयत, मार्क्सवाद तथा आधुनिक राजतंत्र के अपने-अपने अत्यंत क्रूर और विषमतापूर्ण ऊँच-नीच तंत्र हैं। ऊँच-नीच का सच्चा निन्दक वह है जो सभी तरह के ऊँच-नीच की निन्दा करे। केवल हिन्दू जाति प्रथा की निन्दा भेदभाव और अर्धसत्य है। जो लोग हिन्दू धर्म की तुलना में इस्लाम को अधिक समतामूलक या न्यायपूर्ण मानते हैं, वे या तो अज्ञान में हैं या फिर झूठे हैं। उन्हें ऐसा करने पर फिर इस्लाम की विषमताओं और ऊँच-नीच के तथ्यों को सुनने की तैयारी दिखानी चाहिए और ऐसा माहौल बनाना चाहिए, जिसमें खरी-खरी सच्चाई कही-सुनी जा सके।

इस प्रकार, भारतीय इतिहास की सच्चाई यह है कि यहाँ के मुसलमानों के दो बड़े वर्ग हैं—एक है विदेशी मूलवाले मुसलमान, दूसरा है—भारतीय मूल के मुसलमान। दोनों में जबरदस्त फर्क है—आर्थिक स्तर का, सामाजिक प्रतिष्ठा का तथा इस्लामी धर्मतंत्र पर प्रभाव का।

इतिहास की दूसरी सच्चाई यह है कि पाकिस्तान और बाँग्लादेश भारतीय मुसलमानों के लिए बने राज्य हैं। यह बिलकुल ताजा किस्सा है। इसलिए पाकिस्तान-बाँग्लादेश की स्थिति को अनदेखा कर आप भारत में मुसलमानों की स्थिति पर चर्चा के अधिकारी नहीं हैं। इसी से जुड़ी सच्चाई यह भी है कि उत्तर प्रदेश और बिहार के तथा दक्षिणी भारत के भी मुसलमानों ने भारी बहुमत से मुस्लिम लीग का और पाकिस्तान के बनने का समर्थन किया था। परंतु फिर वे शेष भारत में ही रह गये। शेष भारत में रह कर पाकिस्तान के तोड़े जाने और भारत के पुनः एकीकरण के लिए उन्होंने कभी कोई आंदोलन नहीं चलाया। अतः आये दिन हिन्दुओं की शिकायत वाजिब नहीं है।

यह कहना कि इस्लाम ने भारत को तहजीब दी, सभ्यता दी, यह कहने जैसा

है कि भगवान राम, कृष्ण, बुद्ध, महावीर, उपनिषत्कालीन ऋषि एवं शंकराचार्य आदि ने भारत को कोई सभ्यता नहीं दी थी। यह असह्य झूठ है। इस्लामी तहजीब के बिना भारत भली भाँति रह सकता था। कृपया भारत पर एहसान न दिखायें। यह तो हुआ एक पक्ष।

अब आयें समकालीन तथ्यों और 'मिथकों' पर। इसमें निश्चय ही आधुनिक हिन्दूवादी वैसे ही झूठे हैं, जैसे कि इस्लामवादी लोग। यह कहना कि भारत में मुस्लिम आबादी भयंकर पैमाने पर बढ़ रही है, सरासर झूठ है। असलियत यह है कि इस समय भारत में कुल मुस्लिम आबादी लगभग 10 करोड़ है। एक तो कई मुस्लिम नेता अपनी आबादी की बढ़-चढ़कर डींग हाँक दते हैं। हाँ, बाँग्लादेशियों की घुसपैठ अवश्य एक गंभीर समस्या है। उसके लिए शासन तंत्र दोषी है।

दूसरा झूठ यह है कि भारत में मुस्लिम तुष्टीकरण हो रहा है। शाह बानो जैसे एकाध मामलों के आधार पर मुस्लिम तुष्टीकरण की बात करना गलत है। कोई तुष्टीकरण नहीं हो रहा है, क्योंकि यह सम्भव ही नहीं है। साधारण मुसलमान और साधारण हिन्दू एक-सी समस्याएँ भुगत रहे हैं, एक-से कष्ट उठा रहे हैं और समान रूप से राज्यतंत्र द्वारा उपेक्षित हैं।

सचाई तो यह है कि मौजूदा प्रशासनिक एवं प्रौद्योगिक ढाँचे में व्यापक जनगण का हित और कल्याण पूरी तरह असम्भव है। यह एक सीमित अल्पसंख्यक राज्यतंत्र है, जो देश की समस्त सम्पदा एवं साधनस्रोतों का एकाधिकारी बन कर फिर उनका पुनर्वितरण अपने लोगों के बीच करता है। मौजूदा भारतीय प्रशासनतंत्र से ऐसे 'अपने लोग' निश्चय ही मुख्यतः हिन्दू हैं। लेकिन उनके हिन्दू होने से शेष हिन्दुओं के दुख, दारिद्र्य और विपदाएँ कम नहीं हो जाते। समकालीन भारत की मुख्य संस्था राज्य है। अतः यहाँ पहचान की विभाजक रेखा राज्य को आधार बना कर ही संभव है। सत्ता और अधिकार के शिखर पर है राजकर्त्ता – इनमें 1. सांसद, विधायक, मंत्रिगण तथा उच्च पदाधिकारी और फिर विविध अफसर एवं कर्मचारी आते हैं। 2. फिर, विशेष सुविधाप्राप्त स्वायत संस्थाएँ—विश्वविद्यालय आदि, मीडिया एवं प्रेस, विविध आधुनिक पेशे इत्यादि का स्थान है। इनके साथ बड़ी और आधुनिक 'स्वैच्छिक संस्थाएँ' भी हैं। 3. इनके बाद, शहर के अन्य पेशेवर लोग और सम्पन्न ग्रामीणों की कोटि है। 4. इनके बाद हैं साधारण ग्रामीण, छोटे किसान, खेतिहर मजदूर एवं वनवासी। ये चार प्रमुख वर्ग या कोटियाँ हैं।

हिन्दू-मुस्लिम विभाजन एक झूठा विभाजन है। इसलिए हिन्दुओं द्वारा मुसलमानों से या मुसलमानों द्वारा हिन्दुओं से शिकायतें करना झूठी शिकायतें करना है। भारत में यह खेल ज्यादा चलेगा नहीं। लेकिन जितना चल रहा है, उसके लिए मुसलमान और हिन्दू समान रूप से दोषी हैं। अभी के शासक हिन्दू कुल में

जनमे हैं, इसीलिए उनके सारे पापों का जिम्मेदार सारा हिन्दू समाज है, यह तर्क तो भयंकर है। फिर तो अत्याचारी मुस्लिम शासकों के पापों के जिम्मेदार भी सारे मुसलमान माने जायेंगे। मुस्लिम शासकों के हिन्दू-विरोधी दुष्कर्म एक ऐतिहासिक सच है। लेकिन साधारण मुसलमान साधारण हिन्दू की ही तरह है। दोनों समान भारतीय हैं, यह भी ऐतिहासिक सच है।

अभी के हिन्दू कुल में उपजे शासक या अन्य प्रमुख लोग न तो मुस्लिम-विरोधी कोई विशेष अभियान छेड़े हुए हैं, न ही मुस्लिम-तुष्टीकरण जैसा कुछ कर रहे हैं। उनके कार्यों, लक्ष्यों और विचारों की कोटियाँ, पैमाने तथा हिसाब अलग हैं। उनके लिए हिन्दुत्व या इस्लाम केवल 'मास मोबिलाइजेशन' का प्रेरक एक संवेग है, जिसे उकसा कर वे लोगों को किसी खास दिशा में उत्प्रेरित करना चाहते हैं। पर ये दिशाएँ आधुनिकतावादी व्यक्तिवाद की दिशाएँ हैं। अतः अधिक लंबे समय तक उनके रचे 'मिथक' खिच नहीं सकेंगे। 'पान-इस्लामिक' एकजुटता आदि साकार हो गयी, तो हिन्दू समाज के लिए वैसे भी खतरे हैं ही, परंतु इसकी काट यह नहीं है कि 'पान-इस्लामिक' एकजुटता को शीघ्र साकार होने में अपनी ओर से सहायता पहुँचायी जाये। इसी प्रकार 'हिन्दूवादी उन्माद' से निश्चय ही मुसलमानों को खतरा है, पर इसकी काट यह नहीं है कि ऐसे कदम उठाये जायें, जिससे हिन्दूवादी उन्माद को बढ़ने का मौका मिले। बल्कि अधिक व्यापक मुद्दों और सवालों को सामने रख कर ही इन दोनों की काट सम्भव है। इस्लामवाद, हिन्दूवाद, जनवाद और विश्वबाजारवाद—चारों के अपने-अपने खतरे हैं, क्योंकि चारों किसी एक समूह के विचारों को शेष सब पर लागू करने का मन रखते हैं। ऐसे सभी एकपंथवादों का क्रूर पंथबीज सारतः एक ही है— वह यह कि और सबों का हित-अहित भी मैं या हम कुछेक ही तय कर सकते हैं, वे सब स्वयं नहीं। यह भ्रान्त या मिथ्या प्रतिनिधित्व का सिद्धांत है। इसमें दूसरों के प्रति भय और अविश्वास अंतर्निहित है।

भारत के हिन्दू-मुसलमानों को अपने सहजीवन तथा भविष्य के बारे में विवेकपूर्ण मनन कर कुछ मुद्दों पर लगातार विचार और बहस करते हुए रास्ता बनाना होगा। जैसे, 1. समाज और व्यक्ति के साझा तत्त्व क्या हैं? दोनों ही मानवीय सत्ताएँ हैं। आत्मचेतन चित्त से सम्पन्नता मनुष्य का लक्षण है। अतः समाज में भी आत्मचेतनता होनी चाहिए। इस आत्मचेतनता का स्वरूप प्रत्येक समाज में पृथक-पृथक होता है। इस स्तर पर एकपंथवादी सेमेटिक समाजों की आत्मचेतना का स्वरूप भारत जैसे बहुपंथी समाजों से नितांत भिन्न होना स्वाभाविक है। कोई एकमात्र पैगम्बर या प्रभु-पुत्र या देवदूत है, जिसके द्वारा ही परम ज्ञान सम्भव है—यह आत्मचेतना का एक नितांत भिन्न ढाँचा है। एक ही चिन्मय तत्त्व सर्वत्र व्याप्त है और भिन्न-भिन्न रूपों में उसका साक्षात्कार सम्भव है, यह

भिन्न आत्मचेतना है। इस स्तर पर हिन्दू-मुस्लिम टकराहट को साम्प्रदायिक कहना सर्वथा गलत है। यह आध्यात्मिक-सांस्कृतिक टकराहट है। इसे छिपाना, दबाना, आरोप-प्रत्यारोप मात्र करना अथवा अनदेखा करना पलायन अथवा कुंठा है। हिन्दुओं और मुस्लिमों तथा ईसाइयों के बीच कुछ वास्तविक टकराहटें हैं। ये छिपाने या टालने से नहीं, अपनी-अपनी स्थितियाँ स्पष्ट करते हुए आपसी सह-जीवन के सर्वमान्य आधार तय करने से दूर होंगी।

2. क्या संस्कृति और धर्मपंथ एक ही हैं? या, भिन्न-भिन्न? क्या भारतीयों के किसी हिस्से द्वारा इस्लाम या ईसाइयत स्वीकार करने से वे भिन्न संस्कृति के हो जाते हैं? भारतीय संस्कृति क्या है? कुछ है भी या नहीं? क्या वह अनेक संस्कृतियों का एक समुच्चय मात्र है? स्वयं संस्कृति क्या है? अंततः सभी आत्म-चेतनाएँ भविष्योन्मुख होती हैं। योग सूत्र में इसे ही 'आत्माशीष की नित्यता' कहा गया है। तो क्या हिन्दू भारत के भविष्य को एक तरह से गढ़ना चाहता है और मुसलमान दूसरी तरह से? इस पर व्यापक विमर्श अपेक्षित है। क्या हिन्दुओं की स्वार्थ-दृष्टि एवं परमार्थ-दृष्टि एक प्रकार की है और मुसलमानों की बिलकुल दूसरी? ऐसा तो नहीं कि हिन्दू-मुसलमानों के बीच से एक नया आधुनिकतावादी यूरंडपंथ विकसित हो गया है, जिसकी परमार्थ-दृष्टि है ही नहीं और स्वार्थ-दृष्टि बिलकुल अलग है—हिन्दुओं-मुसलमानों दोनों से। वह अपनी नैतिक श्रेष्ठता का मिथ्या दावा उपस्थित करने के लिए ही तो दोनों को नहीं लड़ा रहा है? उसका यह प्रयास सफल क्यों हो पा रहा है?

3. वैवाहिक रिश्तेदारियों और वैचारिक रिश्तेदारियों में से अधिक बुनियादी तत्त्व या इकाई क्या है? जब कोई व्यक्ति नया विचारपंथ अपनाता है, तो क्या उसे रक्त-सम्बन्धों अथवा वैवाहिक रिश्तेदारियों को गौण मान लेना चाहिए?

4. भारतीय मूल के मुसलमानों का हिन्दू बनना धर्मान्तरण है या स्वधर्म में वापसी?

5. मानव स्वभाव का सत्य क्या है? क्या श्रम के शोषण और अतिरिक्त मूल्य के संग्रह से ही उन्नति सम्भव है? क्या वर्ग संघर्ष का उदय ही सभ्यता का उदय है?

6. क्या पराजित समाज अनिवार्यतः कम गुणी या अधिक दोषी समाज होते हैं? क्या इस्लाम इसलिए श्रेष्ठ है कि वह भारत में अंशतः जीत गया? और, जो श्रेष्ठ है, उसे क्या अ-श्रेष्ठ पर आक्रमण का अधिकार है? अथवा, अब अतीत की चर्चा छोड़ कर केवल वर्तमान की बात करनी है? यदि हाँ, तो वर्तमान में क्या सचमुच हिन्दुओं ने मुसलमानों के साथ विशेष दुर्व्यवहार किया है? अथवा, क्या सचमुच मुसलमानों का तुष्टीकरण हो रहा है? इस विषय में मेरा स्पष्ट मत है कि दोनों ही बातें झूठी हैं, गलत हैं।

7. यहूदियों के साथ यूरोपीयों ने जो अपराध किये, उनकी स्मृति के आधार पर एक नैतिक ग्लानि का भाव जगा कर उन्होंने इसराइल की विशेष मदद का मार्ग चुना। क्या यूरंडपंथ उन यूरोपीयों की नकल में ही बाबरी-मस्जिद के ढहाये जाने को आधार बना कर हिन्दू समाज में एक व्यापक नैतिक ग्लानि जगाना चाहता है ? क्या हिन्दुओं ने कई सौ वर्षों तक मुसलमानों के साथ लगातार अन्याय किया है ? क्या ऐसी नैतिक ग्लानि जगा पाने के लिए आवश्यक तथ्य भारतीय इतिहास में मौजूद हैं ?

8. भारत में इस्लाम-पूर्व के हजारों पंथ हैं। फिर, इस्लाम और ईसाइयत की उन हजारों पंथों से विलक्षणता या भिन्नता क्यों मानी जाये ? पहले के सभी पंथों को एक ही नाम, हिन्दू, क्यों दे दिया जाता है ? क्या इस्लाम और ईसाइयत इसलिए विलक्षण हैं कि ये बाहरी हैं ? या इसलिए कि उनमें सैन्य अनुशासन है ? क्योंकि, और कोई तीसरी विलक्षणता तो इनकी दिखती नहीं।

9. एक ओर कहा जाता है कि हिन्दू तो सर्वाधिक क्रूर लोग हैं। उन्होंने दलित जातियों तर बर्बर अत्याचार किये। फिर यह भी कहा जाता है कि इस्लाम तो कुरान के अनुसार चलेगा ही, हिन्दुओं को उदारता रखनी चाहिए। पर यदि हिन्दू एक क्रूर समाज रहे हैं, तो फिर हिन्दू उदारता निश्चय ही झूठ होगी। वैसे भी भारत के सोशलिस्ट, कम्युनिस्ट भाजपाई, कांग्रेसी आदि आपस में बिलकुल असहिष्णु हैं, दूसरे का सफाया चाहते हैं। तो क्या इसी प्रकार हिन्दू मुसलमानों का और मुसलमान हिन्दुओं का सफाया नहीं चाहेंगे, भले ही लोकतांत्रिक तरीके, प्रोपेगंडा, सत्ता पर कब्जा आदि के जरिये ऐसा हो ? कोई भी पार्टी इसके विरोध का नैतिक अधिकार कैसे रख सकती है ? जो आपस में नफरत और असहिष्णुता पर पलते हैं, वे दूसरों को प्रेम का पाठ कैसे सिखा सकते हैं ? जाहिर है, या तो हिंदू उदारता एक झूठ है, 'मिथक' है या फिर कांग्रसी, भाजपाई, सोशलिस्ट, कम्युनिस्ट आदि स्वाभाविक हिन्दू नहीं हैं। ऐसी स्थिति में उन्हें हिन्दुओं की ओर से बोलने का कोई अधिकार नहीं। हर हालत में राष्ट्रीय सहजीवन के सर्वमान्य आधारों पर बिलकुल नयी, खुली और व्यापक बहस चला कर बराबरी के आधार पर फैसला करना होगा।

तुष्टीकरण का सच

रफीक जकरिया

बाबरी मस्जिद के ध्वंस और उसके बाद हुए खून-खराबे के उपरांत देश में एकजुट होने का प्रयास कर रही धर्मनिरपेक्ष शक्तियों के सामने पहला काम उन हिन्दुओं के मन से सांप्रदायिक भावनाओं को निकालना है जो भारतीय जनता पार्टी द्वारा मुसलमानों के खिलाफ फैलाये गये पूर्वाग्रहों से ग्रस्त हो गये हैं। अगर ये शक्तियाँ यह नहीं कर पाती हैं, तो उनका काम आसान नहीं होगा। भाजपा का मुख्य आरोप यह रहा है कि मुसलमान अल्पसंख्यकों को विशेष सुविधाएँ दी गयी हैं। लालकृष्ण आडवाणी अपनी प्रिय शब्दावली में इसे 'अल्पसंख्यकवाद' कहते हैं। लेकिन तथ्य क्या है? क्या सचमुच भारत में मुसलमानों को विशेष महत्त्व दिया गया है?

हाल ही में जामिया मिलिया इसलामिया ने मुझे अपने वार्षिक मुजीब स्मारक भाषण के लिए आमंत्रित किया। इसके लिए मैंने विषय चुना—'स्वतंत्र भारत में मुसलमानों पर कुछ विचार'। भाषण में मैंने कोई विवादास्पद बात कहने के बजाय तथ्यों पर आधारित जायजा पेश करने का अधिक प्रयास किया। वहाँ जो मैंने कहा, उसे यहाँ लिख रहा हूँ। मुझे शक है कि लोगों को वास्तविक स्थिति के बारे में सच नहीं बताया गया है। इसलिए मैंने स्वतंत्रता के बाद भारतीय मुसलमानों की स्थिति की जितनी संभव है उतनी वस्तुनिष्ठता से जाँच-पड़ताल की कोशिश की है। मेरी समझ में उन दो कारणों से मुसलमानों को बुरी हालत झेलनी पड़ी है:

(1) अतीत में कुछ मुसलमान शासकों के कुकर्म—खासकर उनका हिन्दुओं को सताना तथा हिन्दू मंदिरों को अपवित्र तथा नष्ट करना। साथ ही कुछ मुसलमान शासकों के जजिया लगाने से हिन्दुओं को पहुंची पीड़ा।

(2) अपने समुदाय के हितों की रक्षा करने के लिए मुस्लिम नेताओं द्वारा अलगावादी माँगें करना जिसे हिन्दुओं ने देशभक्ति के खिलाफ तथा भारत के विभाजन की जड़ माना है।

मैं यहाँ पहले कारण की चर्चा नहीं करना चाहता, क्योंकि इस पर काफी

बहस हो चुकी है और इसका खोखलापन जाहिर हो चुका है। जो भी हो, महमूद गजनी, अल्लाउद्दीन खिलजी या औरंगजेब ने जो सैकड़ों वर्ष पहले किया, उसकी सजा आज के मुसलमानों को क्यों दी जाये? वे शासक थे, कोई धार्मिक नेता नहीं। उन्होंने जो कुछ किया, उसका मूल्यांकन इस संदर्भ में होना चाहिए कि मध्य काल में सारी दुनिया में क्या होता था। उन्होंने जो कुछ किया, वह धर्म से मान्यताप्राप्त या पवित्र नहीं था और न ही मुसलमानों के रूप में उनका पालन करना आवश्यक था। इस आरोप का न तो धार्मिक आधार है न ऐतिहासिक प्रासंगिकता है। जिन हिन्दुओं ने अपने भीतर मुस्लिम विरोधी भावनाएँ इस आधार पर भरी हैं, वे ऐसा किसी अव्यक्त उद्देश्य से कर रहे हैं: उनका प्रेरक तत्त्व राम के लिए प्यार नहीं, बल्कि बाबर के लिए घृणा है। वे मुसलमानों को स्वतंत्र भारत में स्वीकार नहीं कर पाते, इसीलिए अतीत को खोद कर जितनी गर्द निकाली जा सके उसमें जुटे हैं, ताकि मुसलमानों की वर्तमान पीढ़ी को कलंकित किया जा सके। विचित्र तर्क दिये जा रहे हैं जो विवेकहीन और हास्यास्पद हैं। इसलिए मैं उन पर चर्चा में नहीं पड़ूँगा। ये फासीवादी रुझान को प्रतिबिंबित करते हैं जिसकी केवल निंदा की जा सकती है। जाने-माने स्तम्भकार स्वपन दासगुप्त ने इसे ठीक-ठीक इस प्रकार रखा है, 'आज के मुसलमानों को अतीत के मुस्लिम सम्राटों के पापों के लिए जिम्मेदार ठहराना वैसा ही है जैसे आज के जर्मन युवकों को हिटलर की करतूतों के लिए उत्तरदायी माना जाये। साध्वी ऋतंभरा भले अपने शब्दाडंबरों और प्रलापों से बाबर के वंश को अंतिम रूप से दुरुस्त करने की बात करती रहें, लेकिन यह राय किसी पागलपन के कगार पर पहुँचे व्यक्ति की ही हो सकती है।'

भारतीय मुसलमानों के खिलाफ मुख्य आरोप यह है, जिसे इतिहासकारों ने भी आम राय से स्वीकार कर लिया है, कि केवल वे ही भारत के विभाजन के लिए जिम्मेदार हैं। मैं इसे सही नहीं मानता। केवल भारतीय मुसलमानों पर यह आरोप गढ़ना उचित नहीं है। कुछ साल पहले मैंने 'टाइम्स ऑफ इण्डिया' में एक लेख लिखा था, जिसमें मैंने कहा कि जिन्ना पाकिस्तान नहीं चाहते थे। इस पर कई लोगों की भौहें तनीं। हाल में कुछ किताबें प्रकाशित हुई हैं जिनमें मेरी जैसी ही राय जाहिर की गयी है। भारत में एच. एम. सीरवई और पाकिस्तान में छपी आयशा जलाल की किताबें ऐसे दो उदाहरण हैं। इसके बावजूद मुसलमानों पर आरोप लगानेवाली सामग्री इतने विशाल स्तर पर आ गयी हैं कि उन्हें आरोप मुक्त करनेवाली सामग्री बेअसर रही हैं। अपनी मातृभूमि के विभाजन के लिए केवल मुसलमान ही निंदित हैं। मैं यहाँ संक्षेप में कुछ अकाट्य तथ्य प्रस्तुत कर रहा हूँ, जिससे मेरी राय में दूसरी तस्वीर सामने आयेगी। इन तथ्यों को मैं 11 बिंदुओं के रूप में रख रहा हूँ —

(1) 1905 में लॉर्ड कर्जन ने बंगाल का विभाजन कर मुस्लिम-बहुल पूर्व बंगाल एवं असम प्रांत बनाये, जो प्रशासनिक दृष्टि से बिलकुल उचित था। लेकिन कांग्रेस समेत हिन्दुओं के हर समूह ने इसका जोरदार विरोध किया। ब्रिटिश सरकार झुक गयी और 1911 में बंगाल के विभाजन को रद्द कर दिया। इससे मुसलमानों को परेशानी हुई।

(2) 1906 में तत्कालीन वायसराय लॉर्ड मिंटो से मिल कर मुस्लिम प्रतिनिधिमंडल ने पृथक निर्वाचक मंडल की माँग की। इसे ब्रिटिश सरकार ने मंजूर कर लिया। हिन्दुओं ने इसका विरोध किया और मुसलमानों पर भारतीयों को धार्मिक आधार पर बाँटने का आरोप लगाया। उनका कहना है कि इससे भारत के विभाजन का रास्ता खुला।

(3) 1919 में मांटेग्यू-चेम्सफोर्ड सुधारों के तहत द्वैध शासन की स्थापना हुई। प्रांतीय सरकारों के तहत आनेवाले विषयों को हस्तांतरित और अहस्तांतरित दो खंडों में बाँटा गया। हस्तांतरित विषय भारतीयों को सौंपे गये। मुस्लिम लीग चाहती थी कि उन सुधारों के तहत परिषदों के चुनाव वह और कांग्रेस मिल कर लड़ें। लेकिन कांग्रेस ने नामंजूर कर दिया। नतीजा यह हुआ कि मुसलमानों के लिए आरक्षित सीटों में से कांग्रेस केवल एक ही जीत सकी।

(4) इसके बाद इन दोनों संगठनों के बीच राजनीतिक मतभेद इतनी बुरी हालत में पहुँच गये कि भयानक हिन्दू-मुस्लिम दंगे भड़क उठे। अली बंधुओं—आजाद और अंसारी—ने दोनों समुदायों में मेलमिलाप करने के लिए कड़ी मेहनत की, लेकिन यह कांग्रेस के पूर्व अध्यक्ष लाला लाजपत राय थे जिन्होंने लाहौर के 'ट्रिब्यून' में 13 लेखों की शृंखला लिख कर बंगाल और पंजाब के विभाजन की माँग की, क्योंकि उनकी राय में हिन्दू-मुसलमान साथ-साथ नहीं रह सकते थे। किसी मुसलमान नेता द्वारा विभाजन की बात करने से यह बहुत पहले की बात है।

(5) इसके बाद 1927-28 में लखनऊ में कांग्रेस और लीग को एक जगह लाने की कोशिश हुई। जिन्ना ने अपना पूरा राजनीतिक जीवन दाँव पर लगा दिया, पर वे विफल रहे। कांग्रेस ने पहले मुसलमानों की उदार माँगें स्वीकार कर लीं, लेकिन बाद में हिन्दू महासभा के दबाव में आ कर उसके अध्यक्ष मोतीलाल नेहरू पीछे हट गये। नेहरू रिपोर्ट से मुसलमानों के हर समूह का मोहभंग हो गया और इससे हिन्दू-मुस्लिम एकता पर जबरदस्त चोट पड़ी।

(6) यह बात तीन गोलमेज सम्मेलनों (1931-32) में भी हुई। इसका विवरण बिना किसी विद्वेष के साफ-साफ आगा खाँ ने अपने संस्करणों में दिया है, जो मुस्लिम प्रतिनिधिमंडल के नेता थे। इसका विवरण इकबाल के कई भाषणों तथा नेहरू के साथ उनके पत्राचार में भी मिलता है, जहाँ उन्होंने बताया है कि मुसलमानों के साथ समझौता करने की गाँधी जी की कोशिश को कैसे पंडित मदन

मोहन मालवीय, बी० एस० मुंजे तथा अन्य हिन्दू नेताओं ने नाकाम कर दिया। सर तेज बहादुर सप्रू ने इसका सारा दोष हिन्दुओं को दिया और इन वार्ताओं की विफलता को ब्रिटिश भारत के इतिहास का सबसे काला अध्याय करार दिया। इसके बाद ब्रिटेन के प्रधानमंत्री रामसे मैकडोनाल्ड ने अपना 'कम्युनल अवार्ड' दिया। कांग्रेस ने न तो इसे स्वीकार किया और न ठुकराया। बल्कि तटस्थ रुख अपनाया। इससे हिन्दू-मुस्लिम एकता को शायद ही कोई लाभ हुआ।

(7) इसके बाद 1935 के भारत सरकार कानून के तहत 1937 में चुनाव हुए। एक बार फिर जिन्ना ने सुझाव दिया कि कांग्रेस और लीग मिल कर चुनाव लड़ें। लेकिन कांग्रेस ने यह सुझाव नहीं माना। परिणाम यह हुआ कि लगभग सभी मुस्लिम निर्वाचन क्षेत्रों में उसके मुस्लिम उम्मीदार हार गये और कई क्षेत्रों में तो उनकी जमानत भी जब्त हो गयी। चुनाव के बाद कांग्रेस और लीग की साझा सरकार बनाने के प्रयास हुए। गाँधी जी इसके पक्ष में थे। लेकिन उत्तर प्रदेश में जवाहरलाल नेहरू और बंबई में सरदार पटेल ने इन कोशिशों को नाकाम कर दिया। मौलाना आजाद ने अपनी किताब 'इंडिया विन्स फ्रिडम' में इन सबका खुलासा किया है।

(8) द्वितीय विश्व युद्ध के दौरान चर्चिल ने सर स्टेफोर्ड क्रिप्स को एक पेशकश के साथ भेजा। इसमें युद्ध के बाद भारत को अधिराज्य के दर्जे का वायदा किया गया था और उसके तहत काफी सत्ता सौंपने की बात थी। कांग्रेस ने इसे अस्वीकार कर दिया, पर लीग इसे मंजूर करना चाहती थी। अगर क्रिप्स प्रस्ताव स्वीकार कर लिया जाता, तो बाद में हिन्दुओं और मुसलमानों के बीच जो कटुता पैदा हुई उससे बचा जा सकता था।

(9) इसके बाद 1945 में शिमला सम्मेलन हुआ, जिसे तत्कालीन वायसराय लॉर्ड वेवेल ने आहूत किया था। कांग्रेस ने जोर दिया कि अंतरिम सरकार में वह उसे मिलनेवाले स्थानों में एक मुस्लिम को शामिल करेगी। उसके इस दुराग्रह से बातचीत नाकाम हो गयी। जिन्ना ने कांग्रेस के इस दुराग्रह को अपना अपमान माना। उनकी अहम्मन्यता चोटिल हो गयी। यह सचमुच दुखद है कि इस निर्णायक मौके पर एक आसफ अली को (अंतरिम सरकार में) शामिल करना एकता और विभाजन का फर्क डाल गया।

(10) दूसरे विश्व युद्ध की समाप्ति के बाद ब्रिटेन में लेबर पार्टी सत्ता में आयी। नये ब्रिटिश प्रधानमंत्री क्लेमेंट एटली ने भारत का संवैधानिक भविष्य तय करने के लिए तीन सदस्यीय कैबिनेट मिशन भेजा। लम्बे विचार-विमर्श के बाद मिशन ने एक योजना प्रस्तुत की, जिसे कांग्रेस और लीग दोनों ने स्वीकार कर लिया। लेकिन जब असम के कांग्रेस नेता बारदोली ने राज्यों के समूह वाले अनुच्छेद पर एतराज किया तब कांग्रेस ने पुनर्विचार किया और वह इस प्रस्ताव

के खिलाफ हो गयी। इस बीच मौलाना आजाद की जगह पर नेहरू कांग्रेस अध्यक्ष बन गये। उन्होंने पहला काम बंबई में प्रेस कांफ्रेंस कर यह एलान करने का किया कि कैबिनेट मिशन योजना के तहत बननेवाली संविधान सभा संप्रभु होगी और राज्यों के समूहीकरण का अनुच्छेद तो दूर, इस योजना का कोई प्रावधान मानने के लिए विवश नहीं होगी। जिन्ना ने फौरन दीर्घकालिक योजना को अस्वीकार कर दिया और संविधान की कार्यवाहियों में भाग लेने से इन्कार कर दिया। एटली ने कांग्रेस और लीग के नेताओं की एक बैठक लंदन में बुलायी तथा नेहरू से कहा कि उनका रुख गलत और जिन्ना का सही है।

(11) इसके बाद कांग्रेस शांत पड़ गयी। पर जिन्ना ने कहा कि वे अब उस पर और भरोसा नहीं कर सकते। उन्होंने कहा कि अंग्रेजों के जाने के बाद कांग्रेस अपने वायदों से पीछे हट जायेगी और मुसलमानों से विश्वासघात करेगी। इस बीच वेवेल की जगह पर माउंटबेटन वाइसरॉय बन कर आ गये। वे इस नतीजे पर पहुँचे कि विभाजन अब अपरिहार्य हो गया है। नेहरू और पटेल दोनों उनसे सहमत हो गये। अब जिन्ना के पास अपनी इच्छा के काफी विपरीत कटा-छँटा पाकिस्तान स्वीकार करने के अलावा कोई चारा नहीं था और इस तरह भारत का विभाजन हो गया। कांग्रेस-लीग मतभेदों की यही पृष्ठभूमि है। क्या कोई सचमुच कह सकता है कि इसके लिए लीग या जिन्ना ही अकेले जिम्मेदार थे? अंतिम दशक में एकता की सारी उम्मीदें छोड़ देने के पहले तक उन्होंने इसके लिए कितनी मेहनत की थी। इसके बावजूद मैं कहता हूँ कि मुसलमान भी कम जिम्मेदार नहीं थे। उनकी अदूरदर्शिता तो कुख्यात ही है। लेकिन हिन्दू भी अपनी जिम्मेदारी से बच नहीं सकते। इसके बावजूद मुसलमान नफरत का निशाना बन गये हैं—पहले मुस्लिम शासन के और फिर देश के विभाजन के कारण। नेताओं के घपलों की कितनी कीमत उन्हें चुकानी पड़ी है। अतीत की दुर्भाग्यपूर्ण घटनाओं का सोच पर इतना असर पड़ा है कि आज के मुसलमान इससे बच निकलने की कोई राह नहीं खोज पा रहे हैं।

यहाँ कुछ दिन के उजाले की तरह साफ तथ्य पेश हैं, जो बताते हैं कि विभाजन के कारण सबसे ज्यादा पीड़ित भारतीय मुसलमान ही हुए हैं—

(1) सबसे पहले उनके राजनीतिक प्रतिनिधित्व की बात। अतीत में पर्याप्त प्रतिनिधित्व सुनिश्चित करनेवाले 'पृथक निर्वाचक मंडल' न होने के कारण लोकतांत्रिक संस्थाओं में उनका प्रतिनिधित्व धीरे-धीरे घटता गया है। उदाहरण के लिए 544 सदस्यों की वर्तमान लोकसभा में साढ़े आठ करोड़ मुस्लिम जनसंख्या के अनुपात में 65 मुस्लिम सदस्य होने चाहिए। लेकिन सदस्यों की यह संख्या लगातार घटती गयी और आज यह केवल 17 है। इसी तरह 250 सदस्यों-वाली राज्यसभा में भी मुसलमानों की संख्या उनकी आबादी के अनुपात में बहुत

कम है, जबकि राज्यसभा के लिए अप्रत्यक्ष चुनाव होने के कारण राजनैतिक दल आसानी से उस असंतुलन को सुधार सकते हैं। राज्यसभा में आज केवल 11 मुस्लिम सदस्य हैं। यह जितने होने चाहिए उससे एक तिहाई से कुछ ही अधिक हैं। निम्नतम स्तर पर अर्थात ग्राम पंचायतों में तो स्थिति बहुत बुरी है। वहाँ यह संख्या एक प्रतिशत से भी कम हो गयी है। कुछ गाँवों में यह शून्य है। पंचायत समितियों से जिला परिषदों, नगर पालिकाओं से नगर निगमों, विधानसभाओं से लोकसभा—हर जगह यह संख्या घट ही रही है। प्रतिशत आबादी के विपरीत अनुपात में है।

(2) फिर आर्थिक स्थिति को लें। 1980 में प्रधानमंत्री इंदिरा गाँधी ने अल्पसंख्यकों, अनुसूचित जातियों और अनुसूचित जनजातियों के लिए एक उच्च अधिकार प्राप्त समिति बनायी थी। इसने आर्थिक स्थिति पर विचार किया। मैं इस समिति का सदस्य सचिव और प्रशासनिक प्रमुख नियुक्त किया गया था। दिवंगत डॉ० गोपाल सिंह इसके अध्यक्ष थे। समिति ने 200 अनुसंधानकर्ताओं को देश भर में हर राज्य में नमूना सर्वेक्षण के आधार पर आँकड़े जमा करने के लिए भेजा। अनुसंधानकर्ताओं से हर क्षेत्र में अर्थात सरकारी (केंद्र व राज्यों) सार्वजनिक प्रतिष्ठानों, सहकारिता क्षेत्र, स्थानीय निकायों और निजी उद्योगों एवं व्यापार में भी रोजगार की वास्तविक स्थिति पता लगने को कहा गया था। इकट्ठे किये गये आँकड़ों पर आधारित निष्कर्ष से संकेत मिला कि मुसलमानों की हालत अनुसूचित जातियों से भी खराब है। समिति ने एक तुलनात्मक रिपोर्ट तैयार की थी, पर तत्कालीन प्रधानमंत्री इंदिरा गाँधी के कहने पर उसे रोक लिया गया। वे पोस्टमार्टम रिपोर्ट के बजाय हालत सुधारने के उपायों में अधिक दिलचस्पी लेती थीं। यहाँ मुसलमानों और अनुसूचित जातियों के तुलनात्मक आँकड़े दिये जा रहे हैं—

रोजगार (1 जनवरी 1980 को) : भारतीय प्रशासनिक सेवा (आइ० ए० एस०)—मुसलमान 3.27, अ० जा० 9.9, भारतीय पुलिस सेवा (आइ० पी० एस०)—मुसलमान 2.7, अ० जा० 9.8 और भारतीय विदेश सेवा (आइ० एफ० एस०)—मुसलमान 3.37, अ० जा० 16.48।

ये सेवाएँ सिविल सेवा की मुख्य सेवाएँ हैं जिन पर सभी नीतिगत निर्णयों, विकास कार्यक्रमों और राष्ट्रीय एवं राजकीय गतिविधियों पर अमल का दायित्व होता है। अच्छी तरह बनी नीतियों में भी नौकरशाह कैसे तोड़-मरोड़ कर लेते हैं, यह अच्छी तरह ज्ञात है। उन्होंने इस जगह पर मुसलमानों को उनके वैध हिस्से से वंचित रखने के लिए अपने आकाओं यानी मंत्रियों से भी अधिक कुछ किया है।

केन्द्रीय अधीनस्थ सेवाओं में मुसलमान 1.56, अ० जा० 13.1।

रोजगार कार्यालयों में पंजीकृत मुसलमान : कुल पंज़ीकृत लोगों के 5.86 प्रतिशत पंजीकृत मुसलमानों में मैट्रिक से नीचे के 74.75 प्रतिशत थे। मैट्रिक पास 97.5 प्रतिशत थे। स्नातक और स्नातकोत्तर 2.48 प्रतिशत और पेशेवर शिक्षाप्राप्त मुसलमानों की संख्या 0.01 प्रतिशत थी। रोजगार कार्यालयों के जरिये नौकरी प्राप्त करनेवाले मुसलमानों की संख्या केवल दो प्रतिशत थी, जबकि अनुसूचित जातियों के मामले में यह संस्या 13.25 प्रतिशत थी।

केन्द्र सरकार के दफ्तरों में : 14 राज्यों के 150 केन्द्र सरकार के दफ्तरों में नमूने सर्वेक्षण के आधार पर जमा किये गये आँकड़ों से जाहिर हुआ कि 75,953 कर्मचारियों में से केवल 3,346 मुसलमान थे। यह संख्या 4 फीसदी बैठती है। अनुसूचित जातियों के मामले में यह संख्या 14.46 प्रतिशत थी।

राज्य सरकार के दफ्तरों में : विभिन्न श्रेणियों में मुस्लिम कर्मचारियों की संख्या 6.01 प्रतिशत थी, जबकि वहाँ अनुसूचित जाति के कर्मचारियों की संख्या 13.29 प्रतिशत थी।

सार्वजनिक क्षेत्र के प्रतिष्ठानों में : इस खंड में मुस्लिम कर्मचारियों की संख्या उनकी कुल जनसंख्या का 10.85 प्रतिशत थी। अनुसूचित जातियों के लिए यह संख्या 18.71 प्रतिशत थी। प्रथम श्रेणी के अफसरों में मुसलमानों की संख्या 3.19 प्रतिशत, सुपरवाइजर श्रेणी में 4.30 प्रतिशत और तकनीकी सुपरवाइजर श्रेणी में 12.14 प्रतिशत और चतुर्थ श्रेणी के कर्मचारियों में 10.46 प्रतिशत थी।

निजी क्षेत्र में : (नमूना सर्वेक्षण विभिन्न उद्योगों में किया गया, जिनमें टाटा और बिड़ला के उद्योग शामिल हैं।) मुस्लिम कर्मचारियों की संख्या 8.16 प्रतिशत थी, जबकि अनुसूचित जातियों के कर्मचारियों की संख्या 11.50 प्रतिशत थी। प्रथम श्रेणी के अफसरों में मुसलमानों की संख्या केवल 1.5 प्रतिशत थी, जबकि क्लर्क श्रेणी में उनकी संख्या 8.28 प्रतिशत थी। क्लर्क श्रेणी में अनुसूचित जातियों के कर्मचारियों की संख्या 12.31 प्रतिशत थी, लेकिन प्रथम श्रेणी के अफसरों में उनकी संख्या 1 प्रतिशत तक भी नहीं थी। कामगारों में 7.93 प्रतिशत मुसलमान और 12.39 प्रतिशत अनुसूचित जाति के लोग थे।

ग्रामीण रोजगार : छोटे किसानों, सीमांत किसानों, खेतिहर मजदूरों, भूमिहीन मजदूरों आदि के लिए चलायी जानेवाली विभिन्न योजनाओं, समेकित ग्रामीण विकास कार्यक्रम के तहत चलायी जानेवाली प्रशिक्षण योजनाओं, ग्रामीण दस्तकार कार्यक्रम और बागवानी, वनीकरण, पशुपालन, ट्रैक्टर और पम्प सेवाओं आदि में बच्चों को प्रशिक्षित कर उन्हें स्वरोजगार के लायक बनाने के कार्यक्रमों का मुसलमानों ने शायद ही लाभ उठाया है। आँकड़े हासिल करने कठिन थे। लेकिन मुसलमानों को अपनी आबादी के हिसाब से इनका जितना लाभ मिलना चाहिए

था, उसका 50 प्रतिशत भी नहीं मिला। केवल एक अपवाद दस्तकारी थी, जिसमें मुसलमानों की स्थिति काफी बेहतर थी। राष्ट्रीय ग्रामीण रोजगार कार्यक्रम के तहत मुसलमानों को मिले रोजगार की संख्या भी बहुत उत्साहवर्धक नहीं थी।

लघु उद्योग : लघु उद्योगों में मुसलमानों का स्वामित्व अच्छा था। लगभग 15 प्रतिशत ऐसे उद्योग उनके स्वामित्व में थे। लेकिन सरकारी सहायता एवं सलाहकार सेवाएँ, बैंक कर्ज, कच्चे माल का अनुदान आदि हासिल करने के मामले में स्थिति ठीक नहीं थी। उन्हें ये केवल 8.4 प्रतिशत ही प्राप्त हुए, जबकि उनकी आबादी 12 फीसदी थी। औद्योगिक भूखंड हासिल करने में उनका प्रतिशत 6.69 ही था। अनुसूचित जातियों के लिए यह स्थिति और बुरी थी। उनका यह प्रतिशत 6.14 ही था। लेकिन मुसलमानों के विपरीत अनुसूचित जातियों के स्वामित्व-वाले कारखाने अन्य लोग चला रहे थे।

हस्तशिल्प क्षेत्र : इस क्षेत्र में मुसलमानों द्वारा वास्तविक उत्पादन की तस्वीर अच्छी थी। लेकिन कारखानों के स्वामित्व और विपणन के मामले में यह अच्छी नहीं थी। केवल 4.40 प्रतिशत कारखाने ही मुसलमानों के स्वामित्व में थे, जबकि 16.21 प्रतिशत अनुसूचित जातियों के स्वामित्व में थे। रोजगार पाये मुस्लिम दस्तकारों की संख्या कुल रोजगार का 43.62 प्रतिशत थी। अनुसूचित जातियों के रोजगार पाये लोगों की संख्या 19.7 फीसदी थी।

सहकारिता क्षेत्र : इसमें स्थिति बहुत बुरी थी। मुसलमानों को कुल लाभ का केवल 2.04 प्रतिशत हिस्सा ही मिला था। उन्हें केवल 2.52 प्रतिशत वित्तीय सहायता मिली थी। इन दोनों मामलों में अनुसूचित जातियों को मिले लाभ का प्रतिशत 15.70 था।

खादी और ग्रामीण उद्योग क्रियान्वयन कार्यक्रम : इसमें मुसलमानों का स्वामित्व केवल 2.76 प्रतिशत था, जबकि अनुसूचित जातियों का स्वामित्व 20.30 प्रतिशत था। इसमें लाभ पाये मुस्लिम दस्तकारों की संख्या 2.7 प्रतिशत थी, जबकि अनुसूचित जातियों की यह संख्या 20.25 प्रतिशत थी।

बैंक कर्ज की मंजूरी : 9.41 प्रतिशत मुसलमानों ने बैंक कर्ज प्राप्त करने की कोशिश की। लेकिन केवल 3.73 प्रतिशत को वास्तव में कर्ज मिल पाया। अनुसूचित जातियों से 20.7 प्रतिशत लोगों ने कर्ज हासिल करने के प्रयास किये और 12.7 प्रतिशत को कर्ज मिल गये। दीर्घकालिक कर्जों में मुसलमानों का हिस्सा 7 प्रतिशत और अनुसूचित जातियों का 7.4 प्रतिशत था। अतः मुसलमानों और अनुसूचित जातियों दोनों को मिले बैंक कर्ज अत्यंत अपर्याप्त थे।

लाइसेंस, कोटा और अन्य सुविधाएँ : मुसलमानों को इनका केवल 6.97 फीसदी हिस्सा ही मिला, जबकि अनुसूचित जातियों को 3.45 फीसदी। मुसल-

मानों को मुख्य रूप से ट्रकों (17 प्रतिशत) और ऑटोरिक्शा, टैक्सियों आदि (20.20 प्रतिशत) के परमिट मिले। अनुसूचित जातियों को सभी क्षेत्रों में केवल 2.017 प्रतिशत परमिट मिले।

आवासीय क्षेत्र : (1) आर्थिक रूप से कमजोर वर्गों (2) निम्न आय वर्ग (एल० आइ० जी०) और (3) मध्यम आय वर्ग (एम० आइ० जी०) तीनों खंडों में मुसलमानों को शायद ही कोई लाभ हुआ। इनमें उनका हिस्सा केवल 2.81 प्रतिशत रहा, जबकि अनुसूचित जातियों का हिस्सा 7.65 प्रतिशत रहा।

यह अनुसूचित जातियों की तुलना में मुसलमानों की आर्थिक स्थिति की सामान्य तस्वीर है। यह सच है कि आरक्षण के कारण अनुसूचित जातियों ने अपनी हालत सुधारी है, जबकि मुसलमान इसकी आशा नहीं कर सकते। लेकिन मुसलमानों के खिलाफ मुख्य दलील उनका शिक्षा में पिछड़ापन है, जिसके लिए अगर अधिक नहीं तो सरकार के बराबर ही यह समुदाय भी जिम्मेदार है। समिति ने इस बारे में भी महत्त्वपूर्ण आँकड़े इकट्ठे किये। यह तस्वीर बहुत दुखद है।

प्राथमिक स्कूल स्तर पर : मुस्लिम बच्चों का प्रतिशत 16.81 था, जबकि प्राथमिक स्कूलों में भर्ती होनेवाले बच्चों में उनका प्रतिशत 12.39 ही था। तमिलनाडु और मध्य प्रदेश में यह प्रतिशत अधिक था, जबकि बाकी राज्यों में इससे कम। अनुसूचित जातियों के बच्चों का प्रतिशत 20 था, जबकि स्कूलों में भर्ती होनेवाले उनके बच्चों का प्रतिशत 12.50 था।

बीच में पढ़ाई छोड़ने की दर : पहले दर्जे में भर्ती होनेवाले हर 100 मुस्लिम बच्चों में से केवल 35 ही पाँचवी दर्जे तक पहुँच पाते थे। इस तरह बीच में उनके पढ़ाई छोड़ने की दर 65 प्रतिशत थी। अनुसूचित जातियों के बच्चों की यह दर 67 प्रतिशत थी।

माध्यमिक स्कूल स्तर पर : इस स्तर पर स्कूल जानेवाले कुल छात्रों में मुस्लिम छात्रों का प्रतिशत 18.54 था। बीच में पढ़ाई छोड़नेवालों का प्रतिशत 10.47 था। यानी मुस्लिम छात्रों के बीच में पढ़ाई छोड़ने की दर 60 प्रतिशत थी। सबसे कम संख्या उत्तर प्रदेश और बिहार में थी। अनुसूचित जातियों के इस स्तर पर स्कूल जानेवाले छात्रों का प्रतिशत 13.89 और बीच में पढ़ाई छोड़नेवालों का 9.74 था।

दसवीं कक्षा का परीक्षा परिणाम : सफल होनेवाले मुस्लिम छात्रों का प्रतिशत केवल 4 था, जबकि परीक्षा में भाग लेनेवाले छात्रों का प्रतिशत 16 था। अलग-अलग राज्यों में यह संख्या अलग-अलग थी। हरियाणा में यह केवल 0.33 प्रतिशत थी और बिहार में 6.33 प्रतिशत। अनुसूचित जातियों के परीक्षा में भाग लेनेवाले छात्रों की संख्या 16 और सफल होने वालों की 7.39 प्रतिशत थी।

बारहवीं कक्षा के परीक्षा परिणाम : इसमें भाग लेनेवाले मुस्लिम छात्रों की

संख्या कुल छात्रों के 2.49 प्रतिशत ही थी। लेकिन उनके सफल होने का प्रतिशत सामान्य औसत के बराबर नहीं था। अनुसूचित जातियों के परीक्षा में शामिल होनेवाले छात्रों का प्रतिशत 6.75 था। उनके सफल होने का प्रतिशत 52.58 था, जबकि औसत सफलता का प्रतिशत 61.88 था।

स्नातक स्तर की सामान्य शिक्षा (बी० ए०, बी० एस-सी०, बी० कॉम०) : इन परीक्षाओं में शामिल होनेवाले मुस्लिम छात्रों की संख्या कुल छात्रों का 6.21 प्रतिशत थी। तमिलनाडु, बिहार, मध्य प्रदेश और उत्तर प्रदेश में उनकी भागीदारी बेहतर थी। सबसे अच्छी स्थिति अलीगढ़ और मराठवाड़ा में थी और सबसे बुरी हरियाणा और दिल्ली में। परीक्षा में सफलता का उनका प्रतिशत 51.62 था, जबकि औसत दर 57.11 प्रतिशत थी। अनुसूचित जातियों के परीक्षा में भाग लेनेवाले छात्रों की संख्या 6.91 प्रतिशत थी। उनकी सफलता की दर 35.01 प्रतिशत थी।

स्नातकोत्तर परीक्षा परिणाम (एम० ए०, एम० एस-सी०, एम० कॉम०) : इन परीक्षाओं में भाग लेनेवाले मुस्लिम छात्रों की संख्या 9.11 प्रतिशत थी और उनकी सफलता दर 75.8 प्रतिशत, जबकि सामान्य सफलता दर 77.5 प्रतिशत थी। अनुसूचित जातियों के इन परीक्षाओं में शामिल होनेवाले छात्रों की संख्या 7.64 प्रतिशत व उनकी सफलता दर 69.83 प्रतिशत थी।

व्यावसायिक डिग्री पाठ्यक्रमों के परीक्षा परिणाम : इसमें मुस्लिम छात्रों की संख्या बहुत कम थी। यह बी० ई० परीक्षाओं में 3.41 प्रतिशत और एल-एल० बी० परीक्षाओं में 5.36 प्रतिशत थी। बी० एड० परीक्षाओं में उनकी सफलता दर 45 प्रतिशत थी, जो सामान्य सफलता दर 65 प्रतिशत के मुकाबले ठीक-ठाक ही कही जायेगी। एम० बी० बी० एस० परीक्षाओं में सामान्य सफलता दर 62.71 फीसदी थी, जबकि मुसलमानों के मामले में यह 52 प्रतिशत ही थी।

अनुसूचित जातियों के इन परीक्षाओं में भाग लेनेवाले छात्रों की संख्या तो तुलनात्मक रूप से बेहतर थी, लेकिन उनकी सफलता दर कम थी। बी० ई० और एम० बी० बी० एस० परीक्षाओं में शामिल होनेवाले इन जातियों के छात्रों की संख्या क्रमश: 14.40 और 11.24 प्रतिशत थी। लेकिन बी० ई० में उनमें से केवल 35 और एम० बी० बी० एस० में 33.44 प्रतिशत ही सफल हुए, जबकि औसत सफलता दर क्रमश: 62 और 33.44 प्रतिशत थी। मुसलमानों की तरह ही अनुसूचित जातियों के छात्रों की इन सभी स्तरों की परीक्षाओं में भागीदारी कम थी। लेकिन उच्चतम स्तरों पर उनकी सफलता दर और बुरी थी।

हमारे अध्ययन से जाहिर हुआ कि मुसलमान निजी, स्थानीय या सरकारी संस्थानों से मिली शैक्षिक सुविधाओं का उपयोग करने में विफल रहे और स्थानीय मुस्लिम नेतृत्व ने उनके शैक्षिक उत्थान के लिए आवश्यक स्थितियों का

निर्माण करने की कोई महत्त्वपूर्ण कोशिश नहीं की। उदाहरण के लिए महाराष्ट्र और कर्नाटक की तुलना में उत्तर प्रदेश और बिहार में स्थिति अधिक बुरी है। बहरहाल, हमारी समिति को पता लगे पहलुओं में सबसे महत्त्वपूर्ण मुसलमानों की गरीबी थी। मुसलमान या तो दस्तकार या मजदूर के रूप में काम कर रहे थे और दैनिक मजदूरी पर जिंदा थे। वे अपने बच्चों को स्कूल भेजने के अनिच्छुक थे, क्योंकि वे उनका इस्तेताल धन कमाने के सहायक साधन के रूप में कर रहे थे। उनमें से अधिकांश तुच्छ माने जानेवाले काम कर रहे थे। मद्रास को छोड़ कर अन्य जगहों पर खासकर गाँवों में शायद ही सीखने की कोई परम्परा थी। मद्रास में पढ़ने-सीखने के लिए धार्मिक निर्देश दिया गया था, लेकिन उससे छात्र इहलौकिक शिक्षा के लिए उपयुक्त नहीं बन पा रहे थे। मुस्लिम लड़कियाँ गर्ल्स स्कूलों एवं वीमेन्स कॉलेजों को छोड़ कर दूसरे स्कूल-कॉलेजों में नहीं जाती थीं। परदा इसमें एक बाधा है और सह-शिक्षा का भय रुकावट बन जाता है। खासकर दस्तकारी में विशेषज्ञतावाले इलाकों में लड़के-लड़कियों को चार-पाँच साल की उम्र में ही माँ बाप की मदद में लगा दिया जाता है जिससे वे कभी स्कूल नहीं जा पाते। कुल मिला कर शिक्षित बेरोजगारों की संख्या में वृद्धि से वे यह मानने लगे हैं कि आर्थिक हालत बेहतर बनाने में औपचारिक शिक्षा का शायद ही कोई उपयोग है। वे न सिर्फ खुद अपने झोपड़ी के जीवन से संतुष्ट हैं, बल्कि इस स्थिति को स्वीकार कर लिया है कि उनके बच्चों को यही दयनीय जीवन गुजारना है। उनमें बेहतरी तथा प्रगति के लिए कोई अपनी प्रेरणा नहीं है और किसी को उन्हें दुर्दशा से निकालने की चिंता नहीं है। वे अपने दुखों के दलदल में इस तरह फँस चुके हैं कि उनके जीवन में कोई आशा तक नहीं बची है।

मुसलमान आबादी के मिथक

प्रबीर गंगोपाध्याय

यह प्रचार बहुत जोरों पर है कि मुसलमानों की संख्या बहुत तेजी से बढ़ रही है और वे जल्द ही बहुमत में हो जायेंगे। इस बात में कोई शक नहीं कि वृद्धि व जन्म की दरों और मर्दुमशुमारी के आँकड़ों से यह जाहिर होता है कि मुसलमान संख्या में बढ़ रहे हैं। लेकिन वे कितने बढ़ रहे हैं और उनके बहुमत हो जाने की शंका कितनी सही है, यह तो तर्क, तथ्यों और आँकड़ों के आधार पर ही जाना जा सकता है। इस लेख में हम यही चेष्टा करेंगे। एक धारणा यह भी है कि मुसलमानों की संख्या बढ़ने का कारण उनमें बहुविवाह का होना और उससे अत्यधिक संतानों का जन्म लेना है। इस धारणा को भी हम तर्क, तथ्यों और आँकड़ों की कसौटी पर कसेंगे।

सातवीं सदी से हमारे देश का इस्लाम से परिचय है। इस तरह प्राय: 1300 वर्षों से मुसलमान यहाँ हैं। बाहर से जो मुसलमान आये, उनका एक हिस्सा अपने देश नहीं लौटा, यहीं रह गया। आज की मुसलमान आबादी में ऐसे लोगों के वंशधर भी हैं, लेकिन कुल मुसलमान आबादी में इनकी संख्या ज्यादा नहीं। सभी इतिहासकारों का मत है कि देश के अधिकांश मुसलमानों के पूर्वज भारतीय ही हैं। हमारे पूर्वजों ने इस्लाम क्यों अपनाया, इस बारे में मोटे तौर पर दो मत हैं— (1) मुसलमान शासकों ने उन्हें जबरदस्ती धर्म-परिवर्तन करने के लिए बाध्य किया। (2) जातिभेद और निचली जातियों के लोगों को किसी भी तरह के सामाजिक अधिकार न होने के कारण वे इस्लाम की समता और भाईचारे की भावना से आकृष्ट हुए।

हम यहाँ इस बहस में नहीं पड़ेंगे कि कौन-सा मत सही है। लेकिन एक सवाल उठे बिना नहीं रहता कि यदि मुसलमान शासक, जिनकी संख्या मुट्ठी भर ही थी, जोर-जबरदस्ती से लोगों को इस्लाम में दीक्षित करते तो क्या उनका शासन चल पाता, उन्हें हिन्दुओं का सहयोग मिलता? इस सम्बन्ध में हम यहाँ स्वामी विवेकानन्द का मत उद्धृत कर रहे हैं, 'भारत पर मुसलमानों की विजय

गरीब और पीड़ित जनता के लिए मुक्ति सरीखी थी। इसीलिए एक पंचमांश जनता मुसलमान बन गयी। धर्मांतरण सिर्फ तलवार के बूते पर नहीं हुआ। यह सोचना कि तलवार और विनाश के जरिये धर्मांतरण हुआ, महज पागलपन है। जमींदारों और पुरोहितों के चंगुल से मुक्त होने के लिए लोग मुसलमान बने। बंगाल में बहुत-से जमींदार थे, इसीलिए वहाँ किसानों में हिन्दुओं की अपेक्षा मुसलमान ज्यादा हैं।' (सेलेक्टेड वर्क्स ऑफ स्वामी विवेकानन्द : खंड—तीन, 12वाँ संस्करण, 1979, पृष्ठ 291, और खंड—आठ, छठा संस्करण, 1977)

इस्लाम के आगमन के बाद मुसलमानों की आबादी किस रफ्तार से बढ़ी? के०एल० लाल की पुस्तक 'ग्रोथ ऑफ मुस्लिम पापुलेशन इन इंडिया (1000-1800)' के अनुसार 1200 और 1400 ई० में कुल जनसंख्या में मुसलमानों का प्रतिशत क्रमश: 1.6 से 2.1 और 1.8 था तो 1600-1800 और 1881 ई० में वह क्रमश: 9.58,14,19 प्रतिशत था। 1400 ई० में मुसलमानों की कुल जनसंख्या 32 लाख थी, जो 1881 तक बढ़ कर प्राय: पाँच करोड़ हो गयी। 1400 से 1881 के बीच मुसलमान आबादी के तेजी से बढ़ने का कारण व्यापक धर्मांतरण के सिवाय और कुछ नहीं था।

इस सदी में मुसलमानों की आबादी बढ़ने की रफ्तार क्या है? विश्व हिन्दू परिषद कह रही है कि इस सदी के अन्त तक यानी अगले नौ वर्षों में मुसलमानों की संख्या हिन्दुओं से अधिक हो जायेगी। विहिप ने 1951 से 1981 के बीच मुसलमानों की जनसंख्या वृद्धि के जो आँकड़े दिये हैं, वे यहाँ दिये जा रहे हैं—

कुल जनसंख्या में मुसलमानों का प्रतिशत

ईस्वी	कुल जनसंख्या	मुसलमान जनसंख्या	मुसलमानों का प्रतिशत
1951	36.1 करोड़	3.5 करोड़	9.8
1961	43.4 करोड़	4.7 करोड़	10.8
1971	54.8 करोड़	6.1 करोड़	11.2
1981	65 करोड़	8.5 करोड़	13.2

(स्रोत : कम्युनलिज्म—इट्स काजेज एण्ड कांसेक्वेंसेज : अमिताभ चन्द्र, पृष्ठ 20)

विहिप के आँकड़ों से सरकारी मर्दुमशुमारी के आँकड़ों का यद्यपि मेल नहीं है, लेकिन इस लेख के उत्तरार्ध में हम उसके आँकड़ों के आधार पर ही उसकी इस आशंका को जांचेंगे कि 'सन 2000 तक मुसलमानों की जनसंख्या हिन्दुओं से

ज्यादा हो जायेगी।' इसके पहले हम सरकारी आँकड़ों और अन्य स्रोतों से यह जान लें कि मुसलमानों की जनसंख्या किस प्रकार और कितनी बढ़ रही है।

देश के विभाजन के पहले की अन्तिम मर्दुमशुमारी 1941 के मुताबिक उस वक्त कुल आबादी में मुसलमानों का प्रतिशत 23.81 (या एक अन्य मत के अनुसार 24.28) प्रतिशत था। देश के विभाजन के बाद 1951 में हुई मर्दुमशुमारी में मुसलमानों का प्रतिशत गिर कर 9.91 प्रतिशत हो गया, क्योंकि ज्यादा मुसलमान आबादीवाले इलाके पाकिस्तान में चले गये। 1881 से 1941 तक की 60 वर्ष की अवधि में अविभाजित भारत की कुल आबादी में मुसलमानों का प्रतिशत एक मत (जे०एन० दत्त) के अनुसार 19.14 से बढ़कर 23.81 प्रतिशत हो गया था तो दूसरे मत(किंग्सले डेविस)के अनुसार 19.71 से बढ़ कर 24.28। अर्थात विभाजन के पहले 60 वर्षों में वृद्धि का प्रतिशत अधिक से अधिक 4.31 प्रतिशत था। विभाजन के बाद के वर्षों में मुसलमानों की वृद्धि की क्या रफ्तार रही, यह देखें।

1951 के पहले विभिन्न धर्मों के लोगों की अलग से जिलेवार गणना नहीं की जाती थी। इस प्रकार की गणना से विभिन्न धर्मों के लोगों की वृद्धि-दर के कई ऐसे पहलू उजागर होते हैं जो अन्यथा नहीं होते। 1951 से छह धर्मों—हिन्दू, मुसलमान, सिख, ईसाई, बौद्ध और जैन—के लोगों को प्रधान धर्म समुदायों के रूप में चिह्नित किया गया और बाकी को 'अन्य' की कोटि में रखा गया। 1951 से 1981 तक की तीस वर्ष की अवधि में कुल आबादी में विभिन्न धर्मों के लोगों के प्रतिशत में कोई बड़ा परिवर्तन नहीं हुआ। नीचे दी गयी तालिका से यह प्रकट है—

विभिन्न धर्मों के लोगों का प्रतिशत

धर्मावलम्बी	1951	1961	1971	1981
हिन्दू	84.98	83.98	82.72	82.64
मुसलमान	9.91	10.70	11.21	11.35
ईसाई	2.35	2.44	2.60	2.43
सिख	1.74	1.79	1.89	1.96
बौद्ध	0.05	0.73	0.70	0.71
जैन	0.45	0.46	0.47	.048

(स्रोत : द गजेटियर ऑफ इंडिया, मर्दुमशुमारी आयोग)

तीस वर्षों में कुल आबादी में मुसलमानों का प्रतिशत 1.44 बढ़ा है। 1981 की मर्दुमशुमारी में हिन्दू कुल आबादी में प्राय: 55 करोड़ थे और मुसलमान प्राय: 7.5 करोड़। लेकिन यहाँ एक बात पर गौर करना जरूरी है कि सिर्फ प्रतिशत वृद्धि के आधार पर विचार करने से जनसंख्या की असली तस्वीर सामने नहीं आती। जरा इस तालिका पर गौर कीजिए --

तीन दशकों में विभिन्न धर्मों के लोगों की वृद्धि

वर्ष	1951-61	1961-71	1971-81
हिन्दू	+20.29	+23.69	+24.15
मुसलमान	+25.58	+30.85	+30.59
ईसाई	+27.38	+32.60	+16.77
सिख	+25.13	+32.28	+26.15
बौद्ध	+1670.71	+17.21	+22.52
जैन	+25.17	+28.48	+23.69

(स्रोत : पापुलेशन जियोग्रॉफी ऑफ मुस्लिम्स इन इंडिया, पृष्ठ 3 और सेन्सस ऑफ इंडिया, 1981, पेपर 3)।

इस तालिका से प्रकट है कि सिर्फ बौद्धों को छोड़ कर हिन्दुओं के सभी धर्मों के लोगों की वृद्धि की दर ज्यादा है। यह बात ध्यान में रखने की है कि कम जनसंख्यावाले समुदायों की आबादी में मामूली परिवर्तन होने पर प्रतिशत में विराट परिवर्तन हो जाता है, जबकि बड़ी जनसंख्यावालों में ऐसा नहीं होता। 1951-61 के बीच बौद्धों की वृद्धि की दर का प्रतिशत 1670.19 था, जबकि अन्य धर्मों के लोगों का प्रतिशत 20 से 27 के बीच था। इतनी वृद्धि के बावजूद 1971 में बौद्धों की जनसंख्या 40 लाख से कुछ कम ही रही, जबकि हिन्दुओं की 45 करोड़ से भी ज्यादा। बौद्धों की इस अपार वृद्धि-दर का कारण तिब्बत से दलाई लामा के साथ बहुत सारे बौद्ध तिब्बतियों का भारत आना था। बौद्धों की संख्या में इनके जुड़ने से वृद्धि की दर में भारी परिवर्तन आ गया। लेकिन 1981 में कुल जनसंख्या में उनका प्रतिशत .71 से ऊपर न जा सका, जबकि हिन्दू 82.64 प्रतिशत रहे। 1981 में हिन्दू 1971 के 45 करोड़ से बढ़ कर प्राय: 55 करोड़ हो गये तो बौद्ध 38 लाख से बढ़ कर 47 लाख। 1981 के सरकारी मर्दुमशुमारी के आँकड़ों के अनुसार 1971-81 के दौरान हिन्दुओं की वृद्धि-दर 24.15 प्रति-

शत थी, तो मुसलमानों की 30.59। 1961-71 की तुलना में 1971-81 में मुसलमानों की वृद्धि की दर .36 कम हुई।

अल्पसंख्यकों की प्रतिशत वृद्धि किस प्रकार की होती है, यह एक काल्पनिक उदाहरण से समझा जा सकता है। कल्पना कीजिए कि 'क' और 'ख' दो व्यापारी हैं। वर्ष के अन्त में 'क' 100 प्रतिशत मुनाफा करता है तो 'ख' सिर्फ 5 प्रतिशत। ऐसे में हम मान लेते हैं कि 'क' बहुत ज्यादा मुनाफा कर रहा है। लेकिन हमने इस बात का पता नहीं लगाया है कि किसने कितनी पूँजी लगायी है या किसका मूल धन कितना है। यदि हम यह बतायें, कि 'क' का मूल धन 25 हजार रु० था और 'ख' का 10 लाख, तो रुपयों में लाभ 'ख' को ही ज्यादा मिला—'क' को 25 हजार रु० और 'ख' को 50 हजार रु० अर्थात 'ख' को सिर्फ 5 प्रतिशत मुनाफा करने पर भी 'क' से दुगुना लाभ हुआ।

छोटी राशि में मामूली परिवर्तन से प्रतिशत की दर में असामान्य परिवर्तन आ जाता है। हम बौद्धों के उदाहरण से कम जनसंख्यावाले धर्मों की आबादी में थोड़े-से परिवर्तन से प्रतिशत में विराट परिवर्तन की बात कह चुके हैं। 1971-81 में सिक्किम और नगालैंड में मुसलमानों की वृद्धि की दर असामान्य थी, पर उसका नतीजा क्या था ? सिक्किम में 1971-81 के दस वर्षों के मुसलमानों की वृद्धि की दर 867.74 प्रतिशत थी। यह देश-भर में मुसलमानों की 30.59 प्रतिशत वृद्धि की दर से बहुत ज्यादा थी। असल में सिक्किम में 1971 में सिर्फ 335 मुसलमान थे। दस वर्ष के दौरान बाहर से नये लोगों के आने के कारण उनकी संख्या बढ़ कर 3241 हो गयी यानी 867.74 प्रतिशत की वृद्धि हुई। लेकिन इतनी अधिक वृद्धि के बावजूद सिक्किम की कुल आबादी में उनका प्रतिशत सिर्फ 1.03 ही रहा। नगालैंड में मुसलमानों की वृद्धि की दर 298.04 थी। 1971 में वहाँ 2966 मुसलमान थे तो 1981 में 11806। इतनी वृद्धि के बावजूद नगालैंड की कुल आबादी में उनका प्रतिशत 1.52 ही रहा।

मुसलमानों की जिलावार जनसंख्या के आँकड़े को देखने से हमारा आशय और भी ज्यादा स्पष्ट होगा। 1961-71 में देश में मुसलमानों की वृद्धि-दर 30.85 प्रतिशत थी। देश के जिन 356 जिलों में मुसलमानों की आबादी थी, उनमें से 197 में उनकी वृद्धि की दर औसत वृद्धि की दर से ज्यादा थी। 139 जिलों की वृद्धि की दर औसत वृद्धि की दर से कम या उसके साथ मेल खाती थी। 15 जिलों में तो मुसलमानों की जनसंख्या कम हुई। 5 जिलों के बारे में जानकारी उपलब्ध नहीं हो सकी। जिलावार गणना से यह तथ्य प्रकट हुआ कि जहाँ मुसलमानों की बस्ती प्रायः थी ही नहीं या एकदम नगण्य थी, वहाँ उनकी वृद्धि की दर अस्वाभाविक रही। उधर जिन जिलों में वे बहुसंख्यक थे या काफी संख्या में थे, वहाँ उनकी वृद्धि की दर देश में मुसलमानों की औसत वृद्धि की दर

से कम थी। बहुत-से स्थानों में तो कुल जनसंख्या के अनुपात में मुसलमानों की जनसंख्या कम हो गयी। इससे यही पता चलता है कि बहुसंख्यकों की, भले ही वे हिन्दू हों या मुसलमान, ह्रास-वृद्धि के प्रतिशत में बहुत फर्क नहीं पड़ता, लेकिन अल्पसंख्यकों के मामले में सामान्य परिवर्तन होने पर ही वृद्धि की दर अस्वाभाविक हो जाती है।

1961-71 में देश के जिन 49 जिलों में मुसलमानों की वृद्धि की दर बहुत ज्यादा थी— असीम से 50.28 प्रतिशत तक—उन्हें देखें। 1961-71 में हिमाचल प्रदेश के किन्नौर जिले में वृद्धि की दर असीम थी। असल में 1961 में वहाँ मुसलमान थे ही नहीं। 1971 तक वहाँ 28 मुसलमान बस गये सो वृद्धि की दर की कोई सीमा ही नहीं रही। जिन 17 जिलों में मुसलमानों की वृद्धि की दर 100 प्रतिशत से ज्यादा थी (2776.92 से 107.48 तक) वहाँ कुल आबादी में उनकी सख्या बहुत कम थी—3.3 प्रतिशत से .06 प्रतिशत तक। 12 जिलों में तो यह 1 प्रतिशत भी नहीं थी। सिर्फ दमन का जिला अपवाद था, जहाँ वृद्धि की दर 109.08 थी और कुल आबादी में मुसलमानों का प्रतिशत 11.24 था। जिन जिलों की वृद्धि की दर 99.9 से 50 प्रतिशत थी, उन सबमें मुसलमान कुल आबादी में कहीं भी 10 प्रतिशत से ज्यादा नहीं थे। अपवाद देवरिया (उ०प्र०), मुंबई (महाराष्ट्र) और पश्चिमी केनरा (कर्नाटक) के जिले थे, जहाँ मुसलमान कुल आबादी में अपने औसत प्रतिशत 11.2 से कुछ अधिक थे।

1971 की मर्दुमशुमारी के मुताबिक देश के नौ जिलों में मुसलमान बहुसंख्यक थे। 1961 में सिर्फ सात जिलों में थे। दो जिलों के बढ़ने की वजह यह थी कि पुंछ (जम्मू व कश्मीर) और मल्लापुरम (केरल) नाम के दो जिलों का गठन 1961 के बाद हुआ। यह ध्यान देने की बात है कि 1961 के सात जिलों में सिर्फ श्रीनगर जिले को छोड़ कर बाकी सभी में कुल आबादी के अनुपात में मुसलमानों की जनसंख्या कम हुई। मसलन जम्मू व कश्मीर के बारामुला और अनन्तनाग जिलों में मुसलमान कुल आबादी में क्रमश: 1.4 और .04 प्रतिशत कम हुए। यही नहीं, सिर्फ ग्वालपाड़ा (असम) जिले को छोड़ कर सभी में वृद्धि की दर मुसलमानों की औसत वृद्धि की दर से काफी कम थी। ग्वालपाड़ा में वृद्धि की दर औसत से ज्यादा तो थी, पर कुल आबादी के अनुपात में मुसलमान 1.05 प्रतिशत कम हो गये।

देश के 15 जिलों में मुसलमानों की जनसंख्या कम हुई। लाहौलस्पीति (हिमाचल प्रदेश) में तो वे प्राय: विलीन ही हो गये। 1961 में वे कुल आबादी में 5.96 प्रतिशत थे, 1971 में 0.12 प्रतिशत रह गये। मणिपुर में दो तिहाई और त्रिपुरा के तीन जिलों में प्राय: 10 से 15 प्रतिशत मुसलमान कम हुए।

जिलावार आँकड़ों से हमें यह पता लगता है कि सिर्फ वृद्धि की दर से मुसल-

मानों की जनसंख्या का हिसाब-किताब करना बड़ा भ्रामक है। पिछले 1300 वर्षों का जायजा लें तो देश की कुल आबादी में मुसलमानों का प्रतिशत 1941 में सबसे ज्यादा था (23.81 या 24.28 प्रतिशत)। बहुत-से लोगों का ख्याल है कि पाकिस्तान के निर्माण का औचित्य ठहराने के लिए मुसलमानों की जनसंख्या को बढ़ा-चढ़ा कर पेश किया गया था। विभाजन के बाद मुसलमानों की संख्या 9 से 11 प्रतिशत के बीच रही है और हिन्दुओं की 80 से ऊपर। यह बात किसी भी तरह गले नहीं उतरती कि 1300 वर्षों से मुसलमान आबादी का जो ढर्रा रहा है, वह इस सदी की समाप्ति तक एकाएक एकदम बदल जायेगा और हिन्दू अल्पसंख्यक हो जायेंगे।

हम लेख के प्रारम्भ में कह आये हैं कि विश्व हिन्दू परिषद के आँकड़ों का सरकारी मर्दुमशुमारी के आँकड़ों से मेल नहीं बैठता। विहिप ने मुसलमानों की संख्या को बढ़ा-चढ़ा कर पेश किया है। फिर भी उसके आँकड़ों के मुताबिक ही यदि हम हिसाब लगायें तो 2000 तक मुसलमानों की संख्या बढ़ कर आखिर कितनी होगी? विहिप के अनुसार 1951 से 1981 के तीस वर्षों में मुसलमानों की जनसंख्या 3.5 करोड़ से बढ़ कर 8.5 करोड़ हो गयी अर्थात तीन दशकों में पाँच करोड़ बढ़ी। इस हिसाब से प्रत्येक दस वर्ष में मुसलमान 1.66 करोड़ बढ़े। 1981-2001 के बीस वर्षों में यदि इसी हिसाब से बढ़ें तो वे 11.82 करोड़ हो जायेंगे। तर्क की खातिर यदि हम यह भी मान लें कि बीस वर्षों में मुसलमानों की वृद्धि की दर दुगुनी हो जायेगी तो भी उनकी संख्या 15 करोड़ ही होगी। क्या इन बीस वर्षों में हिन्दू बिल्कुल ही नहीं बढ़ेंगे? हम मान लें कि एक भी हिन्दू-संतान पैदा नहीं होगी तो भी क्या 55 करोड़ हिन्दुओं की संख्या को 15 करोड़ मुसलमान पार कर जायेंगे?

आइए, एक और अनुमान लगायें। 1981 की सरकारी मर्दुमशुमारी के मुताबिक हिन्दुओं की जनसंख्या 55 करोड़ और मुसलमानों की 7.5 करोड़ थी। इसका मतलब यह हुआ कि मुसलमानों को हिन्दुओं से अधिक होने के लिए और 48 करोड़ लोगों की आवश्यकता होगी। सभी 7.5 करोड़ मुसलमान प्रजनन सक्षम नहीं हैं। फिर 'उनके तो कीड़े-मकोड़े की तरह बच्चे हैं' और वृद्ध-वृद्धाएँ भी हैं। यदि हम मान लें कि 3 करोड़ मुसलमान स्त्री-पुरुष प्रजनन सक्षम हैं, तो 1.5 करोड़ दम्पतियों को 48 करोड़ संतानें पैदा करनी होगी। प्रत्येक मुसलमान दम्पति 20 वर्ष में अगर 35 संतान पैदा करे तो ही विश्व हिन्दू परिषद की चेतावनी सही साबित हो सकती है। इस दौरान हमें यह भी मान लेना होगा कि हिन्दुओं के कोई संतान नहीं होगी। पहली बात तो यह है कि 1.5 करोड़ मुसलमान दम्पतियों के लिए 35 बच्चे पैदा करना संभव ही नहीं है और यदि असंभव को संभव भी मान लिया जाये तो इसमें कम से कम 35 वर्ष चाहिए। तब

2000 ई० तक मुसलमान कैसे हिन्दुओं की जनसंख्या पार कर जायेंगे ?

मुसलमान चार-चार विवाह करते हैं—विश्व हिन्दू परिषद और राष्ट्रीय स्वयं सेवक संघ को इसका बड़ा दुख है। गोलवलकर ने कहा भी है 'यदि बहु-विवाह का रास्ता बंद कर दिया जाता है तो आदमी वेश्यालय जायेगा ही। इसे कैसे रोका जा सकता है ?···सेकूलर राष्ट्र में सिर्फ हिन्दुओं के लिए एक विवाह का कानून होना बहुत असंगत है।' (स्पॉटलाइट्स : एम. एस. गोलवलकर : पृष्ठ 15-16) गोलवलकर के इन उद्धरण से लगता है कि आपत्ति बहुविवाह से नहीं, मुसलमानों के बहुविवाह से है—'हमें क्यों बहुविवाह की अनुमति नहीं' ?

यह सच है कि इस्लाम में चार विवाह करने की अनुमति है। लेकिन यह अनुमति क्यों है और किन स्थितियों में दी गयी थी, यह जानने के लिए हमें इतिहास के पन्ने उलटने होंगे। हम यहाँ अत्यन्त संक्षेप में इतना ही कहेंगे कि ईरान-अरब में बहुविवाह के नाम पर जो अनाचार और स्त्रियों का शोषण हो रहा था, उसे ही हजरत मुहम्मद ने चार विवाह की सीमा बाँध कर मर्यादित करने की कोशिश की थी। उनकी शिक्षा एक विवाह की ओर ही निर्देश करती है। इस्लाम में जो उदारपंथी धारा है, वह हजरत मुहम्मद की शिक्षा के मर्म को समझती है और उसका प्रचार करने की भी चेष्टा करती है। आज जब दुनिया के प्रायः सभी समाजों में एक विवाह की ही प्रथा है तब हमारे देश के मुसलमानों को भी इस अनुमति के बारे में निश्चय ही सोचना-विचारना चाहिए।

व्यक्तिगत कानून जो भी हो, हमारे सामने प्रश्न तो यह है कि क्या भारतीय मुसलमान चार विवाह करते हैं ? इस प्रश्न के साथ मन में सहज ही यह जिज्ञासा भी होती है कि क्या बहुविवाह के युग में श्रमजीवी लोग बहुविवाह करते थे ? इतिहास में श्रमजीवी परिवारों का वृत्तान्त बहुत कम ही मिलता है। ज्यादा राजा-बादशाहों का ही मिलता है। ये सब उच्च व सम्पन्न वर्ग के ही थे। इनमें से अनेक ने बहुविवाह किये थे तो अनेक ने एक ही विवाह किया था। रामायण-महाभारत को ही लें। दशरथ, अर्जुन, कृष्ण, भीम के एक से अधिक विवाह हुए थे तो राम, लक्ष्मण, कर्ण, धृतराष्ट्र, द्रोणाचार्य आदि का एक ही विवाह हुआ था। बहुविवाह प्रचलित जरूर था,.पर वह कभी सार्वजनीन और व्यापक रहा होगा, इसमें संदेह है। मनुष्य के सबसे निकट पशु नरवानर (प्राइमेट) की गणना में देखा गया है कि उसमें नर-मादा के अनुपात में तरह-तरह के फर्क (या पैटर्न) रहने के बावजूद मोटे तौर पर एक संतुलन रहता है। मनुष्यों में स्त्री-पुरुष अनुपात में स्थान, काल और भौगोलिक परिवेश के मुताबिक तरह-तरह के फर्क पाये जाते हैं, लेकिन औसत रूप में प्रकृति में एक प्रकार का संतुलन-सा रहता है।

प्राचीन युगों में बहुविवाह कितना संभव था, यह अनुसंधान की माँग करता है, लेकिन आधुनिक युग के बारे में बिना किसी संशय के यह कहा जा सकता है

कि अधिकांश लोग एक से ज्यादा विवाह करने की कल्पना भी नहीं कर सकते। जब एक पत्नी को ले कर ही तेल-नोन लकड़ी जुटाना मुश्किल हो तो दूसरी पत्नी लाने की बात कौन सोच पायेगा? गरीब चाहे हिन्दू हो या मुसलमान, वह हमारे देश में किस तरह जीता है, यह उसके सिवाय कोई नहीं जानता। वह एक से अधिक पत्नियों का भार वहन कर सकता है, यह सोचना ही हास्यास्पद है। गरीब मुसलमान के लिए झाड़-फूंक या मंतर द्वारा भी एक से ज्यादा बीवी रखना असंभव है।

दूसरे, दुनिया में स्त्री-पुरुष का जो अमुपात है उसमें किसी भी धर्म के लोगों के लिए चार-चार बीवियाँ तो क्या, एक से ज्यादा बीवी रख पाना असंभव है। भारत में स्त्री-पुरुष का अनुपात 1981 की मर्दुमशुमारी की रपट के अनुसार प्रत्येक हजार पुरुषों पर हिन्दुओं में 933, मुसलमानों में 937, ईसाइयों में 992, सिखों में 880, बौद्धों में 953 और जैनों में 941 स्त्रियाँ थीं। भारत में सभी धर्म के लोगों में पुरुषों की अपेक्षा स्त्रियों की संख्या कम है। इसीलिए किसी भी धर्म के लोगों के लिए एक से ज्यादा पत्नी रख पाना असंभव है। मुसलमानों में पुरुष-स्त्री का अनुपात 1000:937 है। चार विवाह करने से लिए प्रत्येक हजार पुरुष पर 4000 स्त्रियाँ आवश्यक होंगी, दो करने के लिए 2000।

हिन्दुओं में अब कानूनन वहुबिवाह निषिद्ध है। लेकिन इससे समाज के कुछ लोगों को कानून को धता बताने से कौन रोकता है? सिनेमा जगत के नायक-महानायक और साहित्य जगत के रथी-महारथी बिना किसी अपराध भाव के एक से अधिक विवाह कर रहे हैं। यदि हम अपने मुहल्लों की खोज-खबर लें तो पायेंगे कि एकाध व्यक्ति ऐसा जरूर है जिसकी दो स्त्रियाँ हैं। लेकिन हम इनके बारे में उस तरह नहीं सोचते जिस तरह मुसलमानों के बारे में। न ही हम तथ्यों को जानने की ही कोशिश करते हैं। लेकिन सोशल स्टडीज डिवीजन ऑफ रजिस्ट्रार जनरल ऑफ इंडिया ने इस विषय में कुछ काम किया है। उसके भारत के पूर्वी, पश्चिमी, उत्तरी-दक्षिणी राज्यों के नमूना-सर्वेक्षण में बताया गया है कि 1961 के पूर्ववर्ती दस वर्षों में बहुविवाह मुसलमानों में सबसे कम था। अचरज न करें, इस समीक्षा के आँकड़ों के मुताबिक बहुविवाह का प्रतिशत मुसलमानों में 4.3, हिन्दुओं में 5.6, जैनों में 4.4, बौद्धों 8.13 और आदिवासियों में 17.08 था। आदिवासियों में बहुविवाह के प्रतिशत के ज्यादा होने का कारण यह था कि उनमें कहीं-कहीं स्त्री-पुरुष के अनुपात में भारी असंतुलन था। बहुविवाह के बारे में बिना किसी हिचक के कहा जा सकता है कि भारत में वह किसी भी धर्म के लोगों में सामान्य नहीं है। वह एक व्यतिक्रम है, नियम नहीं।

बहुविवाह होने के कारण मुसलमानों में बहुत अधिक संतान होती है और इस कारण उनकी वृद्धि की दर ज्यादा है, यह धारणा कितनी गलत है, यह 1971

की मर्दुमशुमारी के जिलावार मुसलमान स्त्री-पुरुष अनुपात और वृद्धि के दर के अध्ययन से प्रकट है। देश के 33 जिलों में मुसलमान आबादी में स्त्रियों की संख्या पुरुषों से अधिक थी। मसलन मुजफ्फरपुर जिले में हजार पुरुषों पर 1057 स्त्रियाँ थीं। माहे जिले में सबसे अधिक स्त्रियाँ थीं—हजार पुरुषों पर 1365। इन जिलों के कुछ मुसलमान पुरुष चार तो नहीं, दो विवाह जरूर कर सकते थे। इसके परिणामस्वरूप संतानों की संख्या बढ़ने से वृद्धि की दर स्वाभाविक रूप से बहुत बढ़ जाती। लेकिन इन 33 जिलों में 17 जिलों में ही मुसलमानों की वृद्धि की दर औसत वृद्धि की दर से ज्यादा थी। 9 जिलों से 40 प्रतिशत (औसत 30.85) और 7 जिलों में औसत दर से कुछ ही ज्यादा। दमन का जिला जरूर अपवाद था। वहाँ हजार पुरुषों पर 1168 स्त्रियाँ थीं और वृद्धि की दर 109.08 थी। बाकी 16 जिलों में वृद्धि की दर औसत वृद्धि की दर से कम थी। टिहरी-गढ़वाल में, जहाँ प्रति हजार मुसलमानों पर 1306 स्त्रियाँ थीं, वृद्धि की दर ऋणात्मक (—17.79) थी। एक से अधिक विवाह कर अगिनत संतान पैदा करने की बात तथ्यों से मेल नहीं खाती।

इससे उलट यानी जिन जिलों में पुरुषों की तुलना में स्त्रियाँ बहुत कम थीं, वृद्धि की दर काफी ज्यादा थी। ऐसे 18 जिलों में उत्तरी कछार में सबसे अधिक स्त्रियाँ (593) थीं और मोचकचंग में सबसे कम (96)। इन जिलों में मुसलमान पुरुषों के एक से अधिक विवाह करने का सवाल ही नहीं उठता। स्त्रियाँ अलबत्ता कर सकती थीं, पर इस्लाम उन्हें एक समय में एक से अधिक विवाह करने की अनुमति नहीं देता। इसलिए इन जिलों में वृद्धि की दर को बहुत कम होना चाहिए था। लेकिन ऐसा था नहीं। मोककचंग, जहाँ हजार मुसलमान पुरुषों पर सिर्फ 16 मुसलमान स्त्रियाँ थीं, में वृद्धि की दर 1120.75 प्रतिशत थी। यहाँ भी 'एक से अधिक विवाह करने पर बच्चे-बच्चों की पलटन और उसके साथ आगे मार्च करती हुई वृद्धि की दर' की दलील लागू नहीं होती। यहाँ तो एक विवाह के ही लाले पड़े हुए थे।

यह प्रचार जोरों से चल रहा है कि हिन्दू तो 'हम दो हमारे दो' के आदर्श पर चलते हैं, लेकिन इस्लाम में मनाही होने के कारण मुसलमान परिवार नियोजन नहीं करते। इस्लाम में ऐसा कोई निर्देश नहीं है जिससे जन्म नियन्त्रण पर प्रतिबन्ध हो। मुल्ला-मौलवी अलबत्ता इस तरह की धारणा का प्रचार करते हैं और गरीब मुसलमान इस प्रचार के शिकार हो जाते हैं।

गरीबी और ज्यादा बच्चे होने का चोली-दामन का रिश्ता है। इसके कई कारण हैं। एक बड़ा कारण तो कृषि के शुरू होने के दिनों से चली आयी यह धारणा है 'जितने हाथ, उतना भात'। पिछड़े देशों की विपुल जनसंख्या इसका एक प्रमाण है। भारत में मुसलमान समाज अत्यन्त पिछड़ा और गरीब समाज है और

देश के विभाजन ने तो उसे हर तरह से नुकसान पहुँचाया। आजादी के बाद एक कानून 'इवैक्युई प्रापर्टी लॉ' पास हुआ था। इसके मुताबिक 'जो भी अपना स्थान छोड़ना चाहते थे वे भारत में अपनी सम्पत्ति नहीं बेच सकते थे।' संयुक्त परिवार होने के कारण सम्पत्ति व व्यवसाय भी संयुक्त थे। इस कानून में परिवार के एक व्यक्ति के भी पाकिस्तान चले जाने पर सारी सम्पत्ति व व्यवसाय के सरकारी निगरानी में चले जाने की व्यवस्था थी। ऐसे में परिवार के अन्य लोग न अपने हिस्से को बेच सकते थे और न ही बंधक रख कर ऋण प्राप्त कर सकते थे। 'स्थान छोड़ना चाहते हैं' की ऐसी व्यापक परिभाषा हुई कि एक समय देश के प्रायः सारे मुसलमान इस कानून के दायरे में आ गये। उनकी सम्पत्ति न बिक सकती थी और न ही वे ऋण ले सकते थे। इससे मुसलमानों के व्यवसाय को भयंकर नुकसान पहुँचा। आजादी की शुरुआत में ही यह मार मुसलमानों के व्यवसाय को काफी चौपट कर गयी।

एक तरफ मुसलमानों में श्रमजीवियों का बहुलांश असंगठित कुटीर उद्योगों में बहुत कम वेतन या मजदूरी पर काम करता है तो दूसरी तरफ सरकारी नौकरियों और सरकारी उद्योगों में उनका प्रतिनिधित्व आवादी के अनुपात में बहुत कम है। केन्द्रीय सरकार की प्रथम, द्वितीय, तृतीय और चतुर्थ श्रेणियों की नौकरियों में उनका प्रतिनिधित्व क्रमशः 1.61, 3.00, 4.41 और 5.12 प्रतिशत है तो राज्य सरकारों की नौकरियों में क्रमशः 3.30, 4.48, 4.62 और 6.35 प्रतिशत। केन्द्र और राज्य सरकारों के उद्योगों में मुसलमानों का प्रतिनिधित्व क्रमशः 3.19, 4.30, 12.14 और 10.46 प्रतिशत है।

इस बात में तनिक भी संदेह की गुंजाइश नहीं कि मुसलमानों में गरीबी भयंकर रूप से है। ऐसे में ज्यादा संतान होना स्वाभाविक है। इसके साथ यह बात भी ध्यान में रखने की है कि दुनिया भर में सभी अल्पसंख्यक समुदाय जन्म नियंत्रण के बारे में सशंकित रहते हैं। हिन्दू भारत में बहुसंख्यक हैं सो यहाँ उन्हें जन्म नियंत्रण से कोई आपत्ति नहीं, लेकिन बाँग्लादेश में है, क्योंकि वहाँ वे अल्पसंख्यक हैं। नाइजीरिया, बाँग्लादेश, इन्डोनेशिया में मुसलमानों ने खुद जन्म नियन्त्रण चालू किया है, क्योंकि वहाँ वे बहुसंख्यक हैं, पर भारत में उन्हें आपत्ति है।

जन्म नियन्त्रण से सशंकित रहना और जन्मदर में अपेक्षाकृत अधिक वृद्धि होना दुनिया में अल्पसंख्यकों में सर्वत्र है। भारत के मुसलमान कोई अपवाद नहीं है।

ऊपर के तथ्यों से यह जाहिर है कि मुसलमान किसी भी हालत में 2000 ई० तक हिन्दुओं की संख्या के पार नहीं जा सकते और न ही मुसलमानों में बहुविवाह प्रचलित है, जिससे उनके कीड़े-मकोड़े की तरह बच्चे होते हैं। लेकिन मिथ्या

प्रचार जारी है। इसका उद्देश्य हिन्दुओं और मुसलमानों के बीच विद्वेष पैदा करना और हिन्दुओं में असुरक्षा का भाव पैदा कर उन्हें मुसलमानों के खिलाफ भड़काना है।

हमारी बड़ी इच्छा थी कि इस लेख के आखिर में एक नमूना सर्वेक्षण पेश करें। इससे तस्वीर और साफ होती। लेकिन हम समय और लोगों के अभाव में यह काम ठीक से नहीं कर पाये। फिर भी जो आधा-अधूरा काम किया, उससे जो नतीजे निकलते हैं, उन्हें पेश कर रहे हैं।

हमने हावड़ा (प० बंगाल का एक जिला) के बाँकड़ा अंचल को नमूना सर्वेक्षण के लिए चुना। इसका कारण यह था कि इसमें मुसलमानों की संख्या इतनी ज्यादा है कि वे बहुसंख्यक हैं। मुल्ला-मौलवी भी काफी हैं। मस्जिदों की मरम्मत इतनी हुई है कि वे एकदम नयी जान पड़ती हैं। अंचल के ज्यादातर लोगों की जीविका हावड़ा के हाट (साप्ताहिक मंडी, हावड़ा का मंगलाहाट तो सारे देश में प्रसिद्ध है) में सिले-सिलाये कपड़ों की सप्लाई करने से जुड़ी हुई है। 'उस्तागर' (मालिक), मेट (कपड़ों की काट करनेवाला) और दर्जी के पेशों में ही प्रायः सारे लोग हैं। घर में बटन बनाने, बटन लगाने और दूसरे छोटे-मोटे कामों में घर की स्त्रियाँ भी हाथ बँटाती हैं। बाल-श्रमिकों की संख्या भी काफी है। 'उस्तागर' की औसत मासिक आय एक से दो हजार रु०, दर्जी मेट की 450-850 और बाकी की 250 से 500 रु० तक है।

बाँकड़ा अंचल में बंगाल के अन्य इलाकों की अपेक्षा आय काफी ज्यादा है। मुसलमान यहाँ अपने को ज्यादा सुरक्षित समझते हैं, सो जगह-जगह से आ कर बसे हैं। मुल्ला-मौलवियों का भी काफी दबदबा है। इन सब कारणों से यह अंचल हमें नमूना सर्वेक्षण के लिए बहुत उपयुक्त जान पड़ा।

एक-एक मुहल्ले को पकड़ कर एक छोर से दूसरे छोर तक के सारे परिवारों को समेटते हुए हमने लगभग 500 परिवारों से जानकारी हासिल की। इन 500 परिवारों में एक से अधिक विवाह करनेवाले सिर्फ पाँच व्यक्ति मिले। चार बिवाह करनेवाला कोई था ही नहीं। पाँच में चार व्यक्तियों ने दो विवाह किये थे, जिनमें से तीन ने पहली पत्नी की मृत्यु होने पर पुनर्विवाह किया था। चौथे व्यक्ति के अलबत्ता एक ही समय में दो पत्नियाँ हैं। चूँकि एक पत्नी के रहते इसने दूसरी से विवाह किया है, यह व्यक्ति अच्छी-खासी जायदाद होने के बावजूद बदनाम है। पास-पड़ोसी उससे कोई सम्बन्ध नहीं रखते और वह मुहल्ले में एकदम अलग-थलग रहता है। पाँचवाँ व्यक्ति पहली और दूसरी पत्नी से संतान पैदा करने के बाद तीसरी बार विवाह करने लगा तो बाँकड़ा अंचल की पंचायत ने उस पर 25 हजार रुपये का जुर्माना लगाया। यह व्यक्ति अब बाँकड़ा अंचल से बहिष्कृत है।

500 परिवारों में बहुविवाह तो दूर की बात है, बहुत-से वयस्क लोगों का अभी तक विवाह नहीं हो पाया है। पहली पत्नी की मृत्यु होने पर द्वितीय बार विवाह करना तो सभी धर्मों के लोगों में सामान्य है। इस तरह बांकड़ा के 500 मुसलमान परिवारों में दो व्यक्ति ही ऐसे हैं जिनके एक साथ दो पत्नियां हैं।

500 परिवारों में प्रतिदम्पति संतान का औसत 3.9 है। हम चार भी मान लें तो यह भारतीय (हिन्दू, मुसलमान, सिख, ईसाई, आदि सबको मिला कर) औसत से बहुत कम है। चूंकि बांकड़ा एक तरह से शहरी इलाका है और लोगों की आर्थिक हालत अपेक्षाकृत अच्छी है, सो यहां जन्म-दर अधिक नहीं है। हम और ज्यादा नमूना सर्वेक्षण करना चाहते हैं, ताकि सच्चाई और खुल कर प्रकट हो। बहरहाल बांकड़ा के 500 मुसलमान परिवारों के सर्वेक्षण से इस बात का प्रत्यक्ष अनुभव हुआ कि मुसलमानों के चार-चार विवाह करने और कीड़े-मकोड़ों की तरह बच्चे जनने की बात कितनी गलत है।

सेक्स, झूठ और तुष्टीकरण

मणिशंकर अय्यर

हमें भारतीय जनता पार्टी का इस बात के लिए शुक्रगुजार होना चाहिए कि उसने हिंदी के सीमित शब्द कोश को नये फैशन के अनुरूप 'तुष्टीकरण' जैसा भड़कीला शब्द दिया है। 'तुष्टीकरण' शब्द भाजपा के प्रिय पूर्वाग्राहों का सार है। भाजपा जिन्हें 'अल्पसंख्यकवादी' या 'छद्म धर्मनिरपेक्ष' की संज्ञा देता है, तुष्टीकरण उन्हीं लोगों पर दायर अभियोग पत्र का सबसे प्रमुख आरोप है।

'तुष्टीकरण' कई तरह से हो सकता है, पर संघ परिवार जिसे सबसे घातक बताता है, वह है मुसलमानों के निजी कानून को बनाये रखने में उनकी मदद करना और उन्हें उकसाना। बताया जाता है कि इस अन्याय का सबसे बुरा असर यह है कि जहां गरीब और उपेक्षित बहुसंख्यक समाज अपने पूरे दांपत्य जीवन में एक ही खूंटे से बँध कर रहने को मजबूर है, वहीं तुष्टीकृत अल्पसंख्यक समाज को उन्मुक्त जीवन जीने के लिए एक साथ चार दिशाएँ खुली हैं। बल्कि चयन की यह आजादी सिर्फ चार पत्नियों तक नहीं है। कोई मुसलमान 'तलाक, तलाक, तलाक' कह कर इन विकल्पों को चार से आठ, आठ से 16 और 16 से 32 या और उससे भी आगे तक ले जा सकता है।

केसरिया पलटन सख्त चेतावनी देती है कि इस अन्याय की वजह से हिंदू न सिर्फ आँख पर पट्टी बाँध कर सदा के लिए एक पत्नी की परिक्रमा करने को मजबूर है, बल्कि वह परिवार नियोजन के चक्कर में भी फँसने को तैयार हो जाता है। दूसरी तरफ मुल्ला अपने बंदों को समझाते हैं कि 'निरोध' तो शैतान ने बनाया है, इसके इस्तेमाल से सुन्नतवाले लोग जहन्नुम में जायेंगे।-इसलिए संघ परिवार आगाह करता है कि आप 108 बार 'जय श्रीराम' कह पायें, इससे पहले ही मुसलमान हिंदुओं को अल्पसंख्यक बना देंगे और इस तरह हिंदू राष्ट्र समाप्त हो जायेगा।

इस विनाश की रोकथाम के लिए संघ परिवार न सिर्फ ज्यादा से ज्यादा मस्जिदें गिराना चाहता है, बल्कि वह "कामुक मुसलमानों को नकेल डालना

चाहता है।

क्या भाजपा के इन आरोपों में कोई सार है ? हमारे पास इस लेख के लिखे जाते समय तक 1991 की जनगणना के बारे में आयुक्त की अंतिम रपट नहीं थी (वैसे मुझे अंतरिम रपट की जानकारी हो गयी थी), इसलिए उसके आधार पर विभिन्न समुदायों की जनसंख्या वृद्धि दर के अंतर पर गौर करने और उसके मूल्यांकन की जिम्मेदारी मैं आप पर छोड़ता हूँ। पिछली जनगणना के अनुसार 1971 से 1981 के बीच मुसलमानों की जनसंख्या छह करोड़ दस लाख से साढ़े सात करोड़ हो गयी। (6,14,18,269 से 7,55,71,514)। इस हिसाब से एक दशक में उनकी जनसंख्या वृद्धि दर 30.69 फीसदी और सालाना वृद्धि दर 2.07 फीसदी बैठती है।

अब जरा हिंदुओं की जनसंख्या वृद्धि दर देखें। उसी दशक में हिन्दुओं की जनसंख्या 45.3 करोड़ से 54.9 करोड़ हो गयी। (45,34,36,630 से 54,97,24,717)। दिमागी फितूर करनेवाले धर्मांध लोगों के लिए ये आँकडे फायदेमंद हो सकते हैं। इस तरह हिन्दुओं की जनसंख्या वृद्धि दर प्रति दशक 24.14 फीसदी और सालाना 1.92 फीसदी बैठती है।

इसलिए जनसंख्या के आँकड़ों के विवाद का पहला चरण संघ परिवार के पक्ष में जाता है। निःसंदेह हमारे देश की मुस्लिम जनसंख्या हिंदुओं के मुकाबले ज्यादा तेजी से बढ़ रही है। जहाँ मुसलमानों की वृद्धि दर 2.07 प्रतिशत है, वहीं हिन्दुओं की 1.92 प्रतिशत है। कितनी जल्दी बाबर की औलादें राम की औलादों पर हावी हो जायेंगी !

लेकिन इस गणना में आँकड़ों के दो युग्मों को और शामिल किये जाने की जरूरत है। पहला यह कि दोनों समुदायों की वृद्धि दरों में अन्तर कितना है और दूसरा यह कि क्या यह अन्तर स्थिर रहता है या घटता-बढ़ता है। इसमें पहली तरह के आँकड़े इतने आसान हैं कि उन्हें बजरंग दल के लोग भी निकाल सकते हैं। 2.07 प्रतिशत—1.92 प्रतिशत बराबर 0.15 प्रतिशत। चूंकि 1981 की जनगणना के अनुसार हिंदुओं और मुसलमानों की जनसंख्या का अनुपात 449 : 75 है यानी करीब एक मुसलमान पर साढ़े सात हिंदू बैठते हैं, अगर मुसलमानों की जनसंख्या वृद्धि दर हिंदुओं के मुकाबले 0.15 प्रतिशत ज्यादा बरकरार रहे, तो बाबर कब राम के बराबर हो जायेंगे ? आज से करीब 1000 साल बाद।

पर 31वीं सदी सम्बन्धी इस भविष्यवाणी पर परेशान होने से पहले हमें दूसरे तरह के आँकड़ों पर विचार कर लेना चाहिए। क्या दोनों समुदायों की जनसंख्या वृद्धि दर का यह अंतर एक जैसा रहा है ? आइए, थोड़ा और पीछे के आँकड़ों को देखें। 1971 की जनगणना रपट के अनुसार हिंदू जनसंख्या में 1961 से 1971 के बीच 23.69 प्रतिशत की वृद्धि हुई, जबकि अगले दशक (1971 से 1981)

में यह वृद्धि दर 24.14 प्रतिशत हो गयी। यानी एक दशक में हिंदू जनसंख्या की वृद्धि दर 0.45 प्रतिशत तेज हुई, जबकि मुस्लिम जनसंख्या की वृद्धि दर तेज होने के बजाय मद्धिम पड़ गयी। 1961-71 के बीच मुस्लिम जनसंख्या की वृद्धि 30.84 प्रतिशत हुई, लेकिन अगले दशक में यह 30.69 प्रतिशत हुई। यानी मुस्लिम जनसंख्या की वृद्धि दर में 0.15 प्रतिशत की कमी आयी।

आशा है, सिंघल साहब इसके लिए हमें माफ करेंगे। लेकिन साध्वी ऋतंभरा द्वारा हिंदुओं को बार-बार नपुंसक कहे जाने और एक पत्नी के 'अभिशाप' से बँधे होने के बावजूद उनकी जनसंख्या वृद्धि दर लगातार तेज हो रही है, जबकि चार पत्नियों के बावजूद मुसलमानों की जनसंख्या वृद्धि दर घट रही है। इसलिए साध्वी ऋतंभरा को उमा भारती से पूछना चाहिए कि क्या हिंदू सचमुच नपुंसक हैं?

इससे भी दिलचस्प बात यह है कि 1961-71 के लिए हिंदू और मुस्लिम जनसंख्या की वृद्धि दर का अन्तर 0.56 प्रतिशत था, जो अगले दशक में 0.15 प्रतिशत रह गया। अगर मुसलमानों की जनसंख्या वृद्धि में ह्रास की मौजूदा दर ही जारी रही तो 2001 की जनगणना के पहले वृद्धि दर हिंदुओं की दर के बराबर हो जायेगी। इक्कीसवीं सदी के दौरान भारत में मुसलमानों की जनसंख्या 11 प्रतिशत के आसपास ठहर जायेगी।

इसके अलावा अगर मुसलमानों की जनसंख्या की वृद्धि दर उसी तरह गिरती रही, जिस तरह यह 1961-71 के मुकाबले 1971-81 वाले दशक में गिरी थी और दूसरी तरफ हिंदुओं की वृद्धि दर उसी तरह बढ़ती रही जिस तरह यह 1961-71 की तुलना में 1971-81 के दशक में बढ़ी थी तो भारत में मुसलमानों की जनसंख्या की वृद्धि समाप्त हो जायेगी और जनसंख्या में उनका हिस्सा 11 फीसदी से घटने लगेगा, जो धीरे-धीरे शून्य भी हो सकता है।

उमा भारती 'एक धक्का और दो' का नारा लगायें और खुशी में अपने बाल फिर बढ़ाना शुरू करें, इससे पहले यह बताने की जिम्मेदारी बनती है कि वास्तव में क्या होनेवाला है। चूँकि हमारे योजना आयोग में साधु-संत नहीं हैं और वह अपनी रपट भी धर्म संसद के बजाय भारतीय संसद में पेश करता है, इसलिए उसने 1991 की जनगणना की अंतिम रपट का इंतजार नहीं किया जिससे पत्नियों की संख्या और जनसंख्या वृद्धि के गुदगुदानेवाले आँकड़े सामने आते। 'छद्म धर्मनिरपेक्ष' तरीके से हिंदू नपुंसकता के आदर्शों पर चलते हुए योजना आयोग के उपाध्यक्ष प्रणव मुखर्जी, जो इस वक्त केंद्रीय वाणिज्य मंत्री हैं, ने पिछले सौ साल के जनसांख्यिकी आंकड़ों को आधार बना कर 21वीं सदी में भारतीय जनसंख्या की वृद्धि दर का अनुमान लगाने का प्रयास किया।

वे इस दिलचस्प निष्कर्ष पर पहुँचे कि 2021 तक हमारी वास्तविक प्रजनन

दर इकाई में पहुँचनेवाली है। इसका मतलब है कि अगली सदी के दूसरे दशक तक हमारी जनसंख्या 105 अरब पर स्थिर हो जायेगी। उसके बाद दुनिया के ज्यादातर विकसित देशों की तरह भारत की जनसंख्या वृद्धि दर शून्य हो जायेगी। संभवत: इक्कीसवीं सदी के मध्य तक तमाम पश्चिमी देशों की तरह हमारी जनसंख्या घटने लगेगी और जब पूरी जनसंख्या 1.5 अरब पर ठहर जायेगी तो आबादी में मुसलमानों का अनुपात भी 11.2 के आसपास ठहर जायेगा। बस कभी दशमलव एक या दो प्वाइंट ऊपर चला जायेगा तो कभी नीचे।

लेकिन इतना ही सब कुछ नहीं है। एक और 'शातिर छद्म धर्मनिरपेक्ष' राजीव गाँधी ने कंप्यूटर चालकों को ऐसा राष्ट्रीय आँकड़ा बैंक बनाने का आदेश दे डाला जो भारत के हर जिले के बारे में तुरंत जानकारी मुहैया करा सके। यह दून स्कूल की संस्कृति का असर था। इस प्रयास का पहला परिणाम हमारे सामने है। इसलिए संघ परिवार की चार शादियों के नफे और एक शादी के नुकसान की काल्पनिक कहानियों पर लोगों का यकीन जमे, इससे पहले हमें हिंदू-मुस्लिम प्रजनन दर के बारे में जिलेवार आँकड़ों पर गौर करना चाहिए।

यहाँ हमें इस बात का अफसोस है कि विभिन्न समुदायों की जन्म दरों को प्रभावित करनेवाले दो महत्त्वपूर्ण कारक हैं—(1) महिलाओं के विवाह की औसत आयु और (2) महिला साक्षरता की दर। इन दोनों प्रमुख कारकों के आँकड़े राज्यवार और जिलेवार उपलब्ध हैं। हमारे पास न सिर्फ हर प्रांत की मुस्लिम आबादी के आँकड़े हैं, बल्कि राजीव की मेहरबानी से ये आँकड़े जिलेवार भी मौजूद हैं। इन आँकड़ों को एक साथ रख कर हम चार पत्नियों को ले कर गढ़ी गयी 'निकरवालों' की परिकल्पना में छुपी सच्चाई देख सकते हैं।

पहली बात, अगर यह सच है कि एक पत्नी होने और पत्नी के पूजा वेदी के सुझावों के मुताबिक सतर्क रहने के कारण हिंदुओं के विलुप्त होने का खतरा है, तो अच्छी मुस्लिम आबादीवाले राज्यों के मुकाबले हिंदू-बहुल राज्यों में महिलाओं के विवाह की औसत आयु ज्यादा होनी चाहिए। आइए, मध्य प्रदेश का उदाहरण लें, जहाँ राज्य की कुल आबादी के 4.8 फीसदी मुसलमान हैं। तुलना के लिए इसके उलट केरल को लें, जहाँ कुल आबादी के 21.3 प्रतिशत मुसलमान हैं।

मध्य प्रदेश में, जहाँ राज्य के 20 आदमियों में एक से भी कम मुसलमान है, 1981 से 1991 तक कुल जनसंख्या में 26.28 प्रतिशत की वृद्ध हुई, जबकि केरल में, जहाँ हर पाँचवां मलयाली व्यक्ति मुसलमान है, एक दशक में जनसंख्या वृद्धि सिर्फ 13.98 प्रतिशत हुई।

मैं आपसे पूछता हूँ कि इस बीच वे चारों पत्नियाँ क्या कर रही थीं? सिर्फ एक पत्नी के सहारे मध्य प्रदेश के हिंदू चार पत्नियोंवाले केरल के मुसलमानों से दोगुनी रफ्तार से जनसख्या बढ़ा रहे थे। कौन कहता है, हम नपुंसक हैं?

थोड़ी और बारीकी से देखें। केरल के मालाप्पुरम जिले में 65 फीसदी मुसलमान हैं। वहाँ लड़कियों के विवाह की औसत आयु 17.3 वर्ष है, जबकि मध्य प्रदेश के राजनन्दगाँव जिले में, जहाँ मुसलमान सिर्फ 1.7 प्रतिशत हैं, विवाह की औसत आयु सिर्फ 16.4 वर्ष है।

अगर आपको इस बात पर आपत्ति हो कि राजनन्दगाँव एक आदिवासी जिला है, तो हम उसी राज्य के (अ) दूसरे आदिवासी-बहुल जिले बस्तर और (ब) शुद्ध सुवर्ण भूमि व हिंदू हृदय प्रदेश में स्थित शिवपुरी जैसे जिले, जहाँ मुसलान सिर्फ 1.2 प्रतिशत और हिंदू 98 प्रतिशत हैं, का उदाहरण लेते हैं। बस्तर जिले में लड़कियों के विवाह की औसत आयु 19 वर्ष है यानी आदिवासियों की आबादी का एक हिस्सा ज्यादा जागरूक है और दूसरा कम जागरूक। इसलिए आदिवासी प्रजनन दर की बात करना उसी तरह बेवकूफी है जिस तरह अल्पसंख्यक प्रजनन दर की। अब जरा उदाहरण (ब) पर गौर करें। जहाँ 65 फीसदी मुस्लिम आबादीवाले केरल के मालाप्पुरम में लड़कियों के विवाह की औसत आयु 18.3 वर्ष है, वहीं शिवपुरी में 16.3 वर्ष का औसत पूरे देश के लिए शर्मनाक है।

आप नहीं जानते शिवपुरी कहाँ है? मैं बताता हूँ। उमा भारती के कस्बे में पहुँचिए और फिर वहाँ से कुछ मील दक्षिण की तरफ जाइए। बस वहीं शिवपुरी है। हकीकत यह है कि विवाह की औसत आयु का धर्म से खास वास्ता नहीं है। शिवपुरी में विवाह की औसत आयु इसलिए नहीं कम है कि हिंदू लड़कियों की शादी मुसलमान लड़कियों से पहले हो जाती है, बल्कि इसकी वजह शिवपुरी का चंबल क्षेत्र में पड़ना है। इस इलाके से जुड़ी दस्यु सुंदरी फूलन देवी की कहानी बताती है कि जेल जाने से बेहतर विवाह कर लेना है। या फिर आप खुद संसद के लिए चुन ली जायें।

मुझे लग रहा है कि उमा भारती पर किये गये कटाक्ष को भाँप कर गोविंदाचार्य कह रहे हैं कि केरल और मध्य प्रदेश की तुलना नहीं हो सकती। मुझे इसका कोई कारण समझ में नहीं आता, पर क्योंकि अच्छी तरह से तुलना न कर पाने के चक्कर में ही पार्टी ने उन्हें मद्रास निर्वासित कर दिया था, इसलिए हम उनसे राम जन्म प्रदेश यानी उत्तर प्रदेश पर ही चर्चा कर डालते हैं।

उत्तर प्रदेश के उत्तरकाशी जिले में, जहाँ मुसलमानों की आबादी नगण्य (0.4 प्रतिशत) है, लड़कियों के विवाह की औसत आयु 18.3 वर्ष है। उत्तर प्रदेश के ही रामपुर जिले में मुसलमानों की आबादी जिले की कुल आबादी का 47.2 प्रतिशत है। लेकिन वहाँ लड़कियों के विवाह की औसत आयु उत्तरकाशी से ज्यादा यानी 18.4 वर्ष है, भले ही वह दशमलव एक ही ज्यादा हो। इस मामले में धर्म की भूमिका कहाँ है? उत्तर प्रदेश के उन चार पहाड़ी जिलों उत्तर-

काशी, चमोली, पिथौरागढ़ और टिहरी गढ़वाल को लीजिए, जहाँ मुसलमानों की आबादी सबसे कम यानी 0.4-0.5 प्रतिशत के बीच है। वहाँ विवाह की औसत आयु राज्य में विवाह की औसत आयु 17.7 वर्ष से ज्यादा है। अब राज्य की सर्वाधिक मुसलमान आबादीवाले चार जिलों—रामपुर (47.2 प्रतिशत), बिजनौर (39.5 प्रतिशत), मुरादाबाद (38.1 प्रतिशत) और सहारनपुर (31.6 प्रतिशत) को लीजिए। वहाँ भी विवाह की औसत आयु राज्य के औसत से ज्यादा है।

इसलिए विवाह की आयु का धर्म से कोई लेना-देना नहीं है, बल्कि इसका असली वास्ता आर्थिक विकास से है। ऊपर बताये गये चार जिले, जिनमें चार में मुसलमान न के बराबर और चार में भरे-पूरे हैं, पश्चिमी उत्तर प्रदेश के संपन्न इलाके में पड़ते हैं। इसीलिए इन जिलों में लड़कियों के विवाह की औसत आयु पूरे प्रदेश की औसत आयु से ज्यादा है। लेकिन जैसे-जैसे आप पश्चिमी उत्तर प्रदेश के संपन्न इलाकों से गरीब मध्य क्षेत्र और पूर्वी उत्तर प्रदेश की तरफ बढ़ते हैं, विवाह की औसत आयु राज्य की औसत विवाह आगु से कम होती जाती हैं। विवाह की औसत आयु कानपुर के पास स्थिति जालौन जिले से ही घटना शुरू हो जाती है, जो 13 प्रतिशत मुसलमान आबादीवाले सुलतानपुर में 16.2 वर्ष और 5.3 प्रतिशत मुसलमान आबादी वाले बलिया में 17.4 वर्ष है।

इसी तरह की तस्वीर महिला साक्षरता के बारे में भी उभरती है। केरल के कोझिकोडे जिले (मुसलमान आबादी 34 प्रतिशत) में महिला साक्षरता की दर 74.2 प्रतिशत है, जबकि उसी राज्य के इदुक्की जिले (मुसलमान आबादी 6.5 प्रतिशत) में महिला साक्षरता की दर उससे कम 72.9 प्रतिशत है। यह सच है कि केरल की न्यूनतम महिला साक्षरता दर मुसलमान-बहुल मालाप्पुरम जिले में 66.8 प्रतिशत है। लेकिन इसकी तुलना आंध्र प्रदेश के उर्वर, संपन्न और गैर-मुसलमान आबादी (98.5 प्रतिशत)-बहुल पूर्वा गोदावरी जिले स करें, तो पायेंगे कि वहाँ महिला साक्षरता दर तो मात्र 43 प्रतिशत है। इसी तरह 99.9 प्रतिशत गैर-मुसलमान आबादीवाले पंजाब के अमृतसर जिले में साक्षरता दर 47 प्रतिशत, राजस्थान के श्रीगंगानगर जिले (गैर-मुसलमान आबादी 96.5 प्रतिशत) में 26.9 प्रतिशत, और 80 प्रतिशत गैर-मुसलमान आबादीबाले बिहार के पश्चिमी चंपारण में 14 फीसदी है।

इसलिए भारत के विभिन्न समुदायों की अलग-अलग जन्म दर के आँकड़े न उपलब्ध होने के बावजूद यह निष्कर्ष निकाला जा सकता है कि केरल (उच्च-मुसलमान आबादी 21.3 प्रतिशत), कर्नाटक (मध्यम मुसलमान आबादी 11.2 प्रतिशत) और तमिलनाडु (निम्न मुसलमान आबादी 5.1 प्रतिशत) जैसे जागरूक दक्षिण भारतीय राज्यों में मुसलमानों की जन्म दर उत्तर भारत के

पिछड़े राज्यों की हिंदू जन्म दर की तुलना में बहुत कम है। [उत्तर प्रदेश (मुसलमान 15.9 प्रतिशत), राजस्थान (मुसलमान 7.3 प्रतिशत) और मध्य प्रदेश (मुसलमान 4.8 प्रतिशत)]।

जहाँ महिलाएँ ज्यादा साक्षर हैं, वहाँ लड़कियों का विवाह देर से होता है। नतीजतन जन्म दर कम है। जहाँ जन्म दर कम है, वहाँ नवजात शिशु और प्रसव के बाद महिलाओं की मृत्यु दर कम है। संक्षेप में, जहाँ जन्म दर ज्यादा है, वहाँ मृत्यु दर भी ज्यादा होगी और जहाँ जन्म दर कम होगी, वहाँ मृत्यु दर भी कम होगी। जनसंख्या वृद्धि सिर्फ जन्म दर का प्रतिफल नहीं है, बल्कि यह जन्म दर और मृत्यु दर का वास्तविक अंतर है। इसलिए हमारी संपूर्ण आबादी में मुसलमानों का हिस्सा घटने-बढ़ने का कुरान और शरीयत से उसी तरह कोई लेना-देना नहीं है जिस तरह रामायण और गीता से नहीं।

केरल जैसे जागरूक राज्य की तरह, जहाँ मुसलमान लड़कियों को शिक्षा दी जाती है, वहाँ जन्म दर नीचे आ जायेगी और मुसलमान आबादी स्वस्थ और संपन्न होगी। इसके विपरीत मध्य प्रदेश जैसे पिछड़े राज्यों की तरह अगर हिंदू लड़कियों को शिक्षा से वंचित रखा जायेगा तो गरीब और बीमार हिंदू पैदा होंगे। यही सिद्धान्त पढ़ाई के लिए प्रोत्साहित की जानेवाली हिंदू लड़कियों और शिक्षा से वंचित की जानेवाली मुसलमान लड़कियों पर भी लागू होगा।

इसलिए संघ परिवार को मेरा सुझाव है कि वह चार पत्नियों और जबरिया नसबंदी के बारे में चंडूखाने की गप उड़ाने के बजाय मध्य प्रदेश, उत्तर प्रदेश, बिहार और राजस्थान की हिंदू लड़कियों को स्कूल जाने के लिए प्रेरित करे। इसी तरह इंडियन यूनियन मुस्लिम लीग को भी मालाबार और मजलिस इत्तेहाद मुसलमीन को हैदराबाद की मुसलमान लड़कियों की परवाह करना चाहिए। यही समझदारी है। भाजपा जिस तरह से परिवार कल्याण का संप्रदायीकरण कर रही है, वह आपराधिक है।

लेकिन आडवाणी एंड कंपनी को सच्चाई की तो कोई चिंता है नहीं। मुस्लिम निजी कानून खत्म न किये जाने और मुसलमानों पर परिवार नियोजन लागू न किये जाने पर मुसलमानों का शासन आ जाने का हौआ खड़ा कर वे सिर्फ अपने कार्यकर्ताओं की काम-ईर्ष्या और व्यापक जनता के अज्ञान की पीठ ठोंक रहे हैं। परिवार नियोजन एक राष्ट्रीय आवश्यकता है। सभी प्रमाणों से यह जाहिर है कि जैसे-जैसे अर्थव्यवस्था का विकास होता है, सभी समुदायों के ज्यादा से ज्यादा नागरिक परिवार नियोजन अपनाते हैं।

तेजी से विकसित हो रहे महाराष्ट्र और ठहरे हुए बिहार के अनुभव बताते हैं कि विकास ही सबसे असरदार गर्भनिरोधक है। महाराष्ट्र (मुसलमान 9.2 प्रतिशत) की तरह जहाँ विकास होता है। वहाँ परिवार नियोजन भी अपनाया जाता

है, जबकि बिहार (मुसलमान 14.1 प्रतिशत) की तरह जहाँ विकास पिछड़ता है, वहाँ परिवार नियोजन भी दरकिनार हो जाता है।

परिवार नियोजन का मुल्लाओं के फतवे या धर्म संसद के आदेश से कोई लेना-देना नहीं है। आडवाणी इस बात को जानते हैं, पर वे सच्चाई को छुपाने में यकीन करते हैं, क्योंकि उन्हे तो हिंदू को मुस्लिम द्वेषी बनाना है।

दंगे : इतिहास और राजनीति

मस्तराम कपूर

जिस देश में अनेक धर्म और सम्प्रदाय हों, वहाँ उनके बीच टकराव होना कोई अनहोनी बात नहीं है। एक ही धर्मवाले देशों में भी साम्प्रदायिक टकराव कोई नयी बात नहीं है। पाकिस्तान में, जो इस्लामी देश है, सुन्नी, शिया, अहमदिया आदि फिरकों के बीच साम्प्रदायिक दंगे होते रहे हैं। आयरलैंड में कैथलिकों और प्रांटेस्टेटों के बीच तीन सौ साल से युद्ध चल रहा है। ईरान-इराक का दस-साला युद्ध शिया-सुन्नी फिरकों की शत्रुता का ही परिणाम था। भारत में भी मुसलमानों के आगमन से पूर्व शैव, वैष्णव, शाक्त आदि सम्प्रदायों के बीच भीषण और हिंसक टकराव रहे हैं। दक्षिण में शैवों के विरुद्ध, जो आजकल लिंगायत कहलाते हैं, डेढ़-दो सौ सालों तक अभियान चलाया गया था। हिंदू धर्म और बौद्ध धर्म का टकराव तो इतना व्यापक था कि बौद्ध धर्म का भारत से नामोनिशान ही मिट गया और उसकी अथाह सांस्कृतिक सम्पत्ति भी नष्ट हो गयी। जैनियों को भी अपनी धार्मिक विरासत की रक्षा के लिए वन-कंदराओं और निर्जन प्रदेशों की शरण लेनी पड़ी। आज भी जैनियों को कुछ स्थानों पर (जैसे महाराष्ट्र में) धार्मिक उत्पीड़न सहना पड़ता है।

अपने धर्म के प्रति आस्था और दूसरे के धर्म के प्रति विद्वेष के एक साथ विद्यमान होने के दो कारण दिखाई पड़ते हैं। एक तो यह कि सभी धर्म तर्क-वितर्क और बुद्धि-विवेक का विषय न हो कर अंधविश्वास और अंधश्रद्धा का विषय बन गये हैं, जिसके फलस्वरूप मामूली-सी बात पर भी हमारी भावनाएँ भड़क उठती हैं। दूसरा कारण यह है कि सभी धर्म सत्ता-पीठ के रूप में काम करते हैं और उनके बीच सत्ता का द्वंद्व चलता है। सत्ता की प्रतिस्पर्धा जब दंगों के रूप में प्रकट होती है तो धर्म की असली विसंगति सामने आती है। धर्म आदमी को बेहतर इन्सान बनाने के बजाय उसे राक्षस बनाने लगता है।

साम्प्रदायिक दंगे (क्षेत्रीय, भाषाई, जातीय और नस्लीय दंगे भी) सुव्यवस्थित राज्य के लिए चुनौती होते हैं, अतः ये दंगे प्रायः अराजकता की स्थिति में ही होते

हैं। जब देश की कानून-व्यवस्था कमजोर होती है, लोगों के मन में कानून का डर नहीं होता, तो वे आपस में भिड़ कर और कानून को अपने हाथ में ले कर अपनी समस्याओं का समाधान ढूँढ़ने लगते हैं।

ब्रिटिश राज की और जितनी बुराइयाँ रही हों, कानून का शासन लागू करने के मामले में उसने भारत की जनता का दिल जीत लिया था। संभवतः मुगल साम्राज्य की सुदृढ़ राज्य व्यवस्था के विघटन के बाद हमारे यहाँ अराजकता का जो लंबा दौर रहा, उससे तंग आयी जनता को ब्रिटिश राज ने काफी राहत पहुँचायी। इससे प्रभावित हो कर भारतेंदु काल के कवियों ने भी ब्रिटिश राज की प्रशंसा में अपने उद्‌गार प्रकट किये और कांग्रेस के प्रारंभिक दौर के सभी नेताओं के मन में भी अंग्रेजी राज्य के प्रति प्रशंसा भाव बना रहा। कानून के मजबूत शासन के चलते ब्रिटिश राज में व्यापक साम्प्रदायिक दगों के गिने-चुने उदाहरण ही मिलते हैं। उन्नीसवीं शताब्दी के अंतिम दशक में हिंदुओं और मुसलमानों में चले सुधारवादी उदार आंदोलनों की प्रतिक्रिया में दोनों सम्प्रदायों में कट्टरवादी तत्त्व उभरने लगे थे। स्मरणीय है कि उन्हीं दिनों तिलक के नेतृत्व में हिंदुओं के कट्टरवादी तत्त्व कांग्रेस पर हावी होने लगे थे और अंग्रेजों ने मुसलमानों को उकसाना शुरू किया था। हिंदू पुनरुत्थानवाद की लहर में शुरू किये गये गणेशोत्सव, शिवाजी उत्सव और दुर्गा पूजा उत्सव साम्प्रदायिक तनाव का बहाना बनते थे।

इसके बाद बीसवीं सदी के तीसरे दशक में बड़े पैमाने पर साम्प्रदायिक दंगे हुए। यह वह समय था, जब महात्मा गाँधी का असहयोग आंदोलन खत्म हो गया था और खिलाफत आंदोलन के प्रतिक्रियास्वरूप हिंदुओं और मुसलमानों दोनों के कट्टरवादी तत्व भड़क उठे थे। हिंदुओं के कट्टरवादी तत्व हिंदू महासभा और राष्ट्रीय स्वयंसेवक संघ जैसे संगठनों में एकजुट होने लगे थे। ब्रिटिश सरकार मौंटफोर्ड सुधारों को लागू करने के उद्देश्य से कांग्रेस के विरुद्ध इन तत्वों को शह देने लगी थी जिसके कारण कानून के शासन में काफी शिथिलता आ गयी थी।

इसके बाद हिंदुओं और मुसलमानों दोनों सम्प्रदायों के कट्टरवादी तत्त्व मजबूत होते गये। इसमें ब्रिटिश नीतियों का भी योगदान रहा। राष्ट्रीय स्वयंसेवक संघ में फासीवादी तरीकों से कोमल वय के बच्चों का 'ब्रेनवाश' किया जाने लगा और प्रतिक्रिया में मुसलमानों को भी उसी तरह तैयार किया जाने लगा। इसके बावजूद बड़े पैमाने पर साम्प्रदायिक दंगे नहीं हुए। इसके कई कारण थे। राष्ट्रीय आंदोलन की सबसे बड़ी संस्था कांग्रेस हिंदू-मुस्लिम एकता को महत्व दे रही थी। मुस्लिम सम्प्रदाय काफी शक्तिशाली था। वह ब्रिटिश सरकार का चहेता भी था। इसलिए हिंदुओं के साम्प्रदायिक तत्त्वों में उससे टकराने का साहस नहीं होता था। इसके अतिरिक्त कानून-व्यवस्था को बनाये रखना ब्रिटिश सरकार के लिए प्रतिष्ठा का प्रश्न भी बना हुआ था।

1940 के बाद जब मुस्लिम लीग की पाकिस्तान की माँग जोर पकड़ रही थी और भारत के कम्युनिस्टों, राजगोपालाचारी जैसे कांग्रेसी नेताओं तथा ब्रिटिश नौकरशाही की ओर से उसे समर्थन मिलने लगा था, तो हिंदुओं के कट्टर तत्वों में भीतर ही भीतर आग सुलग रही थी। किंतु युद्ध के कारण और 'भारत छोड़ो' आंदोलन के कारण सरकार का कानून एवं प्रशासन तंत्र काफी चौकस और चुस्त था, इसलिए साम्प्रदायिक भावनाओं को दंगों के रूप में बाहर आने का मौका नहीं मिला। किंतु जैसे ही युद्ध समाप्त हुआ ('भारत छोड़ो' आंदोलन पहले ही खत्म हो चुका था) और भूमिगत आंदोलन की व्यापकता तथा नौसेना विद्रोह से अंग्रेजों को लगने लगा कि उनकी स्थिति अब भारत में अनिश्चित हो गयी है तो ब्रिटिश प्रशासन तंत्र का मनोबल भी कमजोर हुआ और आजादी को निकट देख कर सांप्रदायिक तत्त्वों के भी हौसले बढ़े। अंतरिम सरकार, जो पूर्णतया पंगु सरकार थी, साम्प्रदायिक तत्त्वों के लिए बहुत अनुकूल थी। मुस्लिम लीग ने 'सीधी कार्रवाई' की घोषणा कर कलकत्ता में व्यापक दंगे शुरू कर दिये। हड़बड़ी में ब्रिटिश सरकार ने स्वाधीनता की घोषणा निश्चित समय से एक साल पहले कर दी। प्रशासन तंत्र की अफरातफरी का लाभ उठा कर दोनों ओर के साम्प्रदायिक तत्त्वों ने शोध-प्रतिशोध का जो भयानक सिलसिला शुरू किया, उसकी कहानी भलीभाँति विदित है। दंगों की आग में 5 लाख के करीब जानें गयीं और कई करोड़ लोग विस्थापित हुए।

स्मरणीय है कि उन दिनों, जब विभाजित देश के दोनों भाग साम्प्रदायिक आग में जल रहे थे, आबादी के बहुत बड़े भाग पर ही नहीं, कानून-व्यवस्था की रखवाली करनेवाली पुलिस और नौकरशाही पर भी साम्प्रदायिकता का रंग चढ़ गया था। सौभाग्य की बात थी कि हमारे देश के बड़े नेता (नेहरू, पटेल, मौलाना आजाद, राजेंद्र प्रसाद आदि) धर्मनिरपेक्षता के संस्कारों में रचे-बसे थे, जिसकी वजह से स्थिति पर जल्दी ही काबू पा लिया गया, हालाँकि उसके दाग अब भी बाकी हैं।

आजादी के बाद साम्प्रदायिक समस्या ने नया रूप ग्रहण किया। दो राष्ट्रों के सिद्धांत को मानते हुए विदेशी सत्ता ने साम्प्रदायिकता के आधार पर देश का विभाजन हम पर लादा था, किंतु भारत में मुसलमानों की आबादी अब भी कुल आबादी के 10 प्रतिशत के लगभग थी। इसमें अधिकतर निर्धन लोग थे और शिक्षित तथा समृद्ध लोगों के पाकिस्तान चले जाने के बाद वे नेतृत्वहीन थे। विभाजन के सदमे के कारण वे अपनी आवाज उठाने में सक्षम नहीं थे और अपनी सुरक्षा के लिए वे शासक दल (कांग्रेस) के मुखापेक्षी होने को बाध्य थे। कांग्रेस ने इनका वोट बैंक के रूप में इस्तेमाल करना शुरू किया। खिलाफत आंदोलन से ले कर ही मुसलमानों के धार्मिक नेताओं, मुल्ला-मौलवियों से कांग्रेस ने निकट

संबंध बना रखे थे। उसने इन धार्मिक नेताओं के माध्यम से इस वोट बैंक को अपने कब्जे में रखने का प्रयास किया और मुसलमानों में शिक्षा, उद्योग तथा स्वतंत्र नेतृत्व के विकास का विशेष प्रयत्न नहीं किया। धार्मिक नेताओं को संतुष्ट रखने की नीति को मुसलमानों के तुष्टीकरण के रूप में देखा जाने लगा।

उधर हिंदुओं के साम्प्रदायिक तत्त्वों ने जनसंघ के झंडे तले सत्ता के लिए होड़ शुरू की। मातृ संस्था राष्ट्रीय स्वयंसेवक संघ द्वारा नियंत्रित होने के कारण हिंदू राज के सपने को साकार करना और मुस्लिम आबादी को या तो देश से निकाल बाहर करना या उसका भारतीयकरण कर उसे पालतू बनाना इस पार्टी का प्रमुख ध्येय रहा। पहले तीन चुनावों में उसे विशेष सफलता नहीं मिली। किंतु उसके बाद गैरकांग्रेसवाद के आंदोलन में सभी विपक्षी दलों के साथ मिल कर काम करने से उसकी शक्ति भी बढ़ी तथा जनता की नजरों में उसे सम्मान भी मिला। विपक्ष की धर्मनिरपेक्ष धारा से जुड़ने के कारण उसकी कट्टरता भी कम हुई और उसमें उदार नेतृत्व उभरा। किंतु यह स्थिति ज्यादा देर नहीं रही। संयुक्त विधायक दलों की सरकारों के ताश के घर की तरह ढहने के बाद विपक्ष बिखर गया और जनसंघ अपनी पुरानी लाइन पर लौट आया। इंदिरा गाँधी के नेतृत्व में बाँग्लादेश का युद्ध जीतने के बाद कांग्रेस निरंकुश हो गयी। उसने आपात स्थिति लागू कर सभी विपक्षी नेताओं को जेलों में बंद कर दिया। एक बार पुनः विपक्षी दलों को जेल में मिल-बैठ कर सोचने और रणनीति बनाने का अवसर मिला, जिसका फल जनता पार्टी के रूप में सामने आया। जनता सरकार में जनसंघ धड़ा बहुत ताकतवर हो कर उभरा, तो उसकी आँखों के सामने एक बार फिर हिंदू राज का सपना लहराने लगा। उसने जनता पार्टी के छात्र-मजदूर संगठनों में अपने छात्र-मजदूर संगठनों का विलय करने से इन्कार कर दिया और दोहरी निष्ठा का सवाल उठानेवाले समाजवादियों के खिलाफ निंदा अभियान शुरू कर दिया। इससे पार्टी में फूट पड़ी, ढाई साल के शासन के बाद जनता सरकार टूट गयी तथा कांग्रस पुनः सत्ता में आ गयी। जनसंघ ने अब खुद ही दोहरी निष्ठा को गलती मान कर अपने को राष्ट्रीय स्वयंसेवक संघ की नीतियों पर चलनेवाली भारतीय जनता पार्टी बना लिया। इस तरह वह शुद्ध साम्प्रदायिक राजनीति के रास्ते पर चल पड़ी।

मुस्लिम सम्प्रदाय के प्रति कांग्रेस की नीतियों के फलस्वरूप इस सम्प्रदाय में आत्मविश्वास का निर्माण नहीं हुआ और वे धार्मिक मामलों में इतने संवेदनशील हो गये कि मामूली उकसावा मिलने पर भी उन्हें अस्तित्व का खतरा हो जाता था और उनकी भावनाएँ भड़क उठती थीं। उधर जनसंघ को संयुक्त विधायक दलों की सरकारों में सत्ता मिली तो नौकरशाही और पुलिस बलों में भी उनका प्रवेश हो गया और प्रचार माध्यमों में भी उनकी गहरी घुसपैठ हो गयी। यह प्रक्रिया

जनता पार्टी के शासन काल में पूरे वेग से चली, जब लालकृष्ण आडवाणी सूचना और प्रसारण मंत्री हुए। हिंदी जगत को मानसिक खुराक देनेवाले समाचारपत्रों पर तो लगभग पूर्ण रूप से साम्प्रदायिक सोच वालों का कब्जा हो गया। इन पत्रों ने अयोध्या का उन्माद पैदा करने और साम्प्रदायिक माहौल को बिगाड़ने में जो भूमिका अदा की, वह किसी से छिपी नहीं है।

किंतु सब कुछ के बावजूद अप्रैल, 1979 के जमशेदपुर दंगे तक बड़े पैमाने के दंगे नहीं हुए। मुहर्रम, होली, दुर्गा पूजा, गणेश पूजा आदि अवसरों पर जुलूसों और शोभा-यात्राओं के मार्ग को ले कर या और कारणों से साम्प्रदायिक झड़पें तो होती रहीं, किंतु स्थिति पर जल्दी काबू पा लिया जाता था। संभवतः इसका कारण था कि जनसंघ को गैरकांग्रेसी धर्मनिरपेक्ष दलों के साथ काम करना पड़ता था और परोक्ष रूप से उसकी साम्प्रदायिक प्रवृत्ति पर अंकुश लगा रहता था। कानून-व्यवस्था की हालत भी इतनी खराब नहीं थी, जितनी बाद में हुई। इसके अतिरिक्त इंदिरा गाँधी अल्पसंख्यकों के संरक्षण में अपना हित भी देखती थीं।

1977 में बनी जनता पार्टी की सरकार में विभिन्न गुटों में आपसी द्वंद्व थे, जिनकी वजह से राज्य तंत्र कमजोर हो रहा था। चरण सिंह और राजनायायण के भालोद धड़े के साथ मोरारजी देसाई और चंद्रशेखर धड़ों की प्रतिद्वंद्विता के कारण जनसंघ धड़े की सौदा-शक्ति बढ़ गयी थी, इसलिए उसके हौसले बुलंद थे। मोरारजी-चंद्रशेखर के साथ उनकी पटरी भी अच्छी बैठ रही थी। भालोद धड़े के तीन मुख्यमंत्रियों, कर्पूरी ठाकुर, रामनरेश यादव और देवीलाल के खिलाफ अभियान चलाये जाने के बाद जनसंघ धड़ा और निरंकुश हो गया, जिसका परिणाम था जमशेदपुर का दंगा, जो अब तक का सबसे भयानक दंगा था। अप्रैल 1979 के शुरू में राष्ट्रीय स्वयंसेवक संघ के सरसंघचालक बाला साहब देवरस ने जमशेदपुर के अपने दौरे में हिंदुओं का आह्वान किया और कहा, 'यह बहुत दुःख की बात है कि हिंदुओं को अपने ही देश में धार्मिक जुलूस नहीं निकालने दिये जाते और भारत में मस्जिदों की संख्या बढ़ती जा रही है, जबकि मुस्लिम देशों में मंदिर बनाने की इजाजत नहीं है।' दस दिन बाद रामनवमी के जुलूस को ले कर वहाँ भयानक दंगा हो गया। कर्पूरी ठाकुर सरकार में प्रशासन तंत्र को मजबूत करने और शहर के माफिया गिरोहों पर काबू रखने के लिए कुछ ईमानदार और कुशल अफसरों की वहाँ नियुक्ति हुई थी, जिनकी वजह से एक साल पहले यहाँ दंगा होते-होते बचा था। कर्पूरी ठाकुर की सरकार गिरने के बाद माफिया गिरोह और मुसलमानों की समृद्धि से जलनेवाला व्यापारी गिरोह (टिस्को कंपनी की वजह से मुसलमान यहाँ काफी अच्छी स्थिति में थे) अपनी भड़ास निकालने को आतुर हो उठे। राष्ट्रीय स्वयंसेवक संघ के विधायक दीनानाथ पांडे ने उन्हें अवसर उपलब्ध करा दिया।

हर साम्प्रदायिक दंगे की तरह इसमें भी पहले हिंदुओं ने मुसलमानों की भावनाओं को भड़काया, मुसलमानों ने आवेश में आ कर दंगे की शुरुआत की और फिर हिंदुओं ने पूर्व तैयारी के साथ उन पर हमला किया। मदद के लिए बुलायी गयी पुलिस ने भी दंगाइयों के साथ मिल कर मुसलमानों को मारा और उनके घरों को लूटा-फूंका। एक ऐंबुलेंस गाड़ी में कुछ बच्चों तथा औरतों को सुरक्षित स्थान पर ले जाया जा रहा था। उस ऐंबुलेंस को एक जगह ले जा कर आग लगा दी गयी और औरतों-बच्चों को भून दिया गया। दंगा करानेवालों ने ऐसा खेल खेला कि मुसलमान, हरिजन और आदिवासी, जो शोषित तबके माने जाते हैं, एक-दूसरे के विनाश का कारण बने, जबकि दंगा करानेवालों ने बिना हींग-फिटकरी लगे अपने मनसूबे पूरे कर लिये। जमशेदपुर का दंगा (आजाद भारत में) संभवत: पहला साम्प्रदायिक दंगा था, जिसमें सामूहिक हत्याएँ हुईं और जिसमें राज्य के अंग पुलिस बलों ने दंगों में सीधा हिस्सा लिया।

डॉ० राममनोहर लोहिया ने गैरकांग्रेसवाद के आंदोलन में जनसंघ को आमंत्रित करते समय संभवतः यह सोचा था कि साम्प्रदायिक रुझानवाले काफी बड़े मतदाता समूह की इस पार्टी को धर्मनिरपेक्ष राष्ट्रीय राजनीति में संस्कारित होने का मौका मिलेगा तो यह देश के लिए अंततः हितकर ही होगा। लेकिन जनसंघ ने संस्कारित होने से इन्कार कर दिया और संविद सरकारों और बाद में जनता सरकार में मिली सुविधाओं का उपयोग उसने अपने हिंदू राज के सपने को साकार करने में किया। सत्ता का यही उपयोग भारतीय जनता पार्टी ने 1990-93 में किया जब अपनी चार राज्य सरकारों की सारी शक्ति उसने 'डिमोलीशन स्क्वैड' भरती करने और नौकरशाही, शिक्षा तंत्र, पुलिस बलों में अपने आदमी तथा अपने 'आदर्श' भरने में लगायी। बच्चों की पाठ्यपुस्तकों के प्रदूषण का काम भी किया गया।

1980 के चुनावों में भारी पराजय के बाद जनसंघ ने अपने सारे मुखौटे उतार दिये और वह राष्ट्रीय स्वयंसेवक संघ के साथ अपने गर्भ-नाल संबंध की घोषणा कर भारतीय जनता पार्टी बन गयी। मीनाक्षीपुरम के सामूहिक धर्म-परिवर्तन से क्रुद्ध हो कर राष्ट्रीय स्वयंसेवक संघ ने विश्व हिंदू परिषद तथा अन्य संगठनों को सक्रिय किया। महाराष्ट्र में शिव सेना के बाल ठाकरे ने शिवाजी के अवतार के रूप में हिंदू पातसाही स्थापित करने का इरादा बनाया। आगे चल कर उत्तर भारत में बजरंग दल तथा उत्तरी शिव सेना के रूप में दो और मतांध हिंदू संगठन बने। लोहिया जिस बात से डर रहे थे, वही होने लगा था अर्थात हिंदुओं का बहुत बड़ा तबका साम्प्रदायिक रंग में रँगने लगा था।

1980 के चुनावों के बाद बनी इंदिरा गांधी की सरकार 'संजय-संस्कृति' के उदय के कारण ऐसी सरकार बनी, जिसकी छत्र-छाया में अपराधी तत्वों को राज-

नीति में संरक्षण एवं प्रवेश मिलने लगा। इससे सुव्यवस्थित राज्य का ढाँचा काफी कमजोर हुआ। यह साम्प्रदायिक दंगों के लिए अनुकूल स्थिति थी। अगस्त 1980 में मुरादाबाद के बरतन उद्योग से फलते-फूलते मुस्लिम परिवारों पर दंगे का कहर बरसा। ईद की नमाज के समय ईदगाह में एक सूअर के घुस आने से दंगा शुरू हुआ। सूअर को न रोकने का आरोप लगा कर मुसलमानों ने पुलिस पर अपना गुस्सा उतारना शुरू किया और जवाब में पुलिस ने नमाज के लिए एकत्रित बच्चों, बूढ़ों, जवानों की भीड़ पर अंधाधुंध गोलियाँ चला दीं। प्रधानमंत्री इंदिरा गाँधी को भी स्वीकार करना पड़ा कि प्रशासन तंत्र की हालत बिल्कुल खस्ता हो गयी है।

लेकिन कांग्रेस की नयी संस्कृति में प्रशासन तंत्र खस्ता ही नहीं हुआ था, वह पूरी तरह हृदयहीन भी बन गया था। विपक्ष ध्वस्त हो चुका था, प्रेस घमंडी और स्वेच्छाचारी हो गया था। जनता की भावनाओं के प्रति पूर्णतया संवेदनहीन इंदिरा सरकार मनमानी करने के लिए स्वच्छंद थी। इसी मानसिकता में इंदिरा सरकार ने असम की जनता की इच्छा के विरुद्ध उस पर चुनाव लाद दिया। बाँग्लादेश से आये लोगों को निष्कासित करने के लिए तीन साल से चल रहा अहिंसक आंदोलन अचानक हिंसक हो उठा और उसने असमी, हिल ट्राइबल्स, मुस्लिम, बाँग्लाभाषी समूहों को आपस में भिड़ा कर दिल दहलानेवाले नरसंहारों को जन्म दिया। नेल्ली, नौगांग आदि के रक्तपात ने पाशविकता और वीभत्सता के नये कीर्तिमान स्थापित किये। इन दंगों के संबंध में 'इंडिया टुडे' की रिपोर्ट में कहा गया कि इस रक्तपात से बचा जा सकता था, यदि सरकार राजनैतिक महत्त्वाकांक्षा से ऊपर उठ कर मानवतावादी दृष्टिकोण अपनाती।

वंश-राज की रक्षा से प्रेरित इंदिरा गाँधी अपने बेटे संजय गाँधी द्वारा जिस रास्ते पर धकेली जा रही थीं, उसका एक परिणाम हुआ पंजाब में भिंडराँवाले का उदय। महाराष्ट्र की कांग्रेसी सरकारों ने शिव सेना के बाल ठाकरे के रूप में जिस आसुरी शक्ति को पोषित किया, उसी क्रम में कांग्रेस ने भिंडराँवाले की शक्ति पैदा की। जब इस शक्ति ने प्रबल हो कर राज्य की शक्ति को चुनौती देना शुरू किया तो 'ऑपरेशन ब्लू स्टार' करना पड़ा। इससे उत्तेजित हो कर एक सिख ने इंदिरा गाँधी की हत्या कर दी और उसकी प्रतिक्रिया में दिल्ली तथा भारत के कई शहरों में जो सिख-विरोधी दंगे हुए, उन्होंने क्रूरता और पाशविकता के पिछले सारे रिकार्ड तोड़ दिये।

देश की सबसे बड़ी पार्टी 'कांग्रेस' पर, जो ढाई साल छोड़ आजादी की शेष अवधि में शासक पार्टी भी रही, सिख-विरोधी दंगों को भड़काने के आरोप लगे और विभिन्न जाँच दलों ने इसकी पुष्टि की तथा इसके कुछ नेताओं को अपराध में लिप्त भी पाया। माँ की मृत्यु के बाद राजतिलक से प्रधानमंत्री बने राजीव गाँधी

लगभग 30 घंटे तक निष्क्रिय रहे और फिर कहीं उन्होंने अमन बहाल करने के लिए सेनाओं को बुलाया। इस बीच हजारों जवानों, बूढ़ों, बच्चों, स्त्रियों की बहुत ही हृदय-विदारक स्थितियों में हत्या हुई। प्रतिशोध की ज्वाला आठ साल से जल रही है और आज भी नहीं बुझी है।

यदि कांग्रेस जैसी धर्मनिरपेक्ष परंपरा वाली साम्प्रदायिक जुनून में बह सकती है तो हिंदूवादी संगठनों को कौन रोक सकता था! मीनाक्षीपुरम के धर्म परिवर्तनों के बाद विश्व हिंदू परिषद ने देश-विदेश से भारी मात्रा में धन उगाह कर हिंदू मंदिरों के जीर्णोद्धार का जो काम शुरू किया, उसकी परिणति अयोध्या में पाँच सौ साल पुरानी बाबरी मस्जिद को गिराने में हुई। इस पूरी प्रक्रिया में सारे देश के माहौल को विषाक्त बनाया गया। अयोध्या में कांग्रेस की पहल से बाबरी मस्जिद का ताला खुलने की खुशी में हुए साम्प्रदायिक दंगे, मेरठ के हाशिमपुरा और मलियाना में पुलिस बलों द्वारा थोक में मुस्लिम नौजवानों का अपहरण, हत्या और हिंडन नदी में शव-प्रवाह, राम मंदिर के नाम पर देश भर में दंगों को भड़काती रथ-कलश-अस्थि यात्राएँ और अंत में बाबरी मस्जिद के ध्वंस के बाद अनेक शहरों में हुए दंगे, जिनका अत्यंत वीभत्स रूप बंबई, सूरत, अहमदाबाद और भोपाल में देखा गया—यह सारी बहुत शर्मनाक कहानी है जो आनेवाली पीढ़ियों को न जाने कब तक लज्जित करती रहेगी। क्या आश्चर्य कि दंगों का शिकार बने परिवारों के कुछ नौजवान अपराधी तत्वों के हाथ खेल गये और कुछ ही घंटों में सैकड़ों लोगों की जान लेने, हजारों को विकलांग बनाने तथा करोड़ों रुपये की सम्पत्ति नष्ट करनेवाले बंबई के बम विस्फोटों में सहायक हुए।

ध्यान में रखने की बात है कि साम्प्रदायिक शक्तियों का यह नंगा नाच पी० वी० नरसिंह राव की सरकार की देख-रेख में राज्य के पूर्णतया अपाहिज बन जाने की स्थिति में हुआ। साम्प्रदायिक संगठन और उनकी सरकारें सर्वोच्च न्यायालय में झूठे शपथ पत्र दे कर उसके आदेशों का तिरस्कारपूर्वक उल्लंघन करती रहीं। भाजपा की चार प्रदेश सरकारें संविधान का मखौल उड़ाते हुए बाबरी मस्जिद के ध्वंस के लिए भीड़, धन और साधन जुटाती रहीं। शिव सेना बंबई के प्रत्येक परिवार से मराठी की चौथ (रक्षा शुल्क) वसूल करती रही और भाजपा/विहिप के लोग भी घर-घर से राम मंदिर के चंदे के रूप में टैक्स वसूल करते रहे तथा न देनेवालों के नाम 'हिट लिस्ट' में लिखते रहे। लेकिन पी० वी० नरसिंह राव की सरकार चुपचाप राज्य की शक्ति और मर्यादा की हत्या देखती रही।

एम० जे० अकबर की पुस्तक 'रॉयट आफ्टर रॉयट' की भूमिका में खुशवंत सिंह ने लिखा है कि दंगे हमारे जीवन का अंग-सा बन गये हैं। हिंदू बनाम मुसलमान, हिंदू बनाम ईसाई, हिंदू बनाम सिख, उच्च जातियाँ बनाम निम्न जातियाँ, ईसाई बनाम बौद्ध, हिल ट्राइबल बनाम मैदानी ट्राइबल आदि विभिन्न प्रकार के दंगों

का कारण आर्थिक है। धार्मिक, भाषाई, नस्लीय-जातीय आदि भेद दंगों के लिए बहाने और प्रेरक तत्त्व के रूप में काम करते हैं। उनकी बात से सहमत होते हुए यह जोड़ा जा सकता है कि इन विभिन्न प्रकार के दंगों को मूल प्रेरणा मिलती है राज्य की संस्था के कमजोर होने से। अगर राज्य तंत्र मजबूत, ईमानदार और भ्रष्टाचार से मुक्त होगा तथा राजनेताओं में स्वार्थ से ऊपर उठने तथा संकल्प-शक्ति का प्रयोग करने की क्षमता होगी, तो दंगे हो ही नहीं सकते।

विभाजन की विरासत

अरविन्द मोहन

कहते हैं कि पाकिस्तान की प्रसिद्ध गायिका रेशमा जब पहली बार भारत आयी थीं तो तत्कालीन प्रधानमंत्री इंदिरा गांधी से मिलने गयीं। बातचीत के क्रम में इंदिरा जी ने उनसे कहा कि मेरे लायक कोई काम हो तो बताना। तपाक से रेशमा ने कहा, 'मैडम, आप जरा बॉर्डर उठवा दीजिए। हम लोग तो उस पार चले गए, पर हमारे पीर बाबा इस पार हैं। फौजी हमें उनकी मजार पर आने ही नहीं देते। हम गाना गायें और पीर बाबा को न सुनायें, तो गाने का क्या फायदा !'

हम जानते हैं कि रेशमा एक घुमंतू कबीले से सम्बन्धित हैं। दुनिया के इतिहास में या वर्तमान में भी ऐसे कबीलों की कमी नहीं है। बल्कि पर्यावरण और मानव सभ्यता के विकास के आधुनिक अध्येताओं का तो मानना है कि प्राकृतिक संसाधनों को व्यवस्थित और सुचारु रखने में इस तरह की जीवन पद्धति सहायक ही है। संभव है कि हिन्दुस्तान-पाकिस्तान के विभाजन के समय सिर्फ रेशमा का कबीला ही नहीं, अनेक घुमंतू कबीले सीमा के इस या उस पार घिर गये होंगे। कुछ के इष्टदेव भी इस बँटवारे के चक्कर में आ कर उनसे दूर हो गये हैं।

देश का बँटवारा हिन्दुस्तान के अब तक के ज्ञात इतिहास की शायद सबसे बड़ी घटना है। इतनी बड़ी और इतने लोगों के जीवन को प्रभावित करनेवाली कि देश की आजादी भी आज इ..क आगे छोटी घटना लगती है। भारत के स्वतंत्रता संग्राम और विश्व के उस दौर के घटनाक्रम को देख कर लगता है कि देश की आजादी को अंग्रेज बहुत देर तक टाल नहीं सकते थे। पर विभाजन टल सकता था। लेकिन आजादी की बेचैनी और फिर कुछ नेताओं द्वारा गद्दी पाने की अकुलाहट ने विभाजन करा ही दिया।

इतिहास में राजनैतिक रूप से बिखरे रह कर भी सांस्कृतिक, धार्मिक और सामाजिक रूप से एक रहे हिन्दुस्तान का यह विभाजन एकदम ही अजीब चीज को आधार मान कर किया गया। मजहब के आधार पर देश नहीं बँटते हैं। अपने यहाँ यही हुआ। करोड़ों लोगों का जीवन तबाह हुआ। लोग कटे-मरे, अपनी जमीन से

उखड़े। राज्य बदलने या बँटने से आबादी का इतने बड़े पैमाने पर तथा सिर्फ एक आधार (मजहब) पर स्थानांतरण कभी नहीं हुआ था।

विडंबना यह है कि जिन कारणों से विभाजन हुआ था, वे आज भी मौजूद हैं। सांप्रदायिक विवाद आज हिन्दुस्तान के तीनों टुकड़ों में मौजूद हैं। जनसंख्या की अदला-बदली के बावजूद भारत में मुसलमानों और पाकिस्तान-बाँग्लादेश में हिन्दुओं की संख्या इतनी ज्यादा है कि मजहब के आधार पर विवाद सुलझाने के लिए जाने कितने और विभाजन करने पड़ेंगे। 1971 में पाकिस्तान के टूटने के बाद यह बिलकुल स्पष्ट हो गया कि मजहब के आधार पर विभाजन गलत था। उसके बाद पाकिस्तान और बाँग्लादेश के इतिहास से यह भी साफ दीखता है कि मजहब और सेना का तालमेल क्या कुछ करता रहा है।

इस सबके बावजूद सच्चाई यही है कि विभाजन के बाद से अब तक भारत और पाकिस्तान के बीच तीन बार लड़ाई हो चुकी है। बाँग्लादेश के जन्म में भारत ने बड़ी भूमिका निभायी, पर वह भी हमारा बैरी ही बना हुआ है। अपने सबसे पड़ोस के इन तीनों देशों में आपसी व्यापारिक और आर्थिक सम्बन्ध प्राय: शून्य है। धार्मिक यात्रियों और अवैध घुसपैठियों का हिसाब अलग रखें तो एक-दूसरे के यहाँ लोगों का आना-जाना न्यूनतम है। दरिद्रता के बावजूद तीनों देश एक-दूसरे से हिफाजत के नाम पर सेना का खर्च अंधाधुंध बढ़ाते जा रहे हैं।

गाँधी जब विभाजन के लिए राजी हुए थे, तब उनके मन में यह दृढ़ निश्चय था कि यह चीज अस्थायी है और आजादी के बाद अंग्रेजों के हटने पर वे गर्भनाल-वाले पुराने रिश्ते के आधार पर एकता ला सकेंगे। दुर्भाग्य से ऐसा नहीं हुआ। बाद में जब डॉ० लोहिया ने भारत-पाक महासंघ की बात की तो उनके मन में भी यह बात थी कि ऐतिहासिक एकता का एहसास अंततः एकीकरण का रास्ता खोलेगा। पर यह प्रयास भी आगे नहीं बढ़ा।

अगर गाँधी जी जिंदा होते और अपनी घोषणा के अनुसार बिना वीसा-पासपोर्ट के पाकिस्तान गये होते तो घटनाएँ क्या रूप लेतीं, कहा नहीं जा सकता। लेकिन लोहिया के समय तक ही स्थितियों ने काफी अजीब मोड़ ले लिया था। दो जंग हो गये थे। पाकिस्तान में शासन की बागडोर सेना के हाथ में आ गयी थी और भारत तथा पाकिस्तान दोनों का वजूद एक-दूसरे की राजनीति में काफी प्रभावी ढंग से 'इस्तेमाल' किया जाने लगा था। बाँग्लादेश बनने के बाद गुत्थी सुलझने के बजाय और उलझ गयी तथा एक नया कोण और जुड़ गया।

पाकिस्तान के शासकों और राजनेताओं के लिए भारत एक ऐसा उपयोगी 'भूत' बन गया जिसे जब-तब दिखा कर या जिसका खतरा बता कर वे जनता को बुद्धू बनाते रहे हैं। लोग शासकों की विफलताओं को भूल जायें, असल मुद्दों को भूल जायें या भारत से दोस्ती की कोशिश करनेवाले शासक को हटा दें, यह

प्रयास सदा होता है। भारत के नाम पर होनेवाली इसी राजनीति के चलते पाकिस्तान या बाँग्लादेश का कोई प्रमुख व्यक्ति, पार्टी या सरकार कभी भी खुल कर भारत से मैत्री की बात नहीं चला पाते। इस चपेट में आसिफ इकबाल जैसे क्रिकेटर, गुलाम अली और मेंहदी हसन जैसे गायक भी आ जाते हैं जिनका भारत के पक्ष में दिया एकाध बयान भी काफी बड़े हल्ला-हंगामे का कारण बन जाता है। फिर भारत-पाक रिश्तों पर सोवियत-अमेरिकी शीत युद्ध के असर को भी नहीं भुलाया जा सकता।

भारत बड़ा है, ताकतवर है, राजनैतिक-आर्थिक रूप से खतरा बन सकता है। इसलिए कुछ ईर्ष्या, कुछ भय और कुछ राजनैतिक स्वार्थ के चलते उसका भय दिखाने की बात तो समझ में आती है। लेकिन विडंबना यह है कि भारत की राजनीति में भी पाकिस्तान और बाँग्लादेश के वजूद का इस्तेमाल लगातार किया जाता रहा है। पाकिस्तान को धुन कर वाहवाही पाने के साथ ही उसका भय दिखा कर राजनैतिक रोटियाँ सेंकने की राजनीति चलती रही है। जिन लोगों को पाकिस्तान-बाँग्लादेश से एक-एक इंच जमीन के विवाद की याद रहती है, उन्हें यह बात कभी याद नहीं आती कि चीन हमारी लाखों वर्ग किलोमीटर जमीन दबाये बैठा है।

अपने यहाँ की राजनीति में चीनवाली बात को भुला कर बार-बार पाकिस्तान और बाँग्लादेश का नाम लेने का एक एकदम ही अलग अर्थ है। यह इन दो देशों की राजनीति में भारत के नाम के इस्तेमाल से भी अलग है। भारत अभी तक लोकतांत्रिक और धर्मनिरपेक्ष देश बना हुआ है और लोकतंत्र के शक्ति संतुलन में समाज का छोटे से छोटा समूह भी उपेक्षित नहीं रह पाता। वोटों का हिसाब जरा-सा पलटने से राजनीति के समीकरण गड़बड़ा जाते हैं और भारत में मुसलमानों की आबादी तो वोट का समीकरण बनाने-बिगाड़ने के लिहाज से काफी है।

सो शुरू से हिन्दुस्तानी मुसलमान समाज में बराबरी का भागीदार होने की जगह 'वोट' भर रह गया है। कांग्रेस ने उसका इसी रूप में इस्तेमाल किया। उसके अपने नेतृत्व ने उसके नाम पर बड़े-बड़े पद पा लिये, खुद को समाज के अगुआ जगत में शामिल कर लिया, पर आम मुसलमान मात्र वोट भर रह गया। गाँधी की हत्या करने के बाद खुद ही स्तंभित रह जानेवाला कठमुल्ला हिन्दूवाद शुरू में तो कुछ भी बोल पाने की स्थिति में नहीं था, पर धीरे-धीरे उसकी जुबान खुलने लगी। उधर मुसलमान वोट के कुछ ज्यादा बड़े ठेकेदार जुट गये। इससे भी हिन्दूवादी लोगों को मौका मिल गया।

इससे अजीब बात क्या हो सकती है कि देश के बहुसंख्यक समुदाय को एक अल्पसंख्यक समुदाय का डर दिखाया जाये और इस बात को मान्यता भी मिलने लगे। असल में हिन्दू कट्टरपंथियों द्वारा दिखाये जानेवाले डर में एक विशेष चीज

शामिल कर ली जाती है जिससे उनका डर वास्तविक लगने लगता है। ये लोग कभी भी हिन्दुस्तानी मुसलमानों को स्वतंत्र नहीं बताते, वे उन्हें पाकिस्तान और बाँग्लादेश से जोड़ कर बताते हैं। सो जनसख्या में कमीवाला पहलू बहुत हद तक दब जाता है। इससे भी बड़ी बात यह होती है कि देश के दोनों तरफ खड़े दो देशों का भय भी शामिल हो जाता है। मुसलमान होने भर से देश की आबादी के एक हिस्से को पाकिस्तानपरस्त बता दिया जाता है। उस पर पाकिस्तान भक्ति का आरोप भी चस्पाँ कर दिया जाता है। पाकिस्तान के दो टुकड़े होने के पहले तक मजहब के आधार पर बँटवारे के प्रति शायद भारतीय मुसलमानों के एक वर्ग के मन में थोड़ी सहानुभूति थी, पर बाँग्लादेश की आजादी ने इस बँटवारे की व्यर्थता साबित कर दी।

मुसलमानों पर पाकिस्तानी टीमों का समर्थक होने, पाक रेडियो सुनने और पाकिस्तान की जासूसी करने के आरोप लगाये जाते हैं। इनमें से अधिकांश चीजें गलत हैं। पाक कलाकारों या खिलाड़ियों का प्रशंसक होना पाक भक्ति नहीं है। इमरान खाँ का ऐक्शन, उसकी दिलेरी, उसकी खूबसूरती पर सिर्फ हिन्दुस्तान ही क्यों, दुनिया भर में हजारों लोग लट्टू होंगे। मेंहदी हसन, गुलाम अली, नूरजहाँ और रेशमा के गीतों के प्रेमी हिन्दुओं में भी कम नहीं होंगे। लेकिन जब भारत और पाकिस्तान की टीमों का मुकाबला हो तो पाक टीम का हौसला बढ़ाना देश-भक्ति नहीं गिना जायेगा। और, ऐसे मामले भी देखने में आये हैं।

पाकिस्तान के साथ राजनैतिक और सैनिक दुश्मनी के बावजूद हमारे कई ऐसे रिश्ते हैं जिन्हें आसानी से समाप्त नहीं किया जा सकता। पूरे देश से ही ऐसा रिश्ता है। लाख झगड़ों और अब की जानेवाली मनमानी नयी व्याख्याओं के बावजूद हमारा बहुत कुछ साझा है। मुसलमानों के साथ रिश्ते का एक और पहलू भी मेल खाता है। पाकिस्तान जानेवालों में ऐसे अनेक लोग हैं जिनके सारे रिश्तेदार यहाँ हैं और 45 साल का समय इन रिश्तों के समाप्त होने के लिए पर्याप्त नहीं है। जंग से आवाजाही रुक जाती है, पर मन तो नहीं टूटता।

और फिर विभाजन की त्रासदी भी अभी कहाँ पूरी हुई है। पाकिस्तान जाने के उत्साह में बिहार-उत्तर प्रदेश से चले उर्दू भाषी लोग बंगाल वाले हिस्से में गये थे। वे आज भी 'असली' पाकिस्तान जाने को बेताब हैं। काफी लोग वहाँ गये भी हैं। कष्ट सह रहे हैं। पर बाँग्लादेश से पाकिस्तान जाने की तमन्ना ले कर जीने-मरनेवाले बिहारी मुसलमानों की संख्या अभी भी लाखों में है। कई तो पाकिस्तान जाने के लिए सीमा पार कर भारत आ गये हैं। पर पाकिस्तान नहीं पहुँच सके हैं।

लेकिन बाँग्लादेश की सीमा पार कर भारत में आनेवाले लोग सिर्फ ये बिहारी ही नहीं हैं। इनमें वहाँ की गरीबी, भुखमरी से तंग आनेवाले बेहतर जीवन की तलाश में निकले तथा हिन्दू लोग भी हैं। इनकी संख्या अगर भाजपा के

बताये अनुसार दो-ढाई करोड़ तक नहीं भी पहुँची हो तो करोड़ लोगों के आसपास जरूर होगी। यह क्रम काफी समय से चल रहा है। असम में तो असमिया लोगों के ही अल्पसंख्यक बन जाने का खतरा हो गया था। इसी डर से चले 'आसू' के आंदोलन ने असम की राजनीति में तो बदलाव ला दिया, लेकिन अवैध घुसपैठ की समस्या खत्म नहीं हुई।

जिस तरह 'आसू' के आन्दोलन ने असम में कांग्रेस की जगह नौजवानों को सत्ता दिला दी, कुछ उसी तरह की उम्मीद के साथ भारतीय जनता पार्टी ने भी देश भर में हो रही बाँग्लादेशी घुसपैठ के मुद्दे को उठाने की शुरुआत की है। कभी दिल्ली में मार्च आयोजित होता है तो कभी कटिहार (बिहार) में पार्टी बड़ा आंदोलन छेड़ने की धमकी देती है। भाजपा के स्वार्थ साफ हैं। वह घुसपैठ के बहाने मुसलमानों का डर बड़ा करके दिखा कर हिन्दुओं को ज्यादा एकजुट करना चाहती है। पर यहाँ भी कांग्रेस अजीब खेल खेल रही है। उसके लोग इन घुसपैठियों को राशन कार्ड दिलाने, वोटर बनवाने में लगे हैं। यहाँ एक बार फिर मुसलमान (इस बार विदेशी) उसके लिए सिर्फ वोट बन कर रह गये हैं।

भाजपा की मंशा गलत है। वह बाँग्लादेश से घुसपैठ करनेवाले हिन्दुओं का सवाल कभी नहीं उठाती। संख्या के मामले में झूठ बोलती है। घुसपैठियों के बहाने मुस्लिम द्वेष फैला रही है। उसका स्वार्थ इन घुसपैठियों को भगाने में नहीं, इस मुद्दे को बनाये रखने में है। अगर दिल्ली में बाँग्लादेशी घुसपैठिये नहीं रहें तो मदनलाल खुराना डुंकेल प्रस्ताव के सवाल को नहीं उठायेंगे, वे कहीं से भी खोज कर दो-चार बाँग्लादेशी लायेंगे ही।

और बाँग्लादेश की जो हालत है, उसमें उन्हें निराश नहीं होना पड़ेगा। आर्थिक बदहाली और लगातार बाढ़ से परेशान लोगों का रेला आता ही रहेगा। धर्म का अंतर या सीमा की बाधा ऐसे लोगों के लिए बहुत मुश्किल नहीं है। पहले भी आबादी का ऐसा स्थानांतरण होता रहता है। अपने देश के अंदर भी ऐसा स्थानांतरण होता रहता है। पर बाँग्लादेश से हो रहे ऐसे स्थानांतरण या घुसपैठ को हम इसी श्रेणी में नहीं रख सकते। यह घुसपैठ एक मानवीय समस्या भर नहीं है। हम बहुत निर्दयी न भी बनें तो हमें इस बात को भूलना नहीं चाहिए कि भारत और बाँग्लादेश दो देश हैं। 45 वर्षों से ज्यादा समय से इनका स्वतंत्र अस्तित्व है। इस बीच काफी कुछ हो चुका है। पाकिस्तान या बाँग्लादेश ने ऐसा कोई बरताव नहीं किया है जिससे आबादी के इतने बड़े हिस्से के स्थानांतरण की खुली इजाजत (सरकारी या नैतिक) दी जाये।

सो सरकार को घुसपैठ रोकने की अपनी जिम्मेवारी निभानी ही होगी। अब तक बरती गई ढील के प्रायश्चित के तौर पर जो भी कदम उठाने जरूरी हों, वे उठाये जाने चाहिए। शायद सबसे पहला काम तो इन घुसपैठियों की ठीक-ठीक

पहचान स्थापित करने की है। इनका रिकॉर्ड तो रहना ही चाहिए। वरना आज स्थिति यह है कि एक मंत्री कुछ संख्या बताता है, दूसरा कुछ और। पहचान स्थापित करने के बाद इनकी वापसी की व्यवस्था भी करनी चाहिए। जब तक वापसी नहीं होती, इन्हें शरणार्थी मानते हुए राष्ट्र संघ जैसी संस्थाओं से इनके लिए मदद माँगनी चाहिए। प्राकृतिक आपदा से भागनेवालों को ऐसी मदद मिलती है। इस काम में ज्यादा देर से मामला उलझेगा ही। बसनेवाले लोग अन्य मामलों में भी हाथ-पाँव पसारने लगते हैं। कुछ ऐसे मामले भी सामने आये हैं। लेकिन अभी बहुत देर नहीं हुई है।

देर का मतलब एक पार्टी के लिए वोट बैंक का पक्का होना है तो दूसरे के लिए सांप्रदायिक ध्रुवीकरण कराने का बहाना। इसमें भारतीय समाज का आम नुकसान है तो हिन्दुस्तानी मुसलमानों का खास नुकसान। उनके साथ पाकिस्तान और बाँग्लादेश समर्थक होने का पुछल्ला जबरन जोड़ कर उसके अनेक लाभ लिये जाते रहेंगे।

समान नागरिक संहिता का सवाल

अरुण कुमार त्रिपाठी

कभी प्रगतिशीलता का प्रतीक समझी जानेवाली समान नागरिक संहिता की माँग आज एक साम्प्रदायिक औजार बन गयी है। इसे सबसे मुखर तरीके से उठानेवालों का मकसद अल्पसंख्यकों को चिढ़ाना और उनके मन में धर्म परिवर्तन की दहशत पैदा करना रह गया है। नफरत और हिंसा के इस माहौल में अल्पसंख्यकों ने खिड़की-दरवाजे बन्द कर लिए हैं। उनका कहना है कि कर्फ्यू के दौरान समाज सुधार नहीं किया जाता, बल्कि राशन-पानी इकट्ठा कर अपनी जान बचायी जाती है। दूसरी तरफ समाज के प्रगतिशील संगठनों, पार्टियों और नागरिकों ने इस माँग को करीब-करीब छोड़ दिया है। कुछ लोगों का यह तर्क है कि ऐसे वक्त में यह माँग उलटे परिणाम पैदा करेगी और माँग उठानेवाले समाज से कट जायेंगे। इसके अलावा ऐसे भी लोग हैं जिनका कहना है कि इस माँग के पीछे केन्द्रीकरण की अधिनायकवादी मानसिकता है, क्योंकि धार्मिक और सांस्कृतिक विभिन्नतावाले इस देश में कई निजी विधियों का अस्तित्व संघवाद के अनुरूप है।

इन स्थितियों में इन सवालों का उठना स्वाभाविक ही है कि समान नागरिक संहिता किसलिए? क्या यह व्यावहारिक है? इससे देश में एकता बढ़ेगी या टकराव? क्या यह निहायत जरूरी है? क्या कई निजी विधियों के रहते हुए भी समाज के हर तबके को सम्यक न्याय देने की व्यवस्था की जा सकती है? ये सारे यक्ष प्रश्न हैं। उनका उचित जवाब दिये बिना समान नागरिक संहिता के सरोवर का जल नहीं ग्रहण किया जा सकता।

संविधान के अनुच्छेद 44 में जब यह दर्ज किया गया था कि राज्य पूरे देश के लिए समान नागरिक संहिता बनाने की कोशिश करेगा तो राज्य के सामने एक धर्मनिरपेक्ष व समाजवादी समाज का लक्ष्य था। बल्कि संविधान के जिस हिस्से में यह अनुच्छेद है, उसका मकसद ही राज्य के सामने आधुनिक व समतामूलक आदर्श रखना है। लेकिन धीरे-धीरे वे आदर्श धूमिल होते गए। बदलते अन्तर्रा-

ष्ट्रीय हालात, समाजवाद के पतन और धर्मनिरपेक्षता को धक्किया दिये जाने के बाद समतामूलक समाज के निर्माण का सपना बिखर गया। नयी-नयी टेक्नोलॉजी के आगमन के बावजूद वैज्ञानिक सोच विकसित नहीं हो सका। सबसे ज्यादा हैरत इस बात पर है कि जिस अल्पसंख्यक समाज ने अपने निजी विधि में कई अतिक्रमणों पर उफ तक नहीं किया, वह एक बूढ़ी औरत को गुजारा भत्ता देने पर बौखला उठा। शाह बानो विवाद से सिर्फ मुस्लिम समाज की कट्टरता का पता नहीं चलता, बल्कि यह भी पता चलता है कि हमारी पिछली 40 साल की राजनीति ने उदारता की संचित पूंजी भी गँवा दी है। अब यह तय करने का कोई मतलब नहीं रहा कि किस समाज की कट्टरता और साम्प्रदायिकता से कौन समाज संक्रमित हुआ। दोनों तरह की साम्प्रदायिकता एक-दूसरे की पूरक होती हैं। किसी भी बहु-धार्मिक समाज में बहुत दिनों तक यह संभव नहीं होता कि एक समुदाय उदार और तरक्की-पसन्द बना रहे और दूसरा समाज कट्टरपंथी और साम्प्रदायिक। आखिरकार एक धारा को झुकना ही पड़ता है। इतिहास पलट कर देखिए तो जब हिन्दू समाज में सुधार आन्दोलन चले होंगे तो मुस्लिम समाज भी कहीं न कहीं अपने भीतर बराबरी और बेहतरी लाने के लिए छटपटाया होगा। स्वतंत्रता संग्राम के दौरान जब देश में गाँधी के नेतृत्व में छुआछूत और दूसरी सामाजिक बुराइयों के खिलाफ संघर्ष चल रहा था तो मुस्लिम समाज में कायदे-आजम जैसे लोग भी सुधार की पहल कर रहे थे। जिन्ना के प्रयासों के फलस्वरूप ही 1939 में मुस्लिम विवाह समापन अधिनियम पास हुआ था, जिसमें तलाक कानून को पत्नियों के लिए पहले के मुकाबले ज्यादा न्यायसंगत बनाया गया था। देशकाल के अनुरूप गति का अन्तर भले हो, पर एक दौर में समाज की दिशा एक ही होगी। बल्कि अगर कहा जाये कि पूरा मानव समाज एक दिशा में बढ़ता है तो अतिशयोक्ति नहीं होगी। इसलिए जातीय और धार्मिक पुनरुत्थान के इस दौर में नास्तिकता व भौतिकवादी दर्शनवाले कम्युनिस्टों द्वारा कबीर की खजड़ी बजाना युग के अनुरूप ही है। भाजपा का उदय तो हिन्दू समाज के इतिहास पर कलंक है ही, लेकिन बाकी राजनैतिक दलों की जो वैचारिक स्थिति है वह भी राजनैतिक दर्शन के इतिहास के माथे की कलँगी नहीं है। कोई दस कदम आगे तो कोई दस कदम पीछे। गौर से देखें तो पूरे समाज की दिशा एक है।

6 दिसम्बर को अयोध्या में जो घटना हुई, उसके बाद तो समान नागरिक संहिता वगैरह की बात पृष्ठभूमि में चली गयी है। धर्मनिरपेक्ष समाज का सपना तो छोड़िए, सर्व धर्म समभाववाला समाज ही बनाये रख सकें तो बड़ी बात होगी। लेकिन उससे भी चिन्ताजनक बात यह है कि समान नागरिक संहिता की माँग अब भाजपा ने उठा ली है, जिसका उद्देश्य मुस्लिम समाज में सुधार नहीं, बल्कि उसे चिढ़ाना भर है। वरना हमीदन के फैसले का मुरली मनोहर जोशी क्यों

स्वागत करते हैं? उनका मुस्लिम समुदाय तो क्या, हिन्दू समाज के भी किसी सुधारवादी आन्दोलन से कोई नाता नहीं है। न ही वे नारी अधिकारों के हिमायती रहे हैं। ऐसी स्थिति में मुस्लिम समुदाय को चिढ़ाने और नीचा दिखाने के अलावा उनका और कौन सा उद्देश्य हो सकता है?

हमें पहले इस बात पर विचार करना चाहिए कि समान नागरिक संहिता की जरूरत क्यों महसूस की गयी थी। इसकी जरूरत इसलिए नहीं महसूस की गयी थी कि सारा देश एक ही तरह से उठे-बैठे, एक ही तरह के कपड़े पहने, एक ही ढंग से शादी करे और एक ही ढंग से अपने परिवार का पालन-पोशण करे। संविधान निर्माताओं और हमारे स्वतंत्रता संग्राम के नेताओं की यह कल्पना कतई नहीं थी कि पूरा समाज एक यूनिफॉर्म में कदमताल करे। न ही संविधान का अनुच्छेद 14 कहीं पर यह कहता है कि पूरे देश में सबके लिए एक ही कानून होगा। यह इसकी भोंडी व्याख्या है। दरअसल, समान नागरिक संहिता का लक्ष्य विभिन्न संप्रदायों में उठनेवाले सुधार आदोलनों की उपलब्धियों को एक समझौते का रूप देना था। स्वाधीनतासंघर्ष की समतावादी लहर पर सवार संविधान निर्माताओं को विश्वास था कि हर संप्रदाय के भीतर से स्त्री-पुरुषों की बराबरी के लिए अन्यायपूर्ण सामाजिक संस्थाओं को खत्म करने की खातिर सुधारवादी आन्दोलन निकलेंगे और उनकी उपलब्धियों का स्मारक बनाने के लिए समान नागरिक संहिता की जरूरत पड़ेगी। जब तक समाज में किसी न किसी स्तर पर सुधारवादी आंदोलन चलते रहे, तब तक यह उम्मीद बनी रही। लेकिन धीरे-धीरे इस व्यवस्था में व्यापक समाज के लिए विकास की संभावनाएँ समाप्त हो गयीं। जो कुछ बचा था, वह चंद लोगों के लिए। नतीजतन व्यापक समाज आर्थिक व राजनैतिक आधार पर संव्यवहार करने के बजाय सांप्रदायकिता व जातीय आचरण में लग गया। एक संप्रदाय को अपने पिछड़ेपन और गरीबी की वजह दूसरे संप्रदाय में दिखने लगी। आँखों पर भावना का ऐसा पर्दा चढ़ा कि झूठ और अतार्किक बातें सत्य का शिलालेख बन गयीं और आगे बढ़ने के बजाय पीछे चलने की होड़ मच गयी। कई तरह के मिथक बन गये और उसके चलते लोग अपनी उपलब्धियों को भी भूल गये। यह बात बहु प्रचारित है कि मुस्लिम समाज अपने निजी कानून में रत्ती भर सुधार बर्दाश्त करने को तैयार नहीं है। मुसलमानों के चार शादियों के अधिकार पर बहुत विरोध है और ज्यादातर लोग तो इसे एक अखंड अधिकार मानते हैं। लेकिन इस बात की चर्चा ही नहीं होती कि सरकारी कर्मचारी दो शादियाँ नहीं कर सकता। यह मुस्लिम निजी विधि के भीतर महत्वपूर्ण सेंध है और यह सुखद स्थिति ही है कि मुस्लिम समाज की तरफ से इसका कोई विरोध नहीं है। लेकिन इससे मुसलमानों में महिलाओं की अपमानजनक स्थिति समाप्त नहीं हो जाती। बहुविवाह प्रथा सामाजिक स्तर पर भले ही अव्यावहारिक हो, लेकिन कानूनी स्तर पर प्रगतिशीलता को मुँह चिढ़ाने के लिए

बैठी हुई है। इसी तरह निकाह से लेकर गुजारा, उत्तराधिकार व तलाक वगैरह किसी भी मोर्चे पर मुसलमानों में औरतों को बराबरी का हक नहीं है। दरअसल, मुसलमानों और ईसाइयों (भारतीय) की निजी विधियों पर सबसे बड़ा आरोप महिलाओं को हेय बनाये रखने का ही है और उन विधियों में संशोधन की माँग स्त्री-पुरुष सम्बन्धों के पुनर्विचार की माँग है।

यह महज संयोग नहीं है कि मुसलमानों और ईसाइयों की निजी विधियों का विरोध शाह बानो, शहनाज शेख, हमीदन और मेरी राय के बहाने शुरू होता है। इन कानूनों में संशोधन की आवश्यकता भाजपाइयों से कहीं ज्यादा उन संप्रदायों की महिलाओं को है और वे ही एक दिन इस किले को भेदेंगी भी। लेकिन किसी पारंपरिक समाज में स्त्री-पुरुष संबंधों में बदलाव न तो सुप्रीम कोर्ट के फैसले से संभव है और न ही संसद के कानून से। इसके लिए व्यापक आंदोलन की जरूरत है। औरत को पिता की संपत्ति में हक मिले या पति की? यह विवाद अदालती फैसलों से हल होने वाला नहीं है। इसके लिए व्यापक विमर्श की जरूरत है। गौर करने लायक बात है कि इस समस्या से हिन्दू समाज भी ग्रस्त है। हिन्दू विधि महिलाओं को पिता की संपत्ति में भी अधिकार देती है और पति को भी। लेकिन पिता की संपत्ति में अधिकार महज 'कानूनी कल्पना' बन कर रह गया है। व्यापक समाज कानून बनने के बावजूद इस अधिकार को स्वीकार करने को तैयार नहीं है। इसी विरोधाभास के चलते मधु किश्वर जैसी नारीवादी भी दहेज की समर्थक बन गयी हैं। क्या हिन्दू समाज ने स्त्री-पुरुा संबंधों की कानूनी स्थिति और वास्तविक स्थिति को ले कर कोई आंदोलन या बहस छेड़ा है? नहीं। बल्कि आठवें दशक में जो आंदोलन उभरे भी थे, वे आजकल ठंडे पड़ गये हैं। ऐसी स्थिति में बहुसंख्यक समाज के पास अल्पसंख्यकों को प्रेरणा देने के लिए क्या है? कानून को प्रेरक तत्त्व मानना गलत होगा, क्योंकि प्रेरणा सदैव मानव के गतिशील आचरण से मिलती है, जड़ चीज़ों से नहीं। दूसरी तरफ मान लीजिए मुसलमान और ईसाई समाज के भीतर से बिना कोई मांग उठे उसके स्त्री-पुरुष संबंधों को नया आयाम देने वाले कानून पास कर दिये जायें तो क्या होगा? हो यह कि ऐसा कानून न सिर्फ बेअसर होगा, बल्कि सांप्रदायिक तनाव भी बढ़ायेगा।

यह बात सही है कि मुस्लिम निजी विधि महिलाओं को उप-मानव का दर्जा देती है। पर यह दावा करना गलत है कि शरीयत में संशोधन नहीं हो सकता या हुआ ही नहीं। इस्लामी विधिशास्त्र यानी फिकह के दो महत्वपूर्ण सिद्धांत हैं। पहला 'तकलीद' और दूसरा 'इज्तिहाद'। तकलीद के मायने हैं अनुसरण या जस का तस। यानी कुरान और हदीस में जो कुछ लिखा या कहा गया है, उसका जस का तस पालन करना। यह सिद्धांत शरीयत में संशोधन का विरोध करता है। इज्तिहाद के मायने हैं कुरान और हदीस में विरोध होने पर अपने विवेक से फैसला करना। इसी इज्तिहाद के

सिद्धांत के तहत जनता के सुधार आंदोलनों को अभिव्यक्ति मिली और दुनिया के तमाम मुसलमान देशों में कई महत्वपूर्ण सुधार हुए। भारत में भी अमीर अली और इकबाल ने तकलीद के सिद्धांत का विरोध करते हुए इज्तिहाद पर जोर दिया था। दूसरा महत्वपूर्ण तरीका कुरान की आध्यात्मिक व्याख्या करने का है। उसी व्याख्या के चलते असगर अली इंजीनियर और तारा अली बेग जैसे लोगों ने शाह बानो को गुजारा भत्ता देने के सुप्रीम कोर्ट के निर्णय का समर्थन किया था।

इज्तिहाद के चलते ही मिस्र ने 1943 में अपने उत्तराधिकार कानून में संशोधन किया। वहां 1953 में वक्फ अधिनियम और पारिवारिक कानून में भी फेरबदल किया गया। इराक ने 1959 में निकाह, तलाक वगैरह के कानूनों में परिवर्तन करने वाली निजी स्तर संहिता जारी की, जबकि सीरिया ऐसा 1953 में ही कर चुका था। ट्यूनीशिया ने 1957 में यह कहते हुए निजी स्तर अधिनियम जारी किया कि कुरान में सह-पत्नियों को हर तरह से बराबरी का दर्जा दिया गया है, पर आधुनिक युग में ऐसा संभव नहीं है, इसलिए बहु विवाह प्रतिबंधित किया जाता है। यह एक क्रांतिकारी कदम था। इसी के साथ यह भी घोषित किया गया कि अदालत के बाहर किया गया तलाक बेअसर माना जायेगा। अल्जीरिया ने भी इसी तरह का कानून पास किया। 1959 में अल्जीरिया ने एक अध्यादेश जारी कर सभी तरह के तलाकों को न्यायालय के दायरे में ला दिया।

वैसे इन सब सुधारों को प्रेरणा तुर्की से मिली। वहाँ आटोमान साम्राज्य के दौरान 19वीं सदी में आटोमान सिविल कोड जारी हुआ। इसे 'मेजिंल्ले सुधार' के नाम से जानते हैं। इसमें महिलाओं को भी तलाक के विरक्तता, बीमारी और क्रूरता जैसे आधार दिये गये। दरअसल, यह था तो हनफी कानूनों को संहिताबद्ध करने का प्रयास, पर इसमें मलिकी और हनबली धाराओं के उदार कानूनों को शामिल किया गया। हालाँकि यह कानून 1926 में खत्म कर दिया गया, पर इसका मुस्लिम देशों और विशेषकर मध्य एशिया पर महत्वपूर्ण असर पड़ा। बाद में कमाल पाशा के नेतृत्व में तुर्की ने तो एक धर्मनिरपेक्ष संहिता ही लागू कर दी।

पाकिस्तान में भी, जहाँ पूरी तरह से इस्लामी कानून लागू है, एक दौर में सुधार के प्रयास हुए हैं। अयूब खाँ के शासन के शासन के दौरान 1961 में पाकिस्तान पारिवारिक अधिनियम अध्यादेश लागू हुआ। इसके तहत बहुविवाह और पति द्वारा तीन बार तलाक कह कर तलाक देने वाली प्रथा पर एक पंचाट परिशद को पुनर्विचार का अधिकार दे दिया गया। सिंगापुर, बाँग्लादेश, इंडोनेशिया, मलयेशिया और ब्रूनेई में भी तलाक और बहुविवाह के कानूनों का दुरुपयोग रोकने के लिए कई कदम उठाये गये हैं। मिस्र, सूडान, सीरिया, जॉर्डन और मोरक्को में तीन बार 'तलाक' कह कर तलाक देने पर पाबंदी है। ईरान में भी दूसरा विवाह करने से पहले अदालत से अनुमति

लेने का प्रावधान किया गया था। लेकिन आयतुल्ला खुमैनी की इस्लामी क्रांति ने न सिर्फ वहाँ के सुधारों पर पानी फेर दिया, बल्कि पूरी दुनिया में सुधारों की भावी संभावना पर ग्रहण लगा दिया।

लेकिन ये तथ्य इस स्थापना को खारिज करते हैं कि इस्लामी कानूनों में संशोधन नहीं हो सकता। इस्लामी कानूनों में संशोधन हुए हैं और आगे भी होने की संभावना से इनकार नहीं किया जा सकता। वैसे भी किसी दौर में सुधारों की गति तेज होती है तो कभी धीमी। कभी-कभी उसके उलटी दिशा में चलने की संभावना से इनकार भी नहीं किया जा सकता। इस्लामी कानूनों में एकरूपता और शुद्धता की बात भी मिथक है। पहली बात तो इस्लामी कानूनों में हनफी, मलिकी, शैफी और हनबली जैसी चार प्रमुख धाराएँ हैं, हालाँकि दुनिया में सुन्नी मुसलमानों की संख्या ज्यादा होने के कारण ज्यादातर लोगों पर हनफी धारा ही लागू होती है। पर इससे भी महत्वपूर्ण बात यह है कि इस्लाम में प्रथाओं (दस्तूर) का महत्व न होने के बावजूद कई देशों के कानूनों में वहाँ की प्रथाओं ने खासा महत्व पाया है। भारत में 1937 में शरीयत अधिनियम लागू होने के काफी बाद तक खोजा, बोहरा और मोपिल्ला समुदाय अपनी प्रथाओं से संचालित होते रहे और उनके उत्तराधिकार, बँटवारे, वसीयत और संयुक्त परिवार संबंधी ये प्रथाएँ हिन्दुओं की थीं। दरअसल, उन्हें मुसलमानों से हिन्दू बने ज्यादा दिन नहीं हुए थे। इन समुदायों ने अपने जीवन के कई क्षेत्रों में शरीयत अधिनियम का विरोध भी किया था।

तमिलनाडु के कुच्ची मेनन हिन्दू संयुक्त परिवार के नियमों से अभी हाल तक संचालित होते थे। केरल के मापिल्ला मुसलमानों में हिन्दुओं के संयुक्त परिवार व उत्तराधिकार की प्रथाओं को ले कर अभी भी भ्रम की स्थिति है, क्योंकि शरीयत अधिनियम ने मापिल्ला मरुकट्टायम नाम की स्थानीय प्रणाली को खत्म नहीं किया था। वैसे अब यह संस्था अपने आप खत्म हो रही है।

आमतौर पर धर्म ग्रंथों पर आधारित इस्लामी कानून में प्रथाओं की घुसपैठ के कुछ प्रमाण मूसा के सिद्धांत में संशोधन--वसीयत, दत्तक, वक्फ और भरण-पोषण के कानूनों में संशोधन के तौर पर देखा जा सकता है। जहाँ मूसा के सिद्धांत पर अंकुश लगाया गया है, वहीं वसीयत के मामले में 1861 में इच्छा पत्र अधिनियम और 1925 के भारतीय उत्तराधिकार अधिनियम के तहत 'वसी' को संपत्ति के पूर्ण अधिकार दिये गये हैं, जबकि इस्लामी कानून के तहत 'वसी' को सिर्फ प्रबंधक के अधिकार होते थे।

गौरतलब बात है कि इस्लामी कानून में किसी को अपनी संपत्ति के एक तिहाई से ज्यादा हिस्से को वसीयत करने का अधिकार नहीं है। इसी तरह मेहर के एवज में संपत्ति को बंधक बनाने का विधवा का अधिकार निजी अधिकार से उत्तराधिकार

बन चुका है।

लेकिन सवाल सिर्फ संशोधन या मिलावट और ज्यादा कहें तो आर्थिक तरक्की और आधुनिकीकरण का ही नहीं है। सवाल यह है कि जो कुछ भी हुआ है, उससे सिद्धांत और व्यवहार के स्तर पर मानव संबंधों और विशेषकर स्त्री-पुरुष के संबंधों में कितना बदलाव आया है। अल्पसंख्यक समुदाय की अपनी ग्रंथि होती है और इस बात की कोई गारंटी नहीं है कि उस समुदाय में ज्यादा पढ़े-लिखे लोग हो जायें या वेअधिक तरक्की कर लें तो स्त्री-पुरुषों संबंधों में कोई बुनियादी बदलाव आ ही जायेगा। इस सिलसिले में केरल के सीरियाई ईसाई समुदाय की मेरी राय का संघर्ष उल्लेखनीय है। आमतौर पर सीरियाई ईसाई समुदाय की महिलाएँ काफी पढ़ी-लिखी और ऊँचे-ऊँचे ओहदों पर हैं। पर मेरी राय को सुप्रीम कोर्ट से मुकदमा जीतने के बाद भी अपने पिता की संपत्ति में हक नहीं मिला, बल्कि केरल ईसाई समुदाय व कन्याकुमारी ईसाई समुदाय के सारे पढ़े-लिखे पुरुष सुप्रीम कोर्ट के उस फैसले के खिलाफ खड़े हो गये। मेरी राय की ही तरह इस समुदाय की मरुकुट्टी टॉमस नाम की अविवाहित महिला (65) ने भी रिटायरमेंट के बाद घर से निकाले जाने पर अपने भाइयों से हक माँगने की कोशिश की, पर सब कुछ बेकार गया। दक्षिण के ईसाई समुदायों के लिए कभी कोच्चि अधिनियम और त्रावणकोर अधिनियम बना था, जिसके तहत वहाँ महिलाओं को पिता की संपत्ति में बहुत सीमित अधिकार दिये गये थे। लेकिन 1925 में लागू भारतीय उत्तराधिकार अधिनियम के बाद यह भ्रम पैदा हो गया कि ईसाई समाज पर पुराने कानून लागू होंगे या भारतीय उत्तराधिकार अधिनियम। इस भ्रम को केरल और मद्रास हाई कोर्ट में फैसलों से भी बल मिला। मेरी राय के फैसले में सुप्रीम कोर्ट ने 1951 के बाद से त्रावणकोर अधिनियम को अप्रभावी माना। इस फैसले के परिणामों से आशंकित ईसाई समुदाय ने इसका जबरदस्त विरोध किया। आज सुप्रीम कोर्ट भले ही त्रावणकोर अधिनियम को अप्रभावी घोषित कर चुका है, पर वहाँ का समाज औरतों को भारतीय उत्तराधिकार अधिनियम के तहत हक देने को तैयार नहीं है।

इसी तरह ईसाई विवाह अधिनियम, 1869 को लें। उसके अनुसार तलाक वस्तुतः असंभव है, जिसके चलते ईसाई समाज के जिन स्त्री-पुरुषों का जीवन नरक हो गया है, वे भी दाम्पत्य जीवन के कठघरे से निकल नहीं सकते।

इन तमाम असमानताओं और विसंगतियों को देखते हुए समान नागरिक संहिता या निजी विधियों में संशोधन की आवश्यकता से इनकार नहीं किया जा सकता। लेकिन ध्यान देने की बात है कि समान नागरिक संहिता धर्मनिरपेक्ष समाज बनाने का तरीका नहीं, उसका लक्षण है। अगर धर्मनिरपेक्ष समाज होगा तो समान नागरिक संहिता बनाने या निजी विधियों में न्याय और समता के आधार पर संशोधन करने

में दिक्कत नहीं होगी। लेकिन यह सोचना कि हम समान नागरिक संहिता लागू कर धर्मनिरपेक्ष समाज बना लेंगे, बिलकुल उल्टी बात है। समान नागरिक संहिता का सवाल सिर्फ एक बहुधर्मी समाज के सामाजिक और राजनैतिक संबंधों में परिवर्तन का सवाल नहीं है, बल्कि स्त्री-पुरुष संबंधों में भी परिवर्तन का सवाल है। इस सवाल का हल मुसलमानों पर हिन्दुओं का कानून और हिन्दुओं पर ईसाइयों या अंग्रेजों का कानून थोप कर नहीं किया जा सकता। इसके लिए सभी संप्रदायों को एक-दूसरे को और विशेषकर बहुसंख्यकों को अल्पसंख्यकों को यह विश्वास दिलाना होगा कि उनकी धार्मिक आस्था और सांस्कृतिक पहचान के साथ छेड़छाड़ नहीं की जायेगी। पर आप अपने समाज के अन्यायपूर्ण और असमान अन्तर्संबंधों को बदलें, इसका तरीका शाह बानो, हमीदन या मेरी राय जैसे विवादों के दौरान अल्पसंख्यकों को चिढ़ाने व उनके फटे में पाँव डालने वाला नहीं होना चाहिए। बल्कि उस मामले में न्यूनतम दखल देते हुए बहुसंख्यकों को अपने समाज में सुधार का अभियान छेड़ना चाहिए। बहुसंख्यक समाज अगर यह मानता है कि अल्पसंख्यकों की कट्टरता से उस पर असर पड़ता है तो उसे यह भी मानना चाहिए कि उसके सुधारवादी आंदोलनों का अल्पसंख्यकों पर असर पड़े बिना नहीं रह सकता।

समान नागरिक संहिता के बारे में एक सबसे भड़काऊ बात हिन्दू विधि को स्थिर मानने की है। इसतरह का सुझाव डेरेट जैसे विदेशी विद्वान भी दे चुके हैं। पर हिन्दू विधि अपने में पूर्ण नहीं है। व्यावहारिक स्तर पर हिन्दुओं में तलाक ले पाना आज भी एक लंबी और पीड़ादायक प्रक्रिया है, जबकि मुसलमानों में भले ही यह एकतरफा हो, पर है आसान। संयुक्त परिवार की संस्था के पारंपरिक मोह के कारण हिन्दू अविभाजित परिवार को आय कर, संपत्ति कर और पूँजी आयम कर में रियायतें दी गयी हैं। लेकिन क्या इसकी वजह से व्यापक हिन्दू समाज में संयुक्त परिवार चल पा रहा है? नहीं। बल्कि संयुक्त परिवार तो टूट ही रहे हैं। ऊपर से इन रियायतों का फायदा कुछ संपन्न लोग ही उठा रहे हैं। इसी तरह दहेज व पिता की संपत्ति में बेटी के हक को लेकर मोटे तौर पर कोई एक राय बननी चाहिए और विसंगतियाँ दूर होनी चाहिए, जबकि मुसलमानों का कहना है कि मुहम्मद साहब ने तो बहुत पहले पिता की संपत्ति में बेटी को हक दे दिया था। समान नागरिक संहिता तक पहुँचने के दो रास्ते बताये जाते हैं। एक तो इस तरह का कानून बना दिया जाये और उसे स्वैच्छिक कर दिया जाये, जैसाकि विशेष विवाह कानून है। लेकिन स्वैच्छिक कानून एक सजावट या हास्य की वस्तु बनकर रह जाता है। समाज का बहुमत किसी लकीर पर ही चलने का आदी होता है। दूसरा तरीका निजी विधियों में समय-समय पर संशोधन करते हुए उन्हें न्याय-सम्मत बनाने का है। वैसे अगर सभी निजी विधियाँ न्याय सम्मत और आधुनिक समाज की जरूरतों के मुताबिक हो जायें तो समान नागरिक संहिता बनाने

की जरूरत ही नहीं है, क्योंकि समान नागरिक संहिता बनाने पर भी हमें विभिन्न संप्रदायों की मूल धार्मिक और सांस्कृतिक परंपराओं को स्थान देना पड़ेगा।

अंत में यह कहना समीचीन होगा कि जिस तरह हम पेड़ की फुनगी से उस पर नहीं चढ़ सकते, उसी तरह समान नागरिक संहिता से एक धर्मनिरपेक्ष और समरस समाज नहीं बनाया जा सकता। उसकी जड़ों से प्रयास करना पड़ेगा और जड़ें नये सामाजिक और राजनैतिक संबंधों से शुरू होंगी।

इस्लाम, मुसलमान और स्त्री

महरउद्दीन खाँ

मुस्लिम समाज में स्त्रियों की हालत और उनके अधिकारों को लेकर कई सवाल उठाये जाते हैं। मुसलमान स्त्री अधिकार-विहीन है, समाज में उसका विशेष स्थान नहीं है, वह पति की इच्छापूर्ति का साधन मात्र है, उसे बुर्के में कैद रखा जाता है, पति जब चाहे तीन बार तलाक कहकर उससे छुटकारा पा सकता है और इस्लाम उस पर तरह-तरह की पाबंदियाँ लगाता है, आदि-आदि। ये कुछ ऐसे आरोप हैं जो हर बार बहस का मुद्दा बनते रहते हैं। इन मुद्दों पर बहस चलती रहती हैं शाह बानो या हमीदन जैसा कोई मामला आने पर यह बहस काफी तेज हो जाती है। नतीजतन मुसलमानों का धार्मिक नेतृत्व से मामलों को अपने हाथ में ले लेता है और उसका जो नतीजा सामने आता है उससे ऊपर बतायी गयी बातों की पुष्टि हो जाती है और साथ ही यह भी साफ हो जाता है कि मुसलमान स्त्रियों को दबाकर ही रखना चाहते हैं– उन्हें वह अधिकार देना नहीं चाहते जो अन्य समाजों में स्त्रियों को प्राप्त हैं।

यहाँ सवाल यह उठता है कि क्या इस्लाम ने स्त्री को कोई अधिकार नहीं दिया? जहाँ तक इस्लाम का सम्बन्ध है, यह बात बहुत साफ है कि अन्य समाजों में लम्बे संघर्ष के बाद स्त्रियाँ जो अधिकार ग्यारहवीं-बारहवीं सदी में हासिल कर पाईं, वे अधिकार इस्लाम ने बिना किसी संघर्ष के छठी सदी में ही स्त्रियों को दे दिये थे। कुरान, हदीस व अन्य धर्म ग्रंथों का अध्ययन करने पर पता चलता है कि मुसलमान स्त्री को बदनाम करने तथा उसके अधिकारों का हनन करने या उनमें कटौती करने के लिए इस्लाम जिम्मेदार नहीं, वरन इसके लिए पूरी तरह से मुसलमान और खासतौर पर वे मुसलमान जिम्मेदार हैं जो धर्म की व्याख्या करने का अधिकार रखते हैं।

मुसलमान स्त्री के बारे में चर्चा करने से पहले इतिहास पर एक दष्टि डाल लें। इस्लाम का नया रूप आने से पूर्व कोई भी समाज स्त्री को कोई अधिकार नहीं देता

था। पैतृक सम्पत्ति में उसका कोई हिस्सा नहीं था, जालिम पति से छुटकारा पाने के लिए उसके पास कोई उपाय या अधिकार नहीं था। शादी जन्म-जन्मांतर का बंधन मानी जाती थी। कई समाजों में लड़की को पैदा होते ही मार दिया जाता था तथा स्त्री को शादी के नाम पर बेचा जाता था। पुरुष प्रधान समाज में स्त्री केवल उपभोग की वस्तु मानी जाती थी। समाज में न तो इतनी चेतना थी और न ही ज्ञान-विज्ञान का इतना प्रसार कि स्त्री अपने अधिकारों के लिए आवाज उठा सकती।

इस दौर में स्त्री जाति को मान-सम्मान प्राप्त नहीं था। कुछ स्त्रियों को जो मान-सम्मान प्राप्त था तो वह उनकी निजी हैसियत में ही था, क्योंकि वे कुछ विशेष अवसरों पर विशेष भूमिकाओं में योगदान करती थीं। प्राचीन काल के कुछ विद्वान एवं दार्शनिक तो यह भी सोचते थे कि क्या स्त्री में आत्मा भी होती है और अगर होती भी है तो उसका रूप क्या होता है या क्या वह पवित्र भी होती है।

इस युग में इस्लाम स्त्री-मुक्ति का संदेश लेकर आया। इस्लाम समानता का संदेश लेकर आया और स्त्री की समानता का भी साफ उद्‌घोा किया गया। मगर यह समानता पुरुष प्रधान समाज ने हड़प ली। आइए, देखें कि इस्लाम स्त्री को कितना देता है और मुस्लिम समाज उसमें से कितना छीनता है।

समानता—इस्लाम समानता का संदेश है, महमूद-ओ-अयाज को एक ही सफ में खड़ा करने का संदेश है, जिसमें न कोई बंदा है न बंदा नवाज। स्त्रियों और पुरुषों की समानता के बारे में खुदा का इरशद है : सो कबूल कर लिया उनकी दुआ को उनके रब ने। मैं तुममें किसी के काम को अकारथ नहीं करता चाहे वह मर्द हो या औरत। तुम आपस में एक-दूसरे के अंग हो। (कुरान मजीद : 3 : 195) मर्दों के लिए उनके कर्मों का बदला है और औरत के लिए उनके कर्मों का बदला। (4 : 32)

धार्मिक स्तर के अतिरिक्त इस्लाम स्त्री को आर्थिक समानता प्रदान करता है। उसे अपनी सम्पत्ति का क्रय-विक्रय करने की पूरी आजादी प्राप्त है। कुरान में अल्लाह का आदेश है : मर्दों के लिए भी है उस चीज में जिसको माँ-बाप या निकट के सम्बन्धी छोड़ जायें और औरतों के लिए भी हिस्सा है उस चीज में जिसकों माँ-बाप या नजदीक के रिश्तेदार छोड़ जायें। (3 : 7)

कुरान के इन आदेशों की रोशनी में हम पाते हैं कि इस्लाम पहला धर्म है जो स्त्री को पुरुष के साथ समानता प्रदान करता है। इस्लाम से पहले पिता की जायदाद की विरासत पुत्र को मिलती थी, मगर इस्लाम ने इस सिद्धांत को समाप्त कर पिता की जायदाद में पुत्री का भाग भी तय कर दिया जो स्त्री के अधिकारों की दिशा में एक क्रांति थी। इस्लाम की यही क्रांति अन्य समाजों में स्त्री के अधिकारों के लिए किये जाने वाले संघर्षों का प्रेरणा स्रोत बनी। इस्लाम में विरासत के लिए 'मर्द का हिस्सा दो औरतों के बराबर है'। इस सिद्धांत पर यह आरोपित किया जाता है कि

इस मामले में स्त्री-पुरुष में समानता नहीं बरती गयी। प्रथम दृष्ट्या यह आरोप सही लगता है, मगर यहाँ दो बातें गौर करने की हैं। पहली यह कि अधिकार उस समय दिया गया जब किसी समाज में यह अधिकार नहीं था। दूसरे, स्त्री को जो तिहाई अधिकार दिया गया है, उसमें किसी का साझा नहीं है। अधिकार में मिली सम्पत्ति की वह स्वयं मालिक है, जबकि पुरुष की सम्पत्ति में पत्नी भी हिस्सेदार बन जाती है। इस प्रकार पुरुष के मुकाबले कम दिखनेवाला यह अधिकार वस्तुतः पुरुष से अधिक है।

मगर आज हालत यह है कि कुरान को खुदा का आदेश माननेवाले मुसलमानों ने ही मुस्लिम स्त्री को इस अधिकार से वंचित कर रखा है। मुस्लिम स्त्री में इतना हौसला नहीं कि वह अपने इस अधिकार के लिए कानूनी लड़ाई लड़ सके। फिर धर्म द्वारा प्रदत्त अधिकार के लिए कानूनी लड़ाई वह क्यों लड़े? धर्माधिकारियों को चाहिए कि फतवा जारी कर मुसलमानों को बतायें कि जो लोग स्त्री को यह अधिकार नहीं दे रहे, वे इस्लाम के विरुद्ध कार्य कर रहे हैं। मगर धर्माधिकारी ऐसे मामलों पर प्रायः चुप्पी साधे रहते हैं जिसके नतीजे में मुसलमान स्त्री को ही अधिकारविहीन मान लिया जाता है। सच्चाई यह है कि मुसलमान स्त्री के अधिकारों पर डाका डालनेवाले मुसलमान ही हैं जो उसे आर्थिक व सामाजिक रूप से समान नहीं देखना चाहते। यही लोग प्रचार करते हैं कि स्त्री का सुधार करने के लिए उनका मजहब उसे पीटने का हक देता है। मगर सजा के इस विधान में जहाँ स्त्री की पिटाई करने का अधिकार है वहीं इस मामले में पुरुष भी बरी नहीं है। कुरान में आदेश है : और जो लोग सतवंती स्त्रियों पर तोहमत लगायें और (आरोप की पुटि के लिए) चार गवाह न लायें, उन्हें अस्सी कोड़े मारो और कभी भी उनकी गवाही स्वीकार न करो और वही अवज्ञाकारी है। (24 : 4) व्यभिचार के मामले में पुरुष व स्त्री के लिए समाज सजा की व्यवस्था की गयी है।

स्वतन्त्रता--इस्लाम ने स्त्री को जहाँ आर्थिक मामलों में समानता प्रदान कर उसकी स्वतन्त्र हैसियत बनायी है, वहीं स्त्री की सबसे प्रमुख समस्या विवाह के मामले में भी उसे स्वतन्त्रता प्रदान की है। इस्लाम से पूर्व विवाह के मामले में स्त्री की इच्छा का कोई महत्व नहीं था। विवाह के नाम पर उसे बेचा तक जाता था। इस्लाम ने इस पर प्रतिबंध लगाया तथा बिना स्त्री की मर्जी के विवाह को अवैध करार दिया। आदेश है : किसी विधवा का विवाह उससे मशविरा किये बिना न किया जाये और किसी कुँआरी का विवाह उसकी रजामंदी के बिना न करो। (हदीस : बुखारी व मुस्लिम)

विवाह के समय महर के मामले में भी उसे स्वतन्त्रता प्रदान की गयी है कि वह अपना महर तय करे, उसे पति से वसूल करे या माफ कर दे। उसकी इस स्वतन्त्रता में न किसी का दखल है और न ही उस पर कोई पावंदी। मगर आज हो यह रहा

है कि कई मुसलमान धन के लालच में या गरीबी के कारण अपनी लड़कियों का विवाह उनकी मर्जी के खिलाफ खाड़ी देशों में बूढ़े शेखों या अपने ही देश के बूढ़े रईसों से कर देते हैं जिसके कारण पूरे मुस्लिम समाज को बदनाम होना पड़ता है तथा मुस्लिम स्त्री एक बार फिर संदेह के दायरे में आ जाती है कि वह अधिकारविहीन है तथा मध्ययुगीन अत्याचारों की शिकार है।

इसके अतिरिक्त मुस्लिम स्त्री ज्ञान प्राप्त करने के मामले में भी पूरी तरह स्वतन्त्र है। धर्म ने उसकीन तो शिक्षा पर पाबंदी लगायी है और न ही धर्म ग्रंथों के अध्ययन पर और न ही धार्मिक कृत्यों के पालन पर कोई बंधन है।

बहुविवाह--मुसलमान इस बात पर बहुत गर्व करते हैं कि उन्हें चार शादियों का अधिकार प्राप्त है। मुसलमान का यह कथित अधिकार मुस्लिम स्त्री के लिए एक त्रासदी बन गया है तथा यह साबित करता है कि मुस्लिम समाज में स्त्री की हैसियत पुरुा की भोग्या के अतिरिक्त और कुछ नहीं है। वैसे आमतौर पर हजार में एकाध मुसलमान ही ऐसा करता है, मगर इस अधिकार की समाप्ति को मुस्लिम पुरुष अपनी पहचान समाप्त होने से जोड़ता है।

तो पहले इस बात पर ही विचार करें कि क्या एक मुसलमान को चार शादियों का अधिकार है और अगर है तो किन परिस्थितियों में है। दूसरे, क्या वास्तव में चार शादियाँ उसका अधिकार है या किसी विधी परिस्थिति में प्रदान की गयी कोई विशेष सुविधा है? इसके अतिरिक्त क्या मुसलमान के इस अधिकार पर कहीं कोई प्रतिबंध भी है? इस सवालों पर विचार करने से पूर्व तत्कालीन परिस्थितियों एवं कुरान के आदेशों का अध्ययन करना जरूरी लगता है।

इस्लाम के आरम्भ काल में उसके विरोधियों की संख्या बहुत थी। विरोधियों को परास्त करने के लिए उस समय बद्र, उहुद, खंदक, खैबर, मक्का, तबूक आदि स्थानों पर अनेक बड़े युद्ध लड़ने पड़े थे। युद्धों में पुरुषों की जानें अधिक जाती हैं। अतः इन युद्धों में भी अनेक स्त्रियाँ विधवा एवं बेसहारा हो गयी थीं तथा समाज में उनके समायोजन की विकट समस्या आ गयी थी। इस विशेष परिस्थिति में मुसलमानों को विशेष सुविधा दी गयी कि वे चार पत्नियाँ रख सकते हैं। चार की संख्या इसलिए सीमित की गयी कि पहले लोग असीमित संख्या में शादियाँ करते थे। चार शादियों की सुविधा विशेष परिस्थितियों में दी गयी। इसका कुरान में स्पष्ट उल्लेख है : और यदि तुम्हें भय हो कि यतीमों के मामले में न्याय कर सकोगे तो स्त्रियों में से जो तुम्हारे लिए जायज हों दो-दो, तीन-तीन और चार-चार तक विवाह कर लो। और यदि तुम्हें भय हो कि उनके साथ समता का व्यवहार न कर सकोगे तो फिर एक ही पर बस करो या वह दासी जो तुम्हारे कब्जे में हो उसी पर बस करो। इसमें तुम्हारे ज्यादती से बचे रहने की अधिक सम्भावना है (4:3)। कुरान में मात्र यही आदेश है जिसे चार

शादियों का अधिकार कहा जाता है। मगर इस आदेश में यतीम की बात साफ तौर पर कही गयी है या फिर उस दासी की बात कही गयी है जो युद्ध के दौरान कब्जे में आ गयी है। इस प्रकार मुसलमानों को खुल्लम-खुल्ला चार शादियों का अधिकार तो दिया ही नहीं गया।

आदेश है कि चार शादियों की अवस्था में सबके साथ समान व्यवहार न कर सकोगे, अतः एक ही पर बस करो। जब यह आदेश है तो चार शादियों का अधिकार कहाँ रह जाता है? अब कोई मुसलमान यह दावा करे कि वह चारो पत्नियों के साथ समान व्यवहार करेगा, तो कुरान उसके इस दावे को सही नहीं मानता "चाहे तुम कितना ही चाहो, तुम स्त्रियों के बीच पूर्ण रूप से न्याय नहीं कर सकते"। (4:129)

इन आदेशों के परिप्रेक्ष्य में यह स्पष्ट है कि मुसलमान को चार शादियाँ करने का अधिकार नहीं है, उसे इस्लाम ने सिर्फ विशेष परिस्थितियों में यह सुविधा प्रदान की थी। मगर धर्म के ठेकेदारों ने अपने को स्त्रियों से श्रेष्ठ साबित करने के लिए तथा उन्हें अपने चंगुल में रखने के लिए चार स्त्रियों को सहारा देने की सुविधा को अधिकार बना दिया, ताकि वे स्त्री को हमेशा भयभीत रखें कि वह उनकी मर्जी की गुलाम बन कर रहे, अन्यथा दूसरी शादी कर ली जायेगी, जबकि आदेश है : और तुमसे लोग स्त्रियों के बारे में हुक्म मालूम करना चाहते हैं। कहो : अल्लाह तुम्हें उनके बारे में हुक्म देता है और उस आदेश के बारे में जो तुम्हें सुनाया जाता है जो उन स्त्रियों के बारे में है जिनके हक तुम अदा नहीं करते और चाहते हो कि उनके साथ विवाह कर लो और कमजोर बच्चों के बारे में (यह हुक्म देता है कि उन स्त्रियों के महर दो) और यह कि तुम यतीमों के बारे में इंसाफ पर कायम रहो। जो भलाई तुम करोगे, अल्लाह उसका जानने वाला है। (4:127)

इस प्रकार स्पष्ट है कि चार पत्नियाँ रखने का कोई अधिकार इस्लाम नहीं देता। कुछ स्वार्थी ऐयाश लोगों ने इस समाजोपयोगी (यतीमों को सहारा देना) आदेा को विकृत कर लिया है, जो इस्लाम की दृष्टि से उचित नहीं ठहरता।

तीन तलाक--वैवाहिक जीवन में कभी-कभी ऐसे अवसर भी आ जाते हैं जब पति-पत्नी का एक साथ रहना दूभर हो जाता है। मगर कोई समाज इस रिश्ते को तोड़ने की इजाजत नहीं देता था। यूरोपीय समाज ने अठारहवीं शताब्दी में जब विवाह विच्छेद का विधान किया तो इसे महान क्रांतिकारी कदम तथा पुराने बंधनों से मुक्त होने के लिए स्त्री समाज की एक महान विजय बताया गया, मगर इस्लाम ने छठी शताब्दी में ही इस क्रांति का सूत्रपात कर विवाह विच्छेद का विधान तय कर दिया था। न केवल विवाह विच्छेद के समय पारस्परिक देयों के भुगतान की व्यवस्था कर दी गयी, बल्कि विवाह विच्छेद की पूरी प्रक्रिया भी निर्धारित कर दी थी।

मुसलमानों में आज तलाक का यह विकृत.रूप प्रचलित है कि कोई भी पति

अपनी पत्नी को क्षण-भर में तीन बार तलाक कह कर उससे छुटकारा पा सकता है। इस विकृत रूप के कारण प्रत्येक विवाहित हर समय भयभीत रहती है। एक तरफ तलाक का यह विकृत रूप और दूसरी ओर चार विवाह करने की छूट प्रत्येक विवाहित स्त्री के लिए त्रासदी होती है।

जहाँ तक तलाक का सम्बन्ध है, कुरान में ऐसा कोई विधान नहीं है कि पति एकदम तीन तलाक कहकर पत्नी से छुटकारा पा ले। वैसे इस्लाम में तलाक को तमाम हलाल (वैध) वस्तुओं में सबसे बुरा कहा गया है। फिर भी तलाक के लिए एक प्रक्रिया तय की गयी है जिसके तहत सर्वप्रथम पति पत्नी को समझाने का विधान है : और यदि तुम्हें उन पति-पत्नी के बीच्च बिगाड़ का डर हो तो एक पंच पुरुष पक्ष से एक स्त्री पक्ष ये नियुक्त करो। यदि वे दोनों सुधार चाहेंगे तो अल्लाह उनमें अनुकूलता पैदा कर देगा। निःसंदेह अल्लाह जाननेवाला और खबर रखनेवाला है। (4 : 35)

इसके बाद सुलह-सफाई के प्रयास असफल होने पर आदेश है : हे नबी! जब तुम लोग स्त्रियों को तलाक दो तो उन्हें तलाक उनकी इद्दत (मासिद. स्राव से पाक होने पर) के समय पर दो और इद्दत का पूरा खयाल रखो तुम उनको घरों से न निकालो सिवाय इसके कि वह प्रत्यक्ष अश्लील कर्म कर बैठें तू नहीं जानता कि अल्लाह इस (तलाक) के बाद कोई नयी बात पैदा कर दे। (65 :1)

आगे आदेा है : फिर जब वे (तलाक पायी हुई स्त्रियाँ) अपनी निश्चित अवधि (इद्दत) को पहुँच जायें तो या.तो उन्हें भली रीति से रोक ला या उन्हें भली रीति से अलग कर दो। (65 : 2)

फिर आगे आदेा है : उन्हें (तलाक पायी हुई स्त्रियाँ) रहने को दो अपनी हैसियत के अनुसार जिस तरह तुम रहते हो और उन्हें तकलीफ न पहुँचाओ कि उनके लिए रहना दूभर हो जाये। और यदि वे गर्भवती हैं तो बच्चा जनने तक उन पर खर्च करते रहे। यदि वे तुम्हारे बच्चे को दूध पिलायें तो तुम उन्हें उनकी उजरत दो और परस्पर बातचीत करके भली रीति से तय कर लो। (65 :6)

कुरान मजीद में इसे सूरः अलबकरा की आयत संख्या 226 से 237 तक तलाक की पूरी व्याख्या की गयी है। आदेश है : तलाक दो बार की है और फिर या तो सामान्य नियम के अनुसार स्त्री को रोक लेना चाहिए या भले तरीके से विदा कर देना चाहिए (2 : 229)। इस आयत में तीन बार तलाक देने की मनाही है, क्योंकि तीसरे तलाक के बाद पुनः सम्बेन्ध स्थापित नहीं किया जा सकता।

आगे कहा गया है : और जब तुम स्त्रियों को तलाक दे दो और वे अपनी इद्दत पूरी तक लें तो उन्हें सामान्य नियम के अनुसार रोक लो या रुखसत कर दो और उन्हें सताने के लिए न रोको कि ज्यादती करो और जो ऐसा करेगा वह अपने ही ऊपर जुल्म ढायेगा। (2 : 231)

इस प्रकार कुरान के अनुसार तलाक की प्रक्रिया यह है--

1. पहले सुलह के प्रयास किये जायें।

2. प्रयास असफल होने पर इद्दत के समय तलाक कहा जाये।

3. एक मास बीतने पर दूसरा तलाक कहा जाये।

4. इसके बाद तीन मास प्रतीक्षा की जाये।

5. यदि इस अवधि में भी बात न बने तो पत्नी को रुखसत कर दिया जाये तथा उसे खर्च दिया जाये।

6. तीसरे तलाक की मनाही की गयी है।

7. एकदम तीन तलाक कहना गैर-इस्लामी है।

इस मामले में धर्म के ठेकेदारों की नीति भी दोरंगी है। जब उनसे प्रचलित तीन तलाक के बारे में पूछा जाता है तो जबानी तौर पर वे इसे गलत बताते हैं, मगर जब उनसे इस बारे में लिखित फतवा माँगा जाता है तो लिखित में इसे सही ठहराते हैं। कुछ उलेमा अब एक साथ तीन बार कहे गये तलाक को एक तलाक मानने लगे हैं, मगर अभी इस सिद्धांत को सार्वजनिक मान्यता नहीं मिली है।

इस प्रकार मुसलमानों में प्रचलित यह गैर-इस्लामी तलाक स्त्रियों के गले का फंदा बन गया है। जो उलेमा तीन तलाक को जायज ठहराते हैं, वे इतनी सामर्थ्य नहीं रखते कि तलाकशुदा को उसकी महर इद्दत व बच्चों के लालन-पालन का खर्च दिला सकें। इसके लिए उन्हें सालों तक अदालत के चक्कर काटने पड़ते हैं। कुरान में कहा गया है कि अल्लाह की आयतों का मजाक न उड़ाओ, मगर तलाक के मामले में कुरान की आयतों का जो मजाक उड़ाया जाता है वह बेमिसाल है।

कुरान में तलाक की एक आदर्श प्रक्रिया तय की गयी है, मगर इस आदर्श प्रक्रिया को उलेमाओं ने खिलौना बना दिया। अन्य समाजों में भी तलाक के लिए कानूनी अलगाव का प्रावधान है जो कुरान ने इद्दत के रूप में पहले ही तय कर दिया है। अतः इसे पूरी तरह लागू करने के लिए जरूरी है कि इसे उलेमाओं के हाथों से छीन कर कानूनी रूप दे दिया जाये, क्योंकि अदालतें इस प्रक्रिया को लागू करने तथा इसकी रक्षा करने में सक्षम हैं।

पर्दा-बुर्का--मुस्लिम समाज में स्त्रियों को दबा कर रखने के लिए पर्दे की अनिवार्यता कर रखी है तथा बुर्का पहनने पर जोर दिया जाता है। मगर स्त्रियों के लिए समाज में पर्दे या बुर्के का बंधन कठोर धार्मिक रूप से हो, ऐसा नहीं है। इस्लाम में पर्दा करने की व्यवस्था तो है, उसके कुछ ठोस कारण व परिस्थितियाँ हैं। आदेश है : हे नबी ! अपनी पत्नियों और बेटियों और ईमानवाली स्त्रियों से कह दो कि वे (बाहर निकलने पर) अपने ऊपर अपनी चादरों के पल्लू लटका लें। इसमें इस बात

की अधिक संभावना है कि वे पहचान ली जायें और सतायी न जायें और अल्लाह बड़ा क्षमाशील व दयावान है। (33 : 59)

तो यह है वह परिस्थिति, जिसमें पर्दा करने को कहा गया है। जाहिर है, इस्लाम के प्रसार के साथ उसके विरोधी भी खूब थे, जो पुरुषों-स्त्रियों की पहचान कर उन पर हमला कर देते थे। इस हमले से बचने के लिए ही यह व्यवस्था की गयी थी। कुरान में एक और स्थान पर कहा गया है : और (हे नबी) ईमानवाली स्त्रियों से कहो कि वे अपनी निगाहें नीची रखें और अपनी शर्मगाहों की रक्षा करें और अपने सीनों पर अपनी ओढ़नियों के आँचल डाले रहें और वे अपना श्रृंगार किसी पर जाहिर न करें सिवाय अपने पति या पिता के या अपने पति या पिता के बेटों के या अपने भाई या भाइयों के बेटे या अपनी बहनों के बेटों के या उन ब्वचों के जो स्त्रियों की छुपी बातों से परिचित न हों। और वे अपने पाँव भूमि पर मारती न चलें कि जो श्रृंगार छुपा है, लोगों को उसका पता चल जाये। (24 :31)

इस्लाम में स्त्री के पर्दे की यह कुल व्यवस्था है, जो आज एक कठोर बंधन बना दिया गया है। इस बंधन से मुक्ति का उपाय सिर्फ मुस्लिम स्त्रियों में जागृति लाना है। जहाँ यह जागृति आ रही है, मुस्लिम स्त्री पर्दे के बंधन से मुक्त हो रही है। इसके अतिरिक्त नैतिकता के यह बंधन सिर्फ स्त्रियों के लिए नहीं है, पुरुषों के लिए भी आदेश है : (हे नबी) ईमानवालों से कहो वे अपनी निगाहें नीची रखें और अपनी शर्मगाहों की रक्षा करें, यह उनके लिए अधिक शुद्धता की बात है। निःसन्देह अल्लाह उसकी खबर रखता है जो कुछ वे करते हैं। (24 : 30)

इस सबके अतिरिक्त इस्लाम में और भी बहुत बातें हैं जो स्त्री के मान-सम्मान की पूरी सुरक्षा करती है : ऐ ईमान वालो ! न मर्दों को मर्दों पर हँसना चाहिए क्या अजब है कि वे उनसे बेहतर हों और न औरतों को औरतों पर हँसना चाहिए क्या अजब है कि वे उनसे बेहतर हों। (49 :11)

इस्लाम ने औरतों की प्राकृतिक मजबूरियों को भी समझा है तथा इसी मजबूरी के तहत कई स्थानों पर पुरुष को तरजीह दी गयी है, मगर इसका मतलब यह नहीं कि स्त्री को पुरुष की गुलाम बना दिया गया है। एक हदीस में तो स्त्री का कद इतना ऊँचा कर दिया गया है कि उसकी मिसाल मिलना कठिन है एक व्यक्ति ने पैगम्बरे इस्लाम हजरत मुहम्मद स. अ. से पूछा, मेरे अच्छे बरताव का सबसे अधिक अधिकारी कौन है, तो उन्होंने फरमाया, 'तेरी माँ।' उस व्यक्ति ने पूछा, 'फिर कौन?' उन्होंने फरमाया, 'तेरी माँ।' उस व्यक्ति ने पूछा, 'उसके बाद कौन?' उन्होंने फरमाया, 'तेरी माँ।' उसने फिर पूछा, 'फिर कौन?' उन्होंने फरमाया, 'फिर तेरा पिता।' अपने स्वर्गवास से पूर्व हजरत मुहम्मद ने अपने अंतिम सम्बोधन में कहा था : 'औरतों के

मामले में अल्लाह से डरो, तुम्हारा औरतों पर और औरतों का तुम पर पूरा हक है।'

स्पष्टतः मुस्लिम स्त्रियों की दीन दीशा के लिए इस्लाम नहीं, वरन इस्लाम की वे गलत व्याख्याएँ जिम्मेदार हैं जो इस पुरुष प्रधान समाज में धर्माधिकारियों ने अपने यानी पुरुषों के स्वार्थ के लिए की हैं। इस्लाम का मूल ग्रंथ चूंकि अरबी में है, इसलिए उसकी शिक्षाओं का वास्तविक ज्ञान लोगों को नहीं हो पाता। महिलाएँ भी आमतौर पर नहीं जानतीं कि उन्हें क्या-क्या अधिकार मिले हैं। धर्माधिकारियों ने व्यवस्था दे रखी है कि कुरान का पाठ करने से पुण्य मिलता है। 90 प्रतिशत कुरान पाठक कुरान को केवल पढ़ते हैं, समझते नहीं। बस कुरान पाठ के बाद वह समझ लेते हैं कि उनका काम पूरा हो गया। इसी में ही धर्माधिकारियों का लाभ भी है। अतः जरूरत है कुरान व इस्लाम की शिक्षाओं का अर्थ समझने की तथा धर्म की कोतवाली धर्माधिकारियों से छीनने की। इसके लिए मुस्लिम समाज और खासतौर पर मुस्लिम स्त्रियों को आगे आना होगा।

उर्दू का भविष्य

अतहर फारूकी

पिछले दिनों अपने शोध कार्य के सिलसिले में और उत्तर प्रदेश में उर्दू की स्थिति से संबंधित एक विस्तृत सर्वेक्षण किया। सर्वेक्षण के दौरान मैं उर्दू के लगभग दो सौ जाने-माने बुद्धिजीवियों से मिला। इनमें अधिकतर या तो विश्वविद्यालयों के उर्दू विभागों के शिक्षक थे या किसी उच्च स्तरीय (सरकारी) उर्दू संस्थान से संबंधित, या फिर उर्दू के जाने-माने कवि या लेखक। उस समय मेरे आश्चर्य की कोई सीमा न रही जब उनमें से अधिकतर ऐसे निकले जिन्हें उर्दू की वास्तविक समस्या का अंदाजा ही नहीं था। उन्होंने उर्दू की समस्याओं की जो विवेचना की और उसकी उन्नति के लिए सुविधाओं की जिस शैली में माँग की, उसका अंदाज बिलकुल वैसा ही था जैसे विपक्ष के छुटभैये नेता राजधानी से दूर होनेवाली हर बात के लिए बगैर सोचे-समझे प्रधानमंत्री के त्यागपत्र की माँग करते रहते हैं। अधिकतर बुद्धिजीवियों से बात करने के बाद यह आभास हुआ कि उन्होंने गम्भीरता से उर्दू की किसी समस्या पर विचार ही नहीं किया था। जिन लोगों के बारे में मेरा विचार है कि उन्हें समस्या की कुछ समझ थी, उनमें से अधिकतर ने उत्तर प्रदेश में उर्दू की तबाही की जिम्मेदारी स्वयं उर्दू भाषियों पर डाली। यह बात तो हर व्यक्ति ने कही कि उत्तर प्रदेश के उर्दूवाले आजादी के बाद केवल सरकार के वायदों के पूरा होने की प्रतीक्षा करते रहे, उन्होंने स्वयं उर्दू के लिए कुछ नहीं किया। उर्दूवालों के स्वयं कुछ न करने की विवेचना करते हुए बुद्धिजीवियों में से अधिकतर ने इस तथ्य को दोहराया कि स्वयं उर्दूवाले अपने बच्चों को उर्दू नहीं पढ़ाते, उर्दू के पत्र-पत्रिकाएँ खरीद कर पढ़ना अपनी शान के विरुद्ध समझते हैं। इस विषय में यहाँ स्पष्टीकरण जरूरी लगता है कि उर्दूवालों द्वारा अपने बच्चों को उर्दू न पढ़ाने की समस्या केवल उत्तर प्रदेश तक सीमित नहीं है। अपने बच्चों को उर्दू न पढ़ानेवाले 'उर्दूवाले' पूरे भारत में उच्च वर्ग के वे लोग हैं जिन्होंने स्वाधीनता से पूर्व उर्दू केवल इसलिए पढ़ी थी कि उस समय यह 'स्टेटस सिम्बल' थी और आज अपने बच्चों को उर्दू इसलिए नहीं पढाते कि उर्दू पढ़ कर सम्मानजनक रोजगार और

समाज के उच्च वर्ग में उनके बच्चों का शुमार होने की संभावनाएँ नगण्य हो चुकी हैं।

सर्वेक्षण के आधार पर निकाले गये निष्कर्षों का विवरण देने से पहले आवश्यक प्रतीत होता है कि उर्दू भाषा के परिप्रेक्ष्य में केन्द्रीय महत्त्व के दो महत्त्वपूर्ण मुद्दों, 1. 'उर्दूवालों' की परिभाषा क्या है? और 2. उर्दू लिपि की समस्या, की संक्षिप्त पड़ताल कर ली जाये, क्योंकि उर्दू के नाम पर होनेवाली राजनीति में इन मुद्दों की हैसिमत धुरी की-सी है।

'उर्दूवालों' से आशय क्या है? उर्दू का प्रत्येक लेखक इस प्रश्न से दामन बचाता रहा है। स्वतंत्रता के पश्चात भारत में मुसलमानों के अतिरिक्त कोई ऐसा वर्ग पैदा नहीं हुआ जो उर्दू को अपनी भाषा या मातृभाषा कहता हो। राजनीतिक परिस्थितियों ने इस सीधी-सी बात को कि नये परिप्रेक्ष्य में उर्दू केवल मुसलमानों की भाषा है, और अधिक उलझा दिया। जब संविधान सभा के सम्मुख उर्दू को संविधान में सम्मिलित करने का प्रस्ताव विचारणीय था, तो वरिष्ठ कांग्रेसी सेठ गोविन्द दास ने कड़क कर पूछा कि उर्दू को संविधान में सम्मिलित करने का औचित्य क्या है? यह भारत में किस नागरिक की भाषा है? उस समय पंडित नेहरू ने अत्यन्त भावुक हो कर उत्तर दिया था कि यह मेरी नानी और माँ की भाषा है। अगर पं० नेहरू की माँ और नानी की मातृभाषा उर्दू थी, तो पं० नेहरू की मातृभाषा क्या हुई? इस सीधे सवाल का सीधा जवाब देने का नैतिक साहस उस समय की परिस्थितियों ने पं० नेहरू में नहीं छोड़ा था। पाकिस्तान की स्थापना ने देशप्रेमी हिन्दुस्तानी मुसलमानों को उस नैतिक बोध में मुबतला कर दिया जहाँ वे अपराधी न होते हुए भी स्वयं को अपराधी पाते थे। यह भी सच है कि उस समय जब भारतीय मुसलमानों का पूरा अस्तित्व ही संकट में था, वे उर्दू को, जिस पर भारत के विभाजन का आरोप लग चुका था, अपनी भाषा नहीं कह सकते थे। फिर भला भारत के प्रधानमंत्री में ही इतना साहस कहाँ से आता? यह अवश्य हुआ कि भारतीय संविधान की आठवीं अनुसूची में उर्दू सम्मिलित तो कर ली गयी, लेकिन उसका कोई क्षेत्र स्वीकार नहीं किया गया।

यह बात कितनी ही कड़वी क्यों न हो, मगर आज सत्य यही है कि उर्दू व्यावहारिक स्तर पर केवल मुसलमानों की भाषा है। यह भी सच है कि स्वतंत्रता के पश्चात लाहौर या दक्षिण पंजाब के दूसरे हिस्सों से आये हुए पंजाबियों ने उर्दू का बहुत साथ दिया, लेकिन उनमें से किसी एक भी पंजाबी की मातृभाषा उर्दू नहीं थी और इसीलिए उन्होंने उर्दू की 'मार्केट वैल्यू' समाप्त हो जाने के बाद अपने बच्चों को उर्दू नहीं पढ़ायी। आज भी जो चन्द लोग उर्दू की 'मार्केट वैल्यू' को जानते हुए उसे पढ़ रहे हैं, वे केवल मुसलमान हैं। उर्दू आज 'स्टेटस सिम्बल' नहीं है, बल्कि कुछ लोग तो उर्दू पढने या उर्दू प्रेम को बिला तकल्लुफ पाकिस्तान

प्रेम कह देते हैं। यह बात दीगर है कि पाकिस्तान में भी उर्दू के नाम पर अधिकतर उन भारतीय ठेकेदारों को ही बुलाया जाता है, उर्दू जिनके लिए वास्तविक स्तर पर केवल लाभ कमाने का एक धंधा है। मगर संतोष का विषय है कि उर्दू के नाम पर ठेकेदारी करनेवालों की अन्तिम पीढ़ी जीवन के आखिरी पड़ाव पर है और अगले दस वर्षों में उर्दू को इन शाइलॉकों से छुटकारा मिल जायेगा।

भाषा समस्या निःसंदेह एक पेचीदा समस्या है और उर्दू के परिप्रेक्ष्य में पेचीदातर। इसीलिए उर्दूवालों को आज याद दिलाना जरूरी है कि पाकिस्तान के सबसे बड़े शायरों इकबाल और फैज दोनों की मातृभाषा पंजाबी थी तथा रामलुभाया खुश्तर गिरामी ने उर्दू के लिए भले कुछ किया हो, मगर उनकी भी मातृभाषा पंजाबी ही थी। स्वतंत्रता प्राप्ति के पश्चात उर्दू केवल मुसलमानों ने पढ़ी, यह जानते हुए भी कि पढ़ कर नौकरी नहीं मिल सकती।

स्वतंत्रता के बाद से आज तक दूसरा महत्त्वपूर्ण और सबसे अधिक भावनात्मक महत्त्व का मुद्दा उर्दू की फारसी लिपि के परिवर्तन का रहा है। इन संदर्भ में मेरी अपनी राय यह है कि उर्दू भाषा के परिप्रेक्ष्य में स्वतंत्रता के बाद उर्दू प्रेमियों और गैर-उर्दू भाषियों दोनों ही के द्वारा उर्दू के लिपि परिवर्तन को 'गैर-जरूरी' तौर पर महत्व दिया गया, जिसका कोई संबंध वास्तविक समस्या यानी एक भाषा के रूप में उर्दू के उत्थान या पतन से नहीं था। उर्दू की वर्तमान फारसी लिपि को देवनागरी में परिवर्तित करने की माँग पर सबसे अधिक जोर भी उन राजनैतिक दलों ने दिया, जो भारतीय मुसलमानों को गद्दार ठहराते नहीं थकते। मुसलमानों पर तो इसका विपरीत प्रभाव पड़ा ही, पॉपुलिस्ट मुस्लिम नेतृत्व ने अपने राजनैतिक स्वार्थों की पूर्ति के लिए इस स्थिति का खूब लाभ उठाया। आज स्थिति यह हो गयी है कि उर्दू की लिपि बदलने की माँग सुनते ही मुसलमानों पर ऐसी उग्र प्रतिक्रिया होती है जैसे किसी ने उनसे धर्म परिवर्तन करने के लिए कह दिया हो। मुसलमानों के इस रवैये को परिस्थितियों की तार्किक परिणति ही कहा जा सकता है।

उर्दू के नये सामाजिक और भाषिक संदर्भों में आजादी के बाद अब तक एक भी ऐसा लेख नहीं लिखा गया, जो उसकी फारसी लिपि के नये भाषा संदर्भों की ईमानदार व्याख्या करता हो। लिपि के संबंध में लिखे जानेवाले अधिकतर लेखों में एक ही तर्क होता है कि उर्दूवालों को विदेशी फारसी लिपि छोड़ देनी चाहिए। दूसरी ओर फारसी लिपि के समर्थकों का रवैया भी पूर्णतया पॉपुलिस्ट और अनर्गल तर्कों पर आधारित होता है।

स्वतंत्रता के बाद उर्दू भाषा (और साहित्य) के रवैयों में प्रत्येक स्तर पर जो महत्वपूर्ण परिवर्तन हुए हैं, अब तक उनकी भी कोई अकादमिक पड़ताल नहीं हुई। यह बात बहुत हद तक सच है कि स्वाधीनता के पश्चात उर्दू हिन्दी के बहुत

निकट आयी है। जिस तीव्रता से और जितनी बड़ी संख्या में स्वतंत्रता के पश्चात हिन्दी शब्दों ने उर्दू शब्द कोष और उर्दूवालों के व्यावहारिक जीवन में अपनी जगह बनायी है; वह अभूतपूर्व है। इस तथ्य का बड़ा कारण राजनैतिक है, मगर उससे यहाँ बहस नहीं। यहाँ बहस केवल इतनी है कि हिन्दी भाषा क्षेत्रों में बोली जाने-वाली भाषा को अगर देवनागरी लिपि में लिख दें तो वह हिन्दी है और अगर अरबी या फारसी लिपि में लिख दें तो वह उर्दू हो जाती है। हालाँकि साहित्यिक स्तर पर स्थिति भिन्न है, मगर उर्दू-हिन्दी के साहित्यिक मूल्यों की चर्चा इस समय हमारा विषय नहीं।

बहरहाल, अब सर्वेक्षण के माध्यम से प्राप्त तथ्यों की पड़ताल और व्याख्या तथा उर्दू के भविष्य पर लगे प्रश्नचिह्नों को स्पष्ट करने और संभव समाधान खोजने का प्रयास किया जाये।

मेरे सर्वेक्षण का मुख्य मुद्दा यह था कि 'क्या बदले हुए परिवेश में उर्दू मुसलमानों की भाषा बन कर नहीं रह गयी है और क्या अब उर्दू की सुरक्षा भी मुसलमानों को ऐसे ही करनी पड़ेगी जैसे वे अब तक भारत में इस्लाम की सुरक्षा करते रहे हैं? अधिकतर बुद्धिजीवी यह स्वीकार करने को तैयार ही नहीं थे कि उर्दू केवल मुसलमानों की भाषा है। उनका कहना यही था कि उर्दू का एक सेकूलर चरित्र और इतिहास है और उर्दू-हिन्दी तो बहनें-बहनें हैं, दोनों हिन्दुस्तान की भाषाएँ हैं आदि-आदि। मगर इस तथ्य को लगभग हर बुद्धिजीवी ने दोहराया कि दक्षिण भारत और बिहार में तो उर्दूवालों ने उर्दू को जीवित रखा। स्पष्टतः उनका आशय मुसलमानों से था, क्योंकि दक्षिण भारत में (बल्कि पूरे देश में) आज कोई ऐसा उर्दू स्कूल नहीं है जिसे मुसलमानों के अतिरिक्त किसी और धार्मिक सम्प्रदाय ने स्थापित किया हो। बिहार में तो उर्दू को जीवित रखने का काम विशेषकर दीनी मदरसों और मकतबों (धार्मिक शिक्षा केन्द्रों) ने ही किया है। वहाँ दीनी मदरसों और मकतबों की संख्या हजारों में है। जब इन मदरसों से केवल उर्दू पढ़ कर, ओरियन्टल परीक्षाएँ पास कर बड़ी संख्या में मुस्लिम युवक बेरोजगार घूमने लगे, तब उर्दू समस्या उस मोड़ पर पहुँची कि उसे बिहार में दूसरी भाषा का स्थान देना पड़ा। उत्तर प्रदेश में उर्दू को दूसरी राजभाषा का दर्जा दिये हुए तीन साल से अधिक होने को आये, मगर उस पर 'अमल दरामद' की मंजिल अभी कोसों दूर है। मुकदमा अदालत में है। बिहार के अनुभव से ही यह पता चला कि दूसरी सरकारी भाषा होने का अर्थ और महत्व चन्द लोगों को रोजगार मिलने से अधिक नहीं है, क्योंकि एक तो मुसलमान जीवन के प्रत्येक क्षेत्र में अत्यधिक पिछड़ा हुआ है और जब हिन्दी तक सम्मानजनक रोजगार सिर्फ रोजगार मिलने की गारंटी नहीं बन सकी तो फिर उर्दू किस खेत की मूली है?

वर्तमान हिन्दी भाषी राज्यों में आज उर्दू के मृतप्राय होने का बड़ा कारण

यही है कि मध्य वर्गीय और शिक्षित मुसलमानों ने सबसे अधिक यहीं से पाकिस्तान देशान्तरण किया और जो लोग बच गये थे, उनमें शिक्षा का अनुपात नगण्य था। आजादी से पूर्व जो गरीब मुसलमान मदरसे में उर्दू पढ़ रहा था, वही आज भी, उसी तरह उर्दू पढ़ रहा है। आज जब उर्दूवालों से यह माँग की जाती है (बल्कि आरोप लगाया जाता है) कि (1) वे उर्दू के प्रति उदासीन हैं अपने बच्चों को उर्दू नहीं पढ़ाते ; (2) उर्दू की पत्र-पत्रिकाएँ खरीदना और अपने ड्राइंग रूम में रखना (वैसे ड्राइंग रूप वाले मुसलमान हैं कितने ?) अपनी शान के विरुद्ध समझते हैं आदि, तो यह माँग करते समय हमारे मस्तिष्क में मुसलमानों का कुलीन वर्ग होता है। गरीब मुसलमान के उर्दू पढ़ने-न पढ़ने से अभी उर्दू के वर्तमान चरित्र और भविष्य पर शायद कोई फर्क नहीं पड़नेवाला।

बुद्धिजीवियों से, जिनकी बातों में केवल विरोधाभास और आरम्भ से अन्त तक अधूरी समझ की कारफरमाई थी, मेरा अगला और सबसे महत्वपूर्ण प्रश्न यह था कि क्या अब भारतीय मुसलमानों को उर्दू की सुरक्षा भी ऐसे ही करनी होगी जैसे वे अब तक (भारत में) इस्लाम की करते रहे हैं ? अधिकतर बुद्धिजीवियों ने चूँकि सीधे तौर पर यह स्वीकार ही नहीं किया था कि उर्दू मुसलमानों की भाषा है, अतः वे इस प्रश्न का दो टूक उत्तर नहीं देना चाहते थे। मगर अधिकतर ने उर्दूवालों को उनकी उदासीनता के ताने दे कर दक्षिणी भारत का यह उदाहरण प्रस्तुत किया कि वहाँ किस प्रकार उर्दू माध्यम के मान्यताप्राप्त स्कूल सैकड़ों की संख्या में चल रहे हैं, जबकि वह क्षेत्र कभी उर्दू का बड़ा गढ़ नहीं रहा। केवल महाराष्ट्र ही में, जहाँ मुसलमानों की अधिक संख्या ने कभी उर्दू को अपनी मातृभाषा नहीं कहा, लगभग पाँच सौ उर्दू माध्यम के जूनियर हाई स्कूल और हाई स्कूल हैं। अब दक्षिण भारत और महाराष्ट्र में, जहाँ क्षेत्रीय परम्पराएँ बहुत शक्तिशाली हैं, मुसलमान उर्दू पढ़ रहे हैं, तो निःसन्देह उर्दू मुसलमानों के बीच एक धार्मिक हैसियत अख्तियार करती जा रही है, हालाँकि (विशेषकर) दक्षिणी भारत में जो क्षेत्रीय पेचिदगियाँ हैं, उन्हें देखते हुए कोई अन्तिम बात कहना संभव नहीं।

सीधे तौर पर इस सवाल से, कि क्या उर्दू केवल मुसलमानों की भाषा है, जुड़े हुए कुछ और प्रश्न भी हैं, जिनमें सबसे महत्वपूर्ण और ज्वलन्त प्रश्न यह है कि क्या उर्दू अपने परम्परागत गढ़ उत्तर प्रदेश में दस-पाँच साल से अधिक जीवित रह सकेगी ? आज उत्तर प्रदेश के शिक्षित युवाओं में दस प्रतिशत भी मुश्किल से ऐसे मिलेंगे जो उर्दू को उसकी फारसी लिपि में पढ़ सकें। पूरे उ०प्र० में उर्दू माध्यम के प्राइमरी, जूनियर या हाई स्कूलों की संख्या नगण्य है और जिन दस प्रतिशत से भी कम लोगों ने उर्दू को एक ऐच्छिक विषय के रूप में पढ़ा है, उनका हाल भी कम खराब नहीं है, क्योंकि पूरे उत्तर प्रदेश के किसी कॉलेज या विश्वविद्यालय के

उर्दू विभाग में नियमित कक्षाएँ नहीं लगतीं और बी०ए० के स्तर पर अधिकतर विश्वविद्यालयों में उर्दू साहित्य के छात्र क्लास नोट्स हिन्दी में तैयार करते हैं। उर्दू शोध की स्थिति अत्यन्त शोचनीय है। भारत महान का हर विश्वविद्यालय उर्दू में शोध के इच्छुक हर गधे-घोड़े को प्रवेश दे देता है। उस भाषा में, जिसका वास्तविक स्तर पर जीवन में कोई स्थान नहीं, सैकड़ों लोगों का हर साल पी-एच०डी० की डिग्री प्राप्त करना—इसे ट्रेजेडी कहें या प्रहसन ?

उर्दू की उन्नति के लिए स्थापित तमाम सरकारी संस्थान हर तरह की अनियमितताओं के अड्डे बने हुए हैं और उर्दू के तथाकथित बुद्धिजीवियों में इनकी सदस्यता के लिए होड़ लगी रहती है। उर्दू के लिए संघर्ष करनेवाली समितियों का हाल भी वैसा ही है जैसा मुसलमानों के हित के लिए संघर्ष करनेवाली समितियों का कि समिति की स्थापना और संघर्ष का एकमात्र उद्देश्य ही सरकार से सौदेबाजी करना होता है। इसका एक परिणाम यह हुआ है कि अब आम उर्दूवाला उर्दू संघर्ष समितियों के साथ सहयोग करने को तैयार नहीं। उसने डॉ० जाकिर हुसैन से लेकर हयातुल्ला अन्सारी तक सबको अपनी कीमत खुद लगा कर उसे सरकार से वसूल करते देखा है।

उर्दू के लाखों की संख्या में प्रकाशित होनेवाले समाचार पत्र और पत्रिकाएँ कम होते-होते आज हजारों तक आ गये हैं। कई बहुत बड़ी पत्रिकाएँ बन्द होने के कगार पर हैं और कुछ बन्द भी हो चुकी हैं। सरकारी सहायता से पुस्तकें प्रकाशित तो होती हैं, मगर सरकारी अनुदान से चलनेवाले पुस्तकालयों द्वारा ही क्रय हो कर पुस्तकालयों के उन रैकों में बन्द हो जाती हैं वहाँ कभी उर्दू छात्र नहीं पहुँचता।

क्या उर्दू के परिप्रेक्ष्य में यह प्रश्न ज्वलन्त नहीं कि जो भाषा केवल नारों, वायदों और पुस्तकालयों के बल पर चल रही हो, वह कितने दिन जीवित रह सकती है ? मगर कुछ उत्साही लोग यह स्वीकार करते हुए कि वास्तव में उर्दू की स्थिति लबे दम मरीज-ए-इश्क की है : उम्मीद का दामन उस वक्त तक हाथ से छोड़ने को तैयार नहीं, जब तक मरीज का चहल्लुम न हो जाये। एक लम्बे समय तक उर्दू से भावनात्मक सम्बन्ध रखनेवाले मुस्लिम नौजवान की हैसियत से मुझे मालूम है कि कुछ न कर सकने की स्थिति में भी मुसलमान उर्दू के बारे में यथार्थवादी तर्क सुनने को तैयार नहीं, बिल्कुल उसी तरह जैसे वह अपने नेतृत्व पर अब रत्ती भर विश्वास नहीं करता, लेकिन अक्सर बुरे वक्त में अपनी जान दे कर उसकी इज्जत बचा लेता है। उ०प्र० में मुसलमानों के हाथ में उर्दू की दूसरी राजभाषा का झुनझुना थमाने के वक्त ही मैंने यह सवाल उठाया था कि उ०प्र० में उर्दू के दूसरी भाषा बनने के बाद दफ्तरों में जिन क्लर्कों, टाइपिस्टों आदि और स्कूलों में प्राइमरी स्तर से उच्च स्तर तक अध्यापकों की बड़ी संख्या में आवश्यकता होगी, वे कहाँ से

आयेंगे ? मदरसे के शिक्षित विद्यार्थी अरबी, फारसी में तो दक्षता रखते हैं, मगर हिन्दी, अंग्रेजी नहीं जानते । वे कभी स्कूल, कॉलेज या विश्वविद्यालय नहीं पहुँच सके । कोई विश्वविद्यालय इन मदरसों की डिग्रियों को अपने यहाँ प्रवेश के लिए वैध नहीं मानता । सैयद हामिद ने पहली बार अलीगढ़ में इन्हें प्रवेश के लिए वैध करार दिया । मगर इससे भी कुछ कोर्सों में बहुत बड़ी संख्या में ही प्रवेश संभव हो सका । आधिकारिक रूप में उर्दू को दूसरी भाषा का दर्जा मिलने के बाद भी व्यावहारिक स्तर पर प्रयोग में आने के लिए कम से कम एक और पीढ़ी की प्रतीक्षा करनी होगी या फिर मदरसे में शिक्षित उन लोगों के लिए भर्ती खोलनी होगी जो भारत में व्यावहारिक प्रयोग की दो भाषाओं (हिन्दी, अंग्रेजी) में से कोई एक भी भाषा नहीं जानते । इससे कार्यालयों में और अधिक तकनीकी पेचीदगियाँ पैदा होंगी ।

स्पष्टतः जहाँ तक उर्दू के भविष्य का प्रश्न है, वह बहुत भयावह है । केवल मुसलमानों से संबधित हो जाने के बाद इसे जीवित रखने और उसके लिए संघर्ष करने का उत्तरदायित्व मुसलमानों पर आ जाता है । मुस्लिम नेतृत्व के शायलॉकी रवैये के कारण भारत में मुसलमानों का भविष्य ही असंख्य खतरों में घिरा हुआ है, फिर उर्दू के भविष्य का हाल कौन जाने ! मुसलमानों में उस तरह की स्वयंसेवी संस्थाओं का भी अभाव-सा है जो उर्दू की भाँति संकट में घिरी किसी भाषा की रक्षा कर सकती हैं । ऐसी स्थिति में यही लगता है कि उर्दू का भविष्य मुसलमानों की धार्मिक संस्थाओं और दक्षिण भारतीय तथा बिहारी मुसलमानों के रवैयों पर काफी कुछ निर्भर करेगा । मैं दक्षिण भारतीय राज्यों, बिहार तथा उन तमाम क्षेत्रों में, जो उर्दू के नये भाषाई गढ़ हैं, उर्दू के बहुत सुनहरे भविष्य का सपना नहीं देखता । उर्दू के भविष्य पर बात करते हुए अति सरलीकरण की अपनी परम्परा का निर्वाह करते हुए उर्दू बुद्धिजीवी अक्सर कह देते हैं कि पश्चिम भारतीय मुसलमानों ने तो उर्दू की कब्र खोद दी है और अब यह या तो बिहार में जीवित रहेगी या फिर दक्षिण भारत में । कुछ लोग अगली ही साँस में यह भी कह देते हैं कि उर्दू का केन्द्र पुनः पश्चिम से दक्षिण भारत की ओर परिवर्तित हो रहा है । बात इतनी सीधी नहीं है । दक्षिण भारत में उर्दू के जिस पुरातन केन्द्र की बात की जाती है, वह भी केवल इस सीमा तक सच है कि दक्षिण के कुछ बड़े शहरों में उर्दू का रिवाज रहा जरूर है, मगर बहुत सीमित ।

उर्दू को केवल मुसलमानों की भाषा समझ कर सरकार द्वारा उसके साथ भी विभाजन के बाद से आज तक वही सौतेला सलूक किया जा रहा है, जो मुसलमानों के साथ किया गया, जिसके परिणामस्वरूप जीवन के प्रत्येक क्षेत्र में दूसरे सम्प्रदायों विशेषकर अल्पसंख्यक समुदायों की तुलना में मुसलमान कहीं अधिक पिछड़ गया और उर्दू मृतप्राय भाषा बन कर रह गयी । उर्दू के साथ एक और दुर्भाग्य यह हुआ कि विभाजन के बाद भारतीय मुसलमान अपने अन्दर उर्दू के लिए संघर्ष

करने का हौसला पैदा न कर सका और भय की मानसिकता में साँस ले रहे मुसलमानों की समस्याओं में इस्लाम, अलीगढ़ मुस्लिम यूनिवर्सिटी, पर्सनल लॉ आदि की वरीयता सूची में उर्दू कहीं स्थान न पा सकी। विभाजन के बाद काफी समय तक तो भारतीय मुसलमान इस खुदफरेबी के सहारे खुद को दिलासा देता रहा कि उर्दू की रक्षा सेकूलर और स्वतंत्रता से पहले पैदा होने अथवा दक्षिण पंजाब से देशान्तरण कर आनेवाले हिन्दू (पंजाबी) करेंगे। मगर जब यह सहारा भी टूटने लगा तो दक्षिण भारत, बिहार आदि में उर्दू की लहलहाती खेती के झूठे नारों की आगोश में मुसलमान ने पनाह ली। धरती की पथरीली वास्तविकता का अभ्यास करते हुए जमायते इस्लामी जैसे संगठनों ने पश्चिम भारत की वर्तमान यानी उर्दू से बिलकुल अनभिज्ञ नयी नस्ल के लिए नमाज वगैरह की किताबें हिन्दी में प्रकाशित करना आरम्भ कर दिया है, जबकि दक्षिण भारत के राज्यों में, जहाँ उर्दू के स्वर्णिम भविष्य का नारा लगाया जा रहा है, धार्मिक पुस्तकें मुख्यतः क्षेत्रीय भाषाओं में प्रकाशित की जा रही हैं। कुछ क्षेत्रों में, जिनमें बिहार भी सम्मिलित है, क्षेत्रीय बोलियाँ भाषा का रूप धारण कर। धार्मिक साहित्य प्रकाशित करने योग्य बन सकी हैं, इसीलिए वहाँ इस्लामी साहित्य उर्दू में प्रकाशित किया जा रहा है। केवल उर्दू में धार्मिक साहित्य का प्रकाशन उन्हीं क्षेत्रों में किया जा रहा है, जहाँ किसी स्थानीय भाषा के साथ उर्दू के टकराव का खतरा मौजूद नहीं। जिन प्रदेशों में क्षेत्रीयता की भावनाएँ बलवती और धर्म से अधिक महत्वपूर्ण हैं, वहाँ उर्दू के स्थान पर क्षेत्रीय भाषाओं को ही इस्लामी साहित्य के प्रकाशन का माध्यम बनाया जा रहा है।

आज परिस्थितियाँ बिलकुल भिन्न हैं। अब हैदराबाद जैसी छोटी-बड़ी असंख्य रियासतें उर्दू को संरक्षण देने के लिए मौजूद नहीं। फिर दक्षिण में कल नया भाषाई परिप्रेक्ष्य क्या होगा तथा कौन-से नये भाषाई विवाद सिर उठायेंगे, अभी कहना कठिन है। उप-महाद्वीप में धर्म और भाषा पिछले अर्धशतक में कई गुल खिला चुके हैं। धर्म के नाम पर पूर्व बंगाल का भारत से अलग होना, मगर बाद में भाषा विवाद उत्पन्न हो जाने पर पाकिस्तान का दो टुकड़े हो जाना ज्यादा पुरानी बात नहीं। बिहार जैसे पिछड़े हुए, ग्रामीण आधारवाले राज्य से उर्दू की रक्षा की आशा करना बुद्धिमानी नहीं। इस तरह की आशा एक बार फिर शुतुर्मुर्ग की तरह रेत में गर्दन दबा कर संकट के टल जाने का आभास दे कर स्वयं को धोखा देने के समान है।

मुस्लिम दीनी मदरसों को, जो आज भी पश्चिम भारत में बड़ी संख्या में हैं, उर्दू की रक्षा के लिए संगठित कर न केवल उर्दू को बचाया जा सकता है, बल्कि मुसलमानों में शिक्षा प्रसार की गति में भी कई गुना तेजी लायी जा सकती है। इस पद्धति को प्रत्येक क्षेत्र, चाहे वह दक्षिण भारत हो अथवा बिहार, सब जगह

समान रूप से बग़ैर किसी विवाद के लागू भी किया जा सकता है। लगभग प्रत्येक मस्जिद में चलनेवाले दीनी मदरसों की व्यवस्था को पुनर्गठित कर तबलीगी जमायत जैसे प्रभावशाली और राष्ट्रव्यापी आधार रखनेवाले धार्मिक आन्दोलन को उर्दू और उसके द्वारा मुस्लिम शिक्षा के लिए प्रयुक्त किया जा सकता है। मदरसों से उर्दू शिक्षा को जोड़ने के लिए अत्यधिक स्रोतों की आवश्यकता भी नहीं होगी। मुसलमानों की अत्यधिक पिछड़ी हुई अधिसंख्या को धर्म के नाम पर शिक्षा से जोड़ना कहीं अधिक सरल भी होगा। दीनी मदरसों के सैकड़ों साल से प्रचलित वर्तमान ढाँचे को बदलने की आवश्यकता पर मुस्लिम समाज के अन्दर बीसवीं शताब्दी के आरम्भ से ही विचार किया जा रहा है। मुसलमानों में अपने मदरसों के पाठ्यक्रम और नीतियों में आमूलचूल परिवर्तन करने की आवश्यकता दिन-प्रतिदिन बढ़ रही है। चन्दे और भीख से चलनेवाले मदरसों में सुधार के नाम पर साँप की तरह फन खड़े कर लेनेवाले धार्मिक ठेकेदारों को अपनी नीतियों में परिवर्तन करने के लिए भी तुरन्त तैयार होना होगा।

अलीगढ़ मुस्लिम विश्वविद्यालय को, जिसने आज तक उर्दू विभाग की स्थापना के अतिरिक्त किसी भी तरह उर्दू का हक अदा नहीं किया, बदलते हुए हालात में कम से कम जामिया मिल्लिया इस्लामिया की तरह उर्दू माध्यम से बी०एड०, एम० एड० आदि की शिक्षा का प्रबन्ध करना होगा और अपनी तथाकथित महानता के खोखले नारों से निकल कर पाठ्यक्रम को ऐसा बनाना होगा जिसमें उर्दू शिक्षा के लिए वास्तविक स्थान हो। उर्दू वहाँ अब भी एक आवश्यक (मगर ऐच्छिक) विषय के रूप में पढ़ायी जाती है, मगर केवल कागजों पर। विश्वविद्यालय के जीवन और शिक्षा ढाँचे में उर्दू का वास्तव में कोई स्थान नहीं है।

मीडिया के पूर्वाग्रह

नीरेन्द्र नागर

इलस्ट्रेटेड वीकली के संपादक अनिल धारकर ने 19-25 दिसंबर 1992 के अंक में अपनी संपादकीय टिप्पणी में सहकर्मियों के साथ हुई बैठक का जिक्र किया है। यह बैठक 6 दिसंबर के बाबरी विध्वंस की छाया में हो रही थी। एक ने पूछा, 'आपके पास आडवाणी के इस आरोप का क्या जवाब है कि जब कश्मीर में इतने सारे मंदिर तोड़े गये तब किसी ने चूँ तक नहीं की, दूसरी ओर एक—सिर्फ एक—मस्जिद टूटी तो सारा देश भड़क उठा?' दूसरे का मत था, 'हम लंबे अरसे से अल्पसंख्यकों की तरफदारी करते आये हैं।' एक और सहकर्मी ने शिकायत की, 'बाँग्लादेशी शरणार्थियों को हम क्यों आने देते हैं जबकि हमारे पास अपने लिए ही पर्याप्त साधन नहीं हैं। क्या केवल इसलिए नहीं कि वे अल्पसंख्यक हैं?'

संपादक के पास इन तमाम सवालों के माकूल जवाब थे जो उसने बैठक में रखे और अपनी टिप्पणी में दर्ज किये। लेकिन उसकी चिंता का मूल विषय यह था कि जब उच्च शिक्षित एवं सुविधा संपन्न वर्ग के लोग भी, जो काफी पढ़े-गुने और देश-विदेश में घूमे हुए हैं, चीजों को केसरिया चश्मे से देख रहे हैं, तो सड़क के आम आदमी से कैसे यह उम्मीद की जाये कि वह इन घटनाओं पर प्रतिक्रिया व्यक्त करते वक्त साम्प्रदायिक बहाव में नहीं बहेगा?

वैसे मौजूदा स्थिति में यह धारणा भी भ्रम ही साबित हुई है कि पढ़े-लिखे लोगों का सोच निश्चित तौर पर वैज्ञानिक या धर्मनिरपेक्ष ही होता है। गौर करने लायक बात है कि भारतीय जनता पार्टी की तरफ पहले पढ़े-लिखे तबके का ही झुकाव बढ़ा, उसके बाद अनपढ़ और ग्रामीण जनता का। सरकारी कर्मचारी जन-गणना और विकास के आँकड़ों से बखूबी वाकिफ होते हैं, लेकिन मुसलमानों के बारे में सबसे ज्यादा झूठ का प्रचार वे ही करते मिल जायेंगे, बल्कि यों कहा जाये कि इसी पढ़े-लिखे वर्ग के अनौपचारिक 'मीडिया' के कारण संघ परिवार का झूठ लोगों के गले उतर रहा है।

अनिल धारकर की उपर्युक्त टिप्पणी का शीर्षक है—'आप ठीक कहते हैं

आडवाणी जी, हम छद्म धर्मनिरपेक्षतावादी हैं।' यहाँ 'हम' का इस्तेमाल हालाँकि 'वीकली' के पत्रकारों के संदर्भ में है, लेकिन आम तौर पर सभी बुद्धिजीवियों और खास तौर पर अखबारी दुनिया के लिए यह काफी हद तक सही है। खासकर हिंदी-उर्दू अखबारों के लिए।

हिंदी व उर्दू के मुकाबले अंग्रेजी के अखबारों या पत्रिकाओं को ज्यादा धर्म-निरपेक्ष एवं समदर्शी माना जाता रहा है। इसकी एक वजह तो यह है कि अंग्रेजी में लिखनेवाले राजनीतिक-आर्थिक विचारधाराओं से प्रभावित रहे हैं। या तो वामपंथी या दक्षिणपंथी। वामपंथियों में जहाँ धार्मिक संप्रदायवाद के लिए कोई जगह नहीं है, वहीं दक्षिणपंथी पश्चिमी पूँजीवाद से प्रभावित थे और उनके लिए हिंदुओं को मुसलमानों से श्रेष्ठ साबित करने से ज्यादा जरूरी था पूँजीवाद को साम्यवाद से बेहतर सिद्ध करना। नेहरू एवं इंदिरा के शासनकालों में बहस एवं विचार अर्थ-व्यवस्था के चरित्र एवं विकास के तरीकों पर केंद्रित हुआ करते थे। फिर अंग्रेजी के लेखकों-पत्रकारों का दायरा भी अंतर्राष्ट्रीय रहा है—इस वजह से भी कि अपने भाषा ज्ञान के कारण वे ब्रिटेन व अमेरिका की पत्र-पत्रिकाओं से अभिज्ञ रह सकते हैं।

अपनी अंतर्राष्ट्रीय दृष्टि के साथ अंग्रेजी मीडिया राष्ट्रीय संस्कृति के प्रति निरपेक्ष भी रहा है। इस हद तक कि 25 दिसंबर के बड़े दिन और 1 जनवरी के नव वर्ष पर भले ही अंग्रेजी अखबार में सामग्री छप जाये, होली-दीवाली या ईद-मुहर्रम पर उसमें शायद ही कुछ छपे। उसके पाठक भी इस बात की शिकायत नहीं करते थे, क्योंकि वे भी ज्यादातर इसी मानसिकता में ढले थे। इन अखबारों की इस मानसिकता का सबसे बड़ा नुकसान यह हुआ कि वे देवराला ही नहीं, शाह बानो और हमीदन जैसे मामलों पर भी मीडिया के बजाय समाज सुधारक की भूमिका में खड़े हो जाते हैं। अपने बृहत आकार के कारण बहुसंख्यक समाज इस आक्रामकता को पचा जाता है, पर अल्पसंख्यक इसे बहुसंख्यकों का हमला समझने लगते हैं।

1986 में अयोध्या स्थित राम जन्मभूमि-बाबरी मस्जिद का ताला खुलने से पहले अंग्रेजी पाठकों में हिंदूवाद का प्रभाव बहुत कम नजर आता था। दरअसल, आजादी के बाद से हिंदू महासभा एवं भारतीय जनसंघ जैसी पार्टियों का असर बहुत सीमित रहा—उत्तर भारत में और वह भी छोटे व्यापारियों एवं मध्य वर्ग में। यह ऐसा तबका था, जो अंग्रेजी में पारंगत न होने या हिंदी के प्रति अपनी आस्था के कारण हिंदी अखबारों पर निर्भर रहा। अतः अंग्रेजी पत्र-पत्रिकाओं के लिए यह बाध्यता भी नहीं रही कि वे हिंदूवादी पाठकों के दबाव में खुद को बदलें।

यह दबाव अंदर से एवं ऊपर से आया। 1977 में केंद्र में जनता पार्टी की

सरकार बनने एवं जनसंघ घटक के लालकृष्ण आडवाणी के सूचना एवं प्रसारण मंत्री बनने के बाद 'हिंदुत्व' को सरकारी तंत्र में एवं मीडिया जगत में पहली बार सम्मान मिला। आपातकाल में राष्ट्रीय स्वयंसेवक संघ पर लगे प्रतिबंध के कारण और बाद में दोहरी सदस्यता के मुद्दे पर जनता पार्टी के विभाजन के चलते 'हिंदूवाद' बहस के केंद्र में आया और जो शहरी बुद्धिजीवी इंदिरा गाँधी के वंशवाद एवं चरण सिंह के किसानवाद को नापसंद करने लगा था, उसके सामने हिंदूवाद एक नये विचार के तौर पर आया। अत: 1980 के चुनाव में भले ही भारतीय जनसंघ के नये अवतार भारतीय जनता पार्टी को केवल दो सीटें मिलीं, लेकिन दक्षिणपंथी बुद्धिजीवियों का एक वर्ग उसे अपना चुका था। नतीजतन टाइम्स आफ इंडिया के संपादक गिरिलाल जैन ने तेवर बदला और अरुण शौरी जैसे मिशनरी पत्रकार का उदय हुआ। ये दोनों आज भले ही किसी अखबार से न जुड़े हुए हों, लेकिन अंग्रेजी की कई पत्र-पत्रिकाओं में कई भावी या छोटे-मोटे गिरिलाल जैन एवं अरुण शौरी तैयार हो चुके हैं। 'वीकली' के तीन पत्रकारों का किस्सा इसका प्रमाण है।

हिंदी पत्र-पत्रिकाओं की स्थिति अंग्रेजी के अलग है। इसके पाठकों में हिंदूवादी तबका शुरू से रहा है, अत: हिंदी, गोरक्षा या अखंड भारत जैसे मामलों पर ये अखबार एवं उनके पाठक समय-समय पर चर्चा करते रहे हैं। फिर ये अखबार तीज-त्योहारों पर विशेषांक के माध्यम से भी हिंदू संस्कृति के प्रति अपनी पक्षधरता का परिचय देते रहे हैं। दशहरा, दीवाली या होली पर हिंदी पत्र-पत्रिकाएँ नियमित परिशिष्ट निकालते हैं, लेकिन ईद या मुहर्रम के अवसर पर कभी विशेषांक तो दूर लेख या फीचर भी शायद ही छापते हैं। खबरों के स्तर पर अखबार इतना भर कर देते हैं कि शहर की मुख्य मस्जिद में ईद की नमाज या मुहर्रम के जुलूस की तस्वीर एवं रिपोर्ट प्रकाशित कर दें।

ऐसा क्यों होता है, खासकर तब जबकि यह स्थापित तथ्य है कि उत्तर भारत के अधिकतर साक्षर मुसलमान दैनिक खबरों के लिए हिंदी अखबार ही पढ़ते हैं?

कारण कई हैं। एक तो यही कि हिंदी पत्रकारिता जगत में अधिकतर लोग हिंदू हैं—सवर्ण हिंदू (नवभारत टाइम्स को छोड़ कर शायद ही कोई हिंदी का अखबार होगा जिसमें चार-पाँच मुस्लिम पत्रकार काम करते हों)। ये हिंदू पत्रकार अवचेतन में यही विश्वास पाले रहते हैं कि उनके सभी पाठक हिंदू हैं, अत: संवाददाता हो या उपसंपादक या किसी फीचर पेज का प्रभारी, उनका नजरिया यही होता है कि (हिंदू) पाठकों को प्रिय लगनेवाली सामग्री देनी है।

यदि संपादकीय स्तर पर मुस्लिम पत्रकार नगण्य या बिलकुल ही नहीं हैं, तो स्वतंत्र पत्रकार के रूप में भी वे नजर नहीं आते। जिस तरह स्त्री पत्रकारों को स्त्री-विषयक या ललित कलाओं से जुड़े विषयों तक सीमित करने की प्रवृत्ति पुरुष

संपादकों में पायी जाती है, वैसी ही प्रवृत्ति मुस्लिम पत्रकारों को इस्लामी विषयों तक सीमित करने के पीछे भी काम करती है। आम हिंदी अखबारों या पत्रिकाओं में मुस्लिम पत्रकार छपता है, तो या तो वह इस्लाम की महिमा का बखान कर रहा होगा या फिर कठमुल्लावाद की आलोचना। ऐसा भी हो सकता है कि उसे उर्दू या पाकिस्तानी अखबारों की साप्ताहिक-पाक्षिक समीक्षा का जिम्मा सौंप दिया जाये। किसी भी सामान्य विषय पर, जिसे राष्ट्रीय महत्त्व का कहा जा सकता है, उससे नहीं लिखवाया जाता। उन विषयों पर तो बिलकुल ही नहीं, जिन पर उनका धार्मिक-राजनीतिक नजरिया भिन्न होता है।

इस सिलसिले में नवभारत टाइम्स का एक वाकया बताना उचित होगा। बात 1990 की है, जब कश्मीर में मुस्लिम महिलाओं के साथ भारतीय सुरक्षा बलों द्वारा किये गये दुराचार के आरोपों पर एक स्वयंसेवी संस्था की रपट के कुछ अंश रविवारीय परिशिष्ट 'रविवार्ता' में प्रकाशित किये गये थे। ये अंश प्रधान एवं कार्यकारी संपादकों की सहमति से ही छापे गये थे। लेकिन चूँकि तब 'रविवार्ता' का प्रभारी एक मुसलमान था, इसलिए यह आरोप दफ्तर और बाहर के कई लोगों ने लगाया कि मुसलमान होने के नाते ही उसने 'भारत विरोधी' एवं 'पाकिस्तान परस्त' रिपोर्ट छापी है।

लेकिन यह अविश्वास या शंका एकतरफा नहीं है। दरअसल, इस्लाम के धर्म ग्रन्थों, उसके पैगंबरों, उसकी मान्यताओं पर जरा-सी भी प्रतिकूल टिप्पणी करने पर मुस्लिम समुदाय जिस तरह की उग्र प्रतिक्रिया व्यक्त करता है, उसके कारण हिंदी के हिंदू पत्रकारों ने उसे न छूने में ही अपनी सुरक्षा देखी है। वे न तो मुस्लिम पक्ष को समझने की कोशिश करते हैं न उस पर किसी मुसलमान से लिखवाते हैं। अखबार लोकतांत्रिक अभिव्यक्ति का माध्यम है और इस मैदान में कोई पक्ष 'अपनी शर्तों के साथ' उतरना चाहे तो कोई कैसे उसकी अनुमति दे सकता है? इसलिए इस्लामी पक्ष मैदान से बाहर रह जाता है। परन्तु यहाँ यह तथ्य भुला दिया जाता है कि इस्लाम पर बहस के अतिरिक्त भी ऐसे कई मुद्दे हैं जो मुसलमानों से ताल्लुक रखते हैं और जो लौकिक ज्यादा हैं, आध्यात्मिक या दार्शनिक कम। यह भी नजरअंदाज कर दिया जाता है कि कई मामलों में उनके वही विचार और हित-अहित होते हैं जो किसी हिंदू के होते हैं।

यदि हिंदी पत्र-पत्रिकाओं में मुस्लिम त्योहारों एवं संस्कृति की उपेक्षा तक ही मामला सीमित रहता तो शायद इससे मुस्लिम पाठक ज्यादा आहत नहीं होता। असली मुश्किल तब खड़ी होती है जब कोई मुद्दा हिंदू बनाम मुस्लिम बन कर आता है और इसमें हिंदी अखबार खुल्लमखुल्ला हिंदू पक्ष का प्रचार करने लगते हैं।

1990 में लालकृष्ण आडवाणी की रथयात्रा के दौरान यह पक्षपात बड़े पैमाने पर सामने आया। खबरों की प्रस्तुतियों से ले कर संपादकीय टिप्पणियों

तक में यह झलक रहा था। अफवाहों को खबर बना कर प्रमुखता से छापने के कारण कई जगहों पर दंगे भड़क उठे। आगरा से प्रकाशित 'आज' ने तो 11-13 दिसंबर 1990 को खबर छाप दी कि अलीगढ़ मुस्लिम विश्वविद्यालय के जवाहर लाल नेहरू मेडिकल कॉलेज में भर्ती 32 मरीजों को जहरीला इंजेक्शन दे कर उनकी हत्या कर दी गयी। बाद में विरोध और जाँच के बाद यह खबर झूठी सावित हुई और प्रेस काउंसिल ने 'आज' की कड़ी निंदा भी की। लेकिन उस दौरान उस खबर ने अपना असर दिखा ही दिया।

आडवाणी की रथयात्रा के दौरान उत्तर प्रदेश और बिहार के हिन्दी अखबार 'स्वतंत्र चेतना', 'स्वतंत्र भारत' और 'दैनिक जागरण' ने जिस तरह की भड़काऊ खबरें छापीं, उससे बड़े पैमाने पर दंगे हुए। इन अखबारों ने 1990 के अक्तूबर में की गयी कार सेवा के दौरान पुलिस फायरिंग में हुई मौतों की तादाद बेहद बढ़ा-चढ़ा कर छापी, जो बाद में सब गलत निकलीं। प्रेस काउंसिल ने 21-22 जनवरी 1991 को दी गयी अपनी विस्तृत रिपोर्ट में इन अखबारों की कड़ी निंदा की है। पता नहीं इस बार 6 दिसम्बर के हादसे में ये अखबार इसीलिए संयमित रहे या अपना मकसद यों ही कामयाब होते देख कर।

25 दिसंबर को बनारस में ज्ञानवाणी मस्जिद में पढ़ी गयी नमाज पर रपट लिखते समय 'नवभारत टाइम्स' एवं 'जनसत्ता' जैसे राष्ट्रीय अखबारों के संवाददाताओं ने खबर को इस तरह पेश किया जैसे बनारस में तनाव बढ़ाने के लिए ये मुसलमान ही जिम्मेदार थे। इसी तरह कश्मीर में मंदिरों के गिराये जाने के भाजपाई आरोप को एक तरह से पुष्ट करते हुए नवभारत टाइम्स ने 18 फरवरी 93 को उन मंदिरों की सूची छाप दी जिन्हें जंगजुओं ने कथित रूप में क्षति पहुँचायी थी जबकि उन मस्जिदों के बारे में संवाददाता चुप्पी लगा गया जो हिंसा की भेंट चढ़ी थीं। 'जनसत्ता' ने अगले ही हफ्ते एक रपट छापी, जिसमें कश्मीरी मंदिरों के बारे में भाजपाई पक्ष झूठा सावित होता था। 'जनसत्ता' ने 6 दिसंबर 92 के बाद अपनी संपादकीय टिप्पणियों एवं खबरों की प्रस्तुति में जो दिशा बदली थी, यह रपट उसी प्रक्रिया की एक कड़ी थी।

अखबारों की नीति तय करने में हालाँकि संपादक की, कहीं-कहीं मालिक की भी, अहम भूमिका होती है, लेकिन संवाददाता एवं उपसंपादक के स्तर पर यह नीति पोषित या अवहेलित भी हो सकती है। मसलन जब पाकिस्तान में मंदिरों पर हमले हुए तो उनकी खबरों या चित्रों को कहाँ और किस तरह लेना है, इस पर भले ही किसी वरिष्ठ संपादक ने निर्देश दिया हो, लेकिन पाकिस्तान के प्रधानमंत्री नवाज शरीफ ने जब क्षतिग्रस्त मंदिरों की मरम्मत का वादा किया, तो उसे उसी प्रमुखता से छापना या न छापना रात की पाली के मुख्य उपसंपादक पर निर्भर होता है और यह तथ्य है कि अधिकतर हिन्दी अखबारों में उसे पहले

पृष्ठ पर प्रमुखता से छापने योग्य नहीं समझा गया, जबकि दिसंबर के तनावपूर्ण माहौल में उसका छपना मददगार हो सकता था।

सवाल फिर वही उठ रहा होता है—हिन्दी का आम पत्रकार हिन्दू-मुस्लिम विवाद में पेशेवर (दूसरे शब्दों में निष्पक्ष) नजरिया क्यों नहीं अपना सकता? जवाब आरक्षण विरोधी आंदोलन के वक्त की उसकी भूमिका में छिपा है। जिस तरह अखबारी दुनिया में काम करनेवाले अधिकतर पत्रकार सवर्ण हिन्दू हैं, इसलिए वे आरक्षण के मुद्दे नर दलित एवं पिछड़ा पक्ष नहीं देख पाये, उसी तरह राम जन्मभूमि-बाबरी मस्जिद विवाद (दूसरे शब्दों में हिन्दू-मुस्लिम विवाद) में वे मुस्लिम पक्ष नहीं देख पाते।

मीडिया में मुसलमानों के प्रति पूर्वाग्रह की एक वजह तो यह है ही कि इसमें मुसलमानों की तादाद न के बराबर है, लेकिन यह तो एक अंकगणितीय वजह हुई। सवाल उठता है कि क्या मीडिया के लोग सचमुच इतने जागरूक हैं कि वे समाज को सही और उपयुक्त जानकारी दे सकें और जाग्रत कर सकें? और अगर वे जागरूक हैं तो क्या वे ऐसा करने के लिए स्वतंत्र हैं? दोनों सवालों के जवाब सिर्फ 'हाँ' या सिर्फ 'ना' में नहीं दिये जा सकते। लेकिन निश्चित तौर पर जवाब 'ना' की तरफ ज्यादा झुका हुआ होगा।

आधुनिक भारतीय मीडिया का उदय इमरजेंसी के दौरान व उसके बाद हुआ है। उसके पहले अंग्रेजी पत्रकारिता स्वाधीनता संघर्ष के विंटेज कार में और हिन्दी पत्रकारिता कस्बाई ताँगे पर चल रही थी। अंग्रेजी पत्रकारिता पर विक्टोरियाई अंग्रेजीवाले साहबों का कब्जा था तो हिन्दी पत्रकारिता पर साहित्यकार कुंडली मारे बैठे थे। लेकिन इमरजेंसी के बाद अखबारों को अपनी ताकत का एहसास हुआ और विशेष तौर पर हिन्दी पत्रकारिता ने भी देश की राजनीति में हस्तक्षेप शुरू किया। यह वह दौर था जब जेपी आंदोलन औन नक्सलवादी आंदोलन टूट चुके थे और तमाम पूर्व क्रांतिकारी पत्र-पत्रिकाओं में अपनी न्यूनतम संतुष्टि तलाश रहे थे। चूंकि वे ऐसी विचारधाराओं से लैस थे जिनमें सांप्रदायिकता की गुंजाइश नहीं थी, इसलिए उस दौरान पत्र-पत्रिकाओं की भूमिका न तो इतनी अल्पसंख्यक विरोधी थी और न ही इतनी भड़काऊ, हालाँकि उस दौरान भी मीडिया में हिन्दुओं का ही दबदबा था। तब तक कहीं दंगा या कोई घटना होने पर मीडिया जातीय समुदायों का नाम साफ तौर पर नहीं लिखता था। यह स्पष्टवादिता बाद में आयी।

यही दौर था, जब राष्ट्रीय स्वयंसेवक संघ से संबंधित लोग भी पत्रकारिता में थोक में आये। लेकिन एक बात और गौर करने की है कि आज अखबारों या पत्रिकाओं में जो लोग संघ परिवार को वैचारिक आधार दे रहे हैं, उनमें कई पूर्व समाजवादी या साम्यवादी भी हैं। क्रांतिकारी विचारों की पृष्ठभूमि से आये लोग

न तो कांग्रेस के इस दुष्प्रचार को रोक सके कि दंगे वहीं होते हैं जहाँ अल्पसंख्यक ज्यादा होते हैं और न ही संघ परिवार के इस कुप्रचार को कि मुसलमान एक दिन हिन्दुओं को अल्पसंख्यक बना देंगे। यानी वैचारिक प्रशिक्षण के बावजूद वे पत्रकारिता को तथ्यपरकता और निष्पक्षता नहीं दे सके। तो बिना वैचारिक प्रशिक्षण के सिर्फ ताकत की चाह में पत्रकारिता करनेवालों से कैसे उम्मीद की जा सकती है? इस बीच दो और महत्त्वपूर्ण घटनाएँ हुईं। एक, असम, कश्मीर और पंजाब में उठे क्षेत्रीयतावादी और अलगाववादी आंदोलन और दो, इलेक्ट्रॉनिक मीडिया का आगमन। इस दौरान जहाँ सभी राजनैतिक दलों में राष्ट्रीयता की सौगंध खाने की होड़ मच गयी, वहीं कांग्रेस ने बहुसंख्यक वोट बैंक खड़ा करने का संकल्प ले लिया। अखबार इलेक्ट्रॉनिक मीडिया और तमाम पत्र-पत्रिकाओं के आगमन से अपने भविष्य को ले कर चिंतित थे। नतीजतन वे टेलीविजन को कोसते हुए 'भारत माता' की जयजयकार कर हिन्दू पाठक बनाने निकल पड़े। यह सब अचानक नहीं था। यह राष्ट्रीय समाज के निर्माण की प्रक्रिया का एक प्रतिफल था। हिन्दू धर्म के सनातन मूल्यों के आधार पर राष्ट्रीय समाज बनानेवाले तो मुसलमानों की पहचान को हड़प जाने का प्रयास कर ही रहे थे, लेकिन पश्चिमी ढंग से 'सेकूलर स्टेट' बनाने की कोशिश में लगे लोगों ने भी मुसलमानों को कम ठेस नहीं पहुँचायी। शाह बानो, सलमान रुश्दी, मुशीरुल हसन या हमीदन जैसा कोई भी विवाद खड़ा हो, अंग्रेजी मीडिया मुस्लिम समाज को सुधारने का बीड़ा उठा लेता है। वे नहीं समझ सके कि समाज सुधार का बाहर से किया गया यह प्रयास मुसलमानों को मुख्य धारा से और काट देगा।

संक्षेप में भारतीय मीडिया में यह सामर्थ्य कतई नहीं दिखती कि वह समाज की चेतना की मशाल बन सके। वह भी उतना ही भ्रमित दिखता है जितना भारतीय समाज। लेकिन इससे भी महत्वपूर्ण सवाल यह है कि क्या मीडिया सचमुच स्वतंत्र है? रेडियो-टेलीविजन को तो खैर कोई स्वतंत्र नहीं कहता, पर निष्पक्षता और स्वतंत्रता का दावा करनेवाली पत्र-पत्रिकाओं की क्या स्थिति है? आज जब अखबार या अखबार समूहों के मालिकों को प्रबंध संपादक बनने का चस्का लग गया है, यह सोचना भ्रम होगा कि वे संपादकीय नीति में दखल करने का लोभ संवरण कर पाते होंगे। किसी भी अखबार का सम्पादक अपने मालिक की मर्जी के खिलाफ न मुस्लिम समर्थक (भाजपा विरोधी) अभियान चला सकता है और न ही मुस्लिम विरोधी, बल्कि ज्यादातर अखबार समूहों के मालिकों ने प्रेस की स्वाधीनता दिखाने के लिए एक अखबार को भाजपा विरोध में लगा रखा है और दूसरे को समर्थन में। यानी जो पार्टी सत्ता में आती दिखे, उसी से सौदा पट जाये। इसके बावजूद अखबार समूहों के कई मालिकों के भाजपा के प्रति स्पष्ट झुकाव से इन्कार नहीं किया जा सकता।

मुसलमानों के प्रति मीडिया में इतने पूर्वग्रह के बावजूद 6 दिसबर की घटना की न सिर्फ कड़ी निंदा हुई, बलिक उस दिन अयोध्या में कई पत्रकारों ने जान जोखिम में डाल कर भाजपा के कुकृत्य का खुलासा किया। गौर करने लायक बात है कि यह सब पुरानी मिशनरी पत्रकारिता का नहीं, बलिक आज की प्रोफेशनल पत्रकारिता का साहस था। यह एक सुखद स्थिति है। इसके बावजूद मुसलमानों का यह कहना भी सही है कि मीडिया उनकी पीड़ा को सही तरीके से नहीं दिखा पा रहा है। मेरठ, मलियाना, भागलपुर या कर्नलगंज (गोंडा) में मुसलमानों के साथ जो कुछ हुआ, उसे प्रिंट मीडिया तो छोड़ें, इलेक्ट्रॉनिक मीडिया भी नही दिखा सका। हाल में बंबई के दंगों के बारे में मशहूर स्तंभकार इकबाल मसूद का कहना है कि वहाँ जो कुछ हुआ, उसे भारतीय मीडिया समझ ही नहीं सकता। हाँ, किसी हद तक बीबीसी या सीएनएन ने उसे दिखाया। पर बीबीसी की टिप्पणियों में हिन्दू पूर्वग्रह हावी था। सीएनएन जरूर निष्पक्ष रहा।

भारतीय इलेक्ट्रॉनिक मीडिया की स्थिति तो बेहद निराशाजनक है। उसे हर छोटे-मोटे सच में भी राष्ट्र के विखंडित होने का खतरा दिखाई पड़ता है। इसीलिए उसका काम सच्चाई पर लीपापोती का रह गया है। कुछ कार्यक्रमों (जैसे सईद नकवी का कानपुर दंगों वाला कार्यक्रम) को छोड़ कर इस बीच दूरदर्शन ने अयोध्या हादसे और उससे जुड़े संपूर्ण घटनाक्रम पर सिर्फ लीपापोती की है। ऐसी स्थिति में वह न तो हिन्दुओं के भरोसे का बन सका है न मुसलमानों के। अयोध्या और बम्बई की घटनाओं पर दूरदर्शन ने साफ तौर पर कुछ नहीं दिखाया और सांप्रदायिक सद्भावना के लिए जो फिलमी कलाकारों की अपील भी दिखायी, वह हास्यास्पद बन कर रह गयी।

भारत के लोकप्रिय मीडिया के इस रवैये को देखते हुए मुसलमानों के पास दो ही रास्ते हैं। एक, वे उर्दू अखबारों की शरण में चले जायें जहाँ की मध्ययुगीन और एकपक्षीय दुनिया उन्हें काफी राहत देगी। दो, विदेशी संचार माध्यमों की शरण स्वीकार करें। जाहिर-सी बात है, आज तेजी से घटती घटनाओं और उनकी व्यापकता को देखते हुए उर्दू अखबारों के संसाधन उन्हें पूरी तरह समेटने में नाकाफी हैं। इसलिए विदेशी संचार माध्यम ही सामयिक जरूरतों के लिए सर्वथा उपयुक्त जान पड़ते हैं। बलिक बहुसंख्यक समाज भी उन्हीं पर ज्यादा भरोसा करता है।

दरअसल, मीडिया मुसलमानों की उपेक्षा करते हुए न सिर्फ भारतीय समाज को नुकसान पहुँचा रहा है, बल्कि अपनी विश्वसनीयता भी खोता जा रहा है। मीडिया का सबसे बड़ा धर्म सत्य का उजागर करना है। अगर वह यह सोचता है कि इस धर्म का पालन किये बिना वह फल-फूल सकेगा, तो यह उसका भ्रम है। जो लोग सोचते हैं कि पत्रकार स्वाभाविक तौर पर इस भूमिका को समझ लेंगे या समझते

हैं वे गलती कर रहे हैं। यह सच है कि तमाम चीजें काम के दौरान ही सीखी जाती हैं। लेकिन सम्यक प्रशिक्षण की जरूरत न महसूस करना कुछ उसी तरह है जिस तरह कभी आर्ट्स कॉलेज की जरूरत पर सवालिया निशान लगाया जाता था। यह उम्मीद करना तो उचित नहीं है कि सारे मीडियावाले एक ही विचार के हों, पर इतना तो जरूर होना चाहिए कि उनमें मानवीय मूल्यों की गहरी समझ हो और जिस क्षेत्र में वे काम कर रहे हों, उसका इतना ज्ञान हो कि वहाँ की बातों को सही तरीके से रख सकें। इन बातों को ध्यान में रखते हुए हमें स्वतंत्र, समझदार, निष्पक्ष और आधुनिक मीडिया के लिए संघर्ष करना होगा। शायद तभी मीडिया तमाम तरह के पूर्वाग्रहों से मुक्त हो सकेगा और व्यवस्था में रहते हुए भी उसके दलदल से ऊपर उठकर उसे कुछ रचनात्मक प्रेरणा दे सकेगा।

भारतीय राजनीति और मुसलमान

सुरेन्द्र मोहन

यह एक विडम्बना थी कि 1946 के चुनाव से पहले और विशेषकर 1937 के चुनाव में मुस्लिम लीग को बहुत कम सफलता मिली थी, लेकिन 1946 में वह उनकी प्रतिनिधि संस्था जैसी बन कर उभरी। पंजाब में उसने यूनियनिस्ट पार्टी को हराया और बंगाल में फज़लुल हक की कृषक प्रजा पार्टी के बड़े भाग को अपने दामन में समेट लिया। अलबत्ता सीमा प्रांत में उसकी हार हुई। परतु जिन इलाकों में मुसलमान अल्प संख्या में थे, वहाँ लीग को उनका भारी समर्थन मिला। यह उल्लेखनीय है कि मतदान का अधिकार लगभग 13 प्रतिशत वयस्कों को ही था और उसके साथ सम्पत्ति की कसौटी जुड़ी हुई होने के कारण विशिष्ट वर्गों को ही वह अधिकार मिला था। मुसलमानों के मामले में यह और भी अधिक अर्थपूर्ण है, क्योंकि उनमें अमीरी-गरीबी का अन्तर ज्यादा था।

पाकिस्तान बनने के बाद इन विशिष्ट वर्गों के बड़े भाग ने वहीं वसने का फैसला किया। फलस्वरूप मुस्लिम समुदाय ने उस दशक में जिन्हें अपना नेता माना था वे और पुराने नवाब, जागीरदार और अफसर या सुशिक्षित लोग जन-साधारण को छोड़ कर शासन के नये अवसरों के उपयोग के लिए चले गये। उन्हीं दिनों, देश के विभाजन की प्रतिक्रिया में वैसा हिन्दुत्ववाद उभर रहा था जो मुसलमानों को ही विभाजन के लिए जिम्मेदार मानता था। कांग्रेस, कम्युनिस्ट पार्टी और सोशलिस्ट पार्टी में बहुत-से मुसलमान नेता मौजूद थे, जिन्होंने स्वाधीनता आंदोलन में भाग लिया था, परंतु उनके साथ जनसाधारण की कुछ दूरी बन चुकी थी।

कांग्रेस पार्टी ने उस अवसर पर एक ओर तो मुस्लिम लीग के उन नेताओं का सहयोग लिया जो भारत में रह गये थे और दूसरी ओर भारतीय जनसंघ, हिन्दू महासभा और रामराज्य परिषद जैसे साम्प्रदायिक संगठनों की शक्ति को अतिरंजित कर मुसलमान समुदाय में असुरक्षा की भावना बढ़ायी। जरूरत तो यह थी कि वे राष्ट्रवादी नेताओं पर भरोसा करते और देश के नवनिर्माण में जो

आर्थिक और सामाजिक चुनौतियाँ थीं, उन पर बहस करते और समाजवादी दल एवं कम्युनिस्ट पार्टी जो विकल्प प्रस्तुत कर रहे थे, उन पर विचार-विनिमय और वाद-विवाद करते। इस तरह की बहस मुस्लिम समुदाय और हिन्दू समुदाय में साझेपन की भावना को बढ़ाती।

दूसरा आम चुनाव आते-आते मुस्लिम समुदाय में एक ऐसा वैकल्पिक विचार मंथन चल पड़ा था कि सामाजार्थिक सवालों पर प्रगतिशील तत्त्वों के साथ जुड़ा जाये। अतः असम, बंगाल, बिहार, उत्तर प्रदेश, कर्नाटक और महाराष्ट्र में इस विचार से प्रभावित लोग प्रगतिशील विपक्ष के साथ जुड़े। इस प्रक्रिया को तब ठेस लगी जब केरल की कम्युनिस्ट सरकार के खिलाफ कांग्रेस, प्रजा सोशलिस्ट पार्टी और मुस्लिम लीग का साझा मोर्चा बना। 1961 और फिर 1964 में बड़े पैमाने पर साम्प्रदायिक दंगे हुए और 1972 के चुनाव में भारतीय जनसंघ शक्तिशाली दल के तौर पर उभरा। इन दोनों घटनाओं से कांग्रेस ने दुबारा वैसा ही राजनीतिक लाभ लेना चाहा, जैसा कि उसने 1952 में लिया था। तो भी, 1967 में फिर परिस्थिति बदल गयी। अलबत्ता इसी दौरान मजलिस मुस्लिम मुशावरात का विस्तार बढ़ा, जो 1961 के दंगों की प्रतिक्रियास्वरूप गठित की गयी थी। उसने साम्प्रदायिक दंगों में अल्पसंख्यकों की सुरक्षा और सरकारी सेवाओं में उनके साथ हो रहे अन्याय के साथ रोजगार और शिक्षा सम्बन्धी मुद्दे भी जोड़े। उर्दू भाषा को कुछ राज्यों में दूसरी राज भाषा बनाने का प्रश्न केवल मुसलमानों से सम्बन्धित नहीं है। फिर भी उस समुदाय की बड़ी रुचि इस मुद्दे में है, अतः इस मुद्दे को भी उठाया गया। उस चुनाव में मुशावरात ने एक चौदह सूत्री कार्यक्रम तैयार कर सभी दलों और व्यक्तिगत उम्मीदवारों के सामने प्रस्तुत किया और उनका समर्थन माँगा।

1967 के आम चुनाव में जो कांग्रेस विरोधी हवा थी, उसमें अन्य समुदायों के साथ-साथ मुस्लिम समुदाय भी भागीदार बना। उससे डेढ़ वर्ष पहले कश्मीर पर पाकिस्तान के आक्रमण का जो तीखा उत्तर भारत ने तत्कालीन प्रधानमंत्री लालबहादुर शास्त्री के नेतृत्व में दिया था, उसमें भी मुस्लिम जनमत, नेता व सैनिक किसी अन्य समुदाय से पीछे नहीं थे। यही परिस्थिति 1969 के मध्यावधि आम चुनावों में भी रही और 1967 की तरह विभिन्न राज्यों में गैरकांग्रेसी संविद सरकारें स्थापित हुईं।

परंतु 1969 में साम्प्रदायिक दंगों की एक नयी बाढ़ आ गयी। राँची, जमशेदपुर, अहमदाबाद, जलगाँव आदि में दंगे हुए और संविद सरकारों में शामिल भारतीय जनसंघ (और राष्ट्रीय स्वयंसेवक संघ) पर उँगलियाँ उठीं। मुस्लिम समुदाय में असुरक्षा की जो भावना इस बीच दब गयी थी, वह फिर उभरी। वे माँग करने लगे कि भारतीय जनसंघ से मेलजोल, सत्ता में भागीदारी आदि को

खत्म करना चाहिए। 1971 के चुनाव में जो महागठबंधन बना, उसमें कांग्रेस (संगठन), संयुक्त सोशलिस्ट पार्टी और स्वतंत्र पार्टी के साथ-साथ जनसंघ भी शामिल था। यों भी उसका मुखौटा — संसोपा की भागीदारी के बावजूद—दक्षिण-पंथी था। श्रीमती इंदिरा गाँधी के नेतृत्ववाली कांग्रेस के साथ भारतीय कम्युनिस्ट पार्टी, भारतीय क्रांति दल, प्रजा सोशलिस्ट पार्टी और बहुत-से क्षेत्रीय संगठन थे। मुसलमानों का सामान्य रुझान इसके पक्ष में और महागठबंधन के खिलाफ था। उस चुनाव में कांग्रेस को जो भारी सफलता मिली, उसमें आम गरीब, दलित और पिछड़ों के साथ-साथ मुसलमान व सिख का वोट भी शामिल था।

श्रीमती इंदिरा गाँधी ने इसी चुनाव से कुछ पहले एक नया सामुदायिक गठबंधन तैयार कर लिया था। मुस्लिम व अन्य अल्पसंख्यक समुदाय, दलित, आदिवासी और पिछड़े समुदाय उसके हिस्सेदार बनाये गये थे। मोटे तौर पर गुजरात को सामने रख कर इस सामुदायिक गठबंधन को खाम कहा गया जो अंग्रेजी में क्षत्रियों (पिछड़ों), हरिजनों, आदिवासियों और मुस्लिमों के नाम के पहले अक्षरों को लेकर गड़ा गया था।

किन्तु 1977 आते-आते यह गठबंधन भी टूटा और श्रीमती इंदिरा गाँधी के प्रति मुसलमानों का मोह भंग भी हुआ। इसका बड़ा कारण बढ़ती हुई महँगाई, आपातकाल के दिनों में नसबंदी और महानगरों—विशेषकर—दिल्ली के सौंदर्यीकरण के दौरान अत्याचारों से सामान्य जनता में तीखी प्रतिक्रिया थी। इस प्रतिक्रिया में मुस्लिम समुदाय की भी भागीदारी थी। सभी धर्मों में परिवार नियोजन का जो विरोध है, वह मुस्लिम समुदाय में शिक्षा की कमी और गरीबी के चलते कुछ अधिक था ही, इस पर उनको यह एहसास भी था कि अधिकतम अत्याचार उनके समुदाय पर ही हुए हैं। सौंदर्यीकरण के दौरान जामा मसजिद की बुनियादों को भी क्षति पहुँची थी।

इससे पहले ही, अलीगढ़ मुस्लिम विश्वविद्यालय में केन्द्र सरकार के हस्तक्षेप और उसके प्रशासन से सम्बन्धित विधियों व नियमों के बदले जाने का विरोध चल पड़ा था। मुशावरात के नेता तो इस विरोध में आगे थे ही, प्रमुख विपक्षी दलों जैसे सोशलिस्ट पार्टी, संयुक्त सोशलिस्ट पार्टी, स्वतंत्र पार्टी और रिपब्लिकन पार्टी ने भी आंदोलन में भाग लिया। 1977 के आम चुनाव में जनता पार्टी ने, जो कांग्रेस (संगठन) भारतीय लोक दल, सोशलिस्ट पार्टी और भारतीय जनसंघ के विलय से बनी थी, अपने चुनाव घोषणा पत्र में अल्पसंख्यक समुदायों के धार्मिक, सांस्कृतिक और सामाजिक हितों के संरक्षण का वादा किया तो अलीगढ़वाले मुद्दे पर भी उन्हें आश्वस्त किया। उस चुनाव में जामा मसजिद के शाही इमाम ने काफी मेहनत की और बहुत-से जुलूसों में पुराने जनसंघी नेताओं के साथ उनके भाषण भी हुए।

आपातकाल के प्रति असंतोष के चलते मुस्लिम समुदाय के बड़े भाग ने इस बात की चिंता किये बिना जनता पार्टी का समर्थन किया कि उसमें भारतीय जनसंघ का भी विलय हुआ है। जनसंघ के नेता केंद्र व राज्यों में सत्ता में भी आये। दुर्भाग्य से सत्ता में आ कर उन्होंने मुस्लिम समुदाय का मन जीतने का प्रयास नहीं किया। आपातकाल में राष्ट्रीय स्वयंसेवक संघ पर पाबंदी थी, जैसे जमाते इस्लामी या आनंद मार्ग पर भी थी। तब उसके महासचिव माधवराव मुले ने यह आश्वासन दिया था कि संघ में सभी पूजा पद्धतियों को माननेवाले शामिल हो सकेंगे। यह सफाई इसलिए जरूरी थी कि संघ हिन्दू राष्ट्रवाद के सिद्धांत का प्रचारक था और उसके प्रमुख सिद्धांतकार श्री गोलवलकर (गुरु जी) ने अपनी एक पुस्तक में यह अवधारणा प्रस्तुत की थी कि धर्म परिवर्तन के बाद मुस्लिम बने हिन्दू देशभक्त भी नहीं हैं। यदि संघ श्री मुले के वचन का आदर करता, तो दोनों समुदायों के मेल-मिलाप में भी वृद्धि होती और राष्ट्रीय एकता भी सुदृढ़ होती। किन्तु वैसा हुआ नहीं।

इसके विपरीत जनता पार्टी के शासन काल में दंगे भड़क उठे और अलीगढ़ और जमशेदपुर के दंगों में संघ के लोगों के भागीदार होने के प्रमाण भी मिले। दूसरी ओर जनता पार्टी सरकारों में सत्ता के बँटवारे के झगड़ों में जो घटकवाद उभर कर सामने आया, उससे पार्टी बिखरी और सरकार टूटी। उससे पहले ही एक घटक ने दुहरी सदस्यता का मुद्दा खड़ा किया, जिसका सम्बन्ध संघ के कार्यकर्ताओं द्वारा जनता पार्टी में भागीदारी से था। मुस्लिम समुदाय एक ओर असुरक्षा से ग्रस्त था और उसे यह उचित लगता था कि जो संगठन बुनियादी तौर पर अल्पसंख्यकों पर संदेह करता है, वह सत्ता में भागीदारी न करे, तो दूसरी ओर वह संघ से संबंधित अटल बिहारी वाजपेयी से बहुत प्रसन्न था, जिन्होंने विदेश मंत्री के रूप में पाकिस्तान जाने-आने की कठिनाइयों को सुलझा कर बिछड़े हुए परिवारों-रिश्तेदारों का मिलना-जुलना सरल बना दिया था।

इस ऊहापोह में 1980 के आम चुनाव में मुस्लिम समुदाय ने अपना वोट इंदिरा कांग्रेस, लोक दल (जनता दल-एस) और जनता पार्टी में बाँटा। श्रीमती इंदिरा गाँधी के सत्ता में वापस लौटने के बाद इस समुदाय पर धीरे-धीरे उसकी पकड़ मजबूत होने लगी थी। इसका एक कारण था कि संघ परिवार ने एकात्मता यज्ञों का आंदोलन चलाया और प्रयास किया कि जिस हिन्दू राष्ट्रवाद को भारतीय जनता पार्टी ने तिलांजलि दे दी थी, उसे दुबारा जगाये। इसके चलते, मुसलमान समुदाय ने सत्ताधारियों की शरण लेना पसंद किया। परंतु 1982-83 में श्रीमती इंदिरा गाँधी ने हिन्दू समुदाय के मतों के संग्रह के आधार पर सत्ता की राजनीति करने का फैसला किया। 1983 में उन्हें कर्नाटक, आन्ध्र प्रदेश और त्रिपुरा में जो पराजय मिली, उसके उसके बाद 1983 में जम्मू-कश्मीर के चुनावों में उन्होंने

जम्मू के हिन्दू समुदाय के मत प्राप्त करने के लिए यही रणनीति बनायी। संत भिंडरांवाले को प्रोत्साहित कर और उसके बाद उनके विरुद्ध नीलतारा अभियान चला कर, फिर जम्मू-कश्मीर के मुख्यमंत्री फारूक अब्दुल्ला को बरखास्त कर उन्होंने हिन्दुओं में असुरक्षा की भावना जगायी। इसके चलते इधर भी वैसी हा स्थिति बनी जैसी 'इस्लाम खतरे में है' या 'पंथ खतरे में है' की भावना के कारण मुसलमानों व सिखों में थी।

उस नीति की ये सब उलझनें मुस्लिम समुदाय पर उतनी साफ हुई नहीं हुई थीं कि श्रीमती इंदिरा गाँधी की हत्या से पूरे जनसमुदाय की तरह मुस्लिम मानस भी बुरी तरह व्याकुल और विह्वल हुआ। राजीव गाँधी को जो अपूर्व समर्थन मिला, वह 'गरीबी हटाओ' के नारे या 1980 में स्थायी सरकार को चुनने के आह्वान से भी न मिला था। लेकिन उन्होंने भी उस नीति को छोड़ा नहीं। इस नीति का एक नतीजा था भाजपा की रणनीति में बुनियादी बदलाव, तो दूसरा नतीजा था मुस्लिम समुदाय में अपनी अस्मिता और अस्तित्व की सुरक्षा की आकुलता। भाजपा ने वाजपेयी की अपेक्षाकृत मध्यमार्गी और उदार नीति को तिलांजलि दे दी और 1965 से पहले की घोर कट्टरपंथी नीति अपना ली। उनके दो कामों से इन दोनों रुझानों को ताकत मिली। जब 1 फरवरी, 1986 को अयोध्या की बाबरी मस्जिद पर पड़ा ताला खोला गया, तो विश्व हिन्दू परिषद को भारी अवसर मिला कि वह राम लहर की धारा को तेज बनाये। शाह बानो के मुकदमे पर सर्वोच्च न्यायालय का फैसला संसद द्वारा बदले जाने से उसे एक और हथियार मिल गया।

इधर मुसलमानों में बाबरी मस्जिद का ताला खुलने और 'राम लला' के दर्शन की अनुमति मिलने से बहुत बेचैनी पैदा हुई तो राजीव गाँधी के दूसरे फैसले से उन्हें आत्मविश्वास भी मिला। 1986-89 के वर्ष इन दोनों प्रवृत्तियों के बढ़ने, मुसलमानों पर पुलिस, पी० ए० सी० आदि के अत्याचार और हिन्दुओं व मुसलमानों में साम्प्रदायिक दंगों की बढ़ती हुई वारदातों के वर्ष थे। मुसलमानों ने भी दस-बीस वर्ष पुराने सभी सवालों को दुबारा उठा लिया और जहाँ संघ परिवार का आरोप था कि मुसलमानों का तुष्टीकरण होता रहा है, वहीं मुस्लिम नेताओं को भारी गिला था कि उनके साथ बराबर नाइंसाफी होती है। उर्दू, अलीगढ़ मुस्लिम विश्वविद्यालय, शरीयत के साथ अ-हस्तक्षेप और साम्प्रदायिक दंगों के खात्मे के साथ-साथ अब बाबरी मस्जिद का सवाल भी जुड़ गया। उनमें वही नेतृत्व आगे बढ़ा, जो इन सवालों को ज्यादा जोर से उठा सकता था।

ज्यों-ज्यों राम लहर बढ़ती रही और राम शिलाओं के जमा करने व उनका इस्तेमाल कर शिलान्यास करने के कार्यों में इंदिरा कांग्रेस सरकार का खुला या मूक समर्थन रहा, मुस्लिम समुदाय उससे दूर हटता चला गया। यहाँ तक कि जब

जनता दल ने भाजपा से चुनाव क्षेत्रों के बँटवारे की रणनीति अपनायी तब भी मुस्लिम जनसमुदाय उसको समर्थन देता रहा। परंतु उसके नेता यह जरूर समझ गये कि विश्व हिन्दू परिषद और भाजपा अपनी बढ़ी हुई संसदीय शक्ति और चार राज्य सरकारों के प्रभाव के चलते राष्ट्रीय मोर्चे की सरकार पर दबाव डालेंगे तो हमें भी एकजुट हो कर दवाव बढ़ाना चाहिए। इस प्रयास का नेतृत्व शाही इमाम ने किया, क्योंकि मुस्लिम समुदाय के सबसे अधिक प्रभावकारी राजनेता सैयद शहाबुद्दीन जनता दल से अलग हो गये थे और उन्होंने इंसाफ पार्टी का गठन कर लिया था।

राष्ट्रीय मोर्चे की सरकार पर दुहरा दबाव था। भाजपा चाहती थी कि शिलान्यास तो राजीव गाँधी के समय हो ही गया था, अत: अब निर्माण कार्य बढ़े। मुस्लिम समुदाय उसे अपनी पूरी हिमायत की याद दिलाता था और बाबरी मस्जिद में जो मूर्तियाँ रखी गयी थीं, उन्हें हटवाने का दबाव दे रहा था। पूरी राजनीति साम्प्रदायिकतापूर्ण बन गयी। उन्हीं दिनों विश्वनाथ प्रताप सिंह ने मंडल आयोग की सिफारिश मानने की घोषणा की। कुल आबादी के 52 प्रतिशत पिछड़ों को केंद्र सरकार की सेवाओं की नियुक्तियों में 27 प्रतिशत आरक्षण का लाभ मुस्लिम समुदाय के पिछड़े वर्गों को भी मिलता है, क्योंकि वे इस 52 प्रतिशत में 8.4 प्रतिशत हैं। 1980 में मंडल रिपोर्ट पेश की गयी की थी। उसके अनुसार कुल आबादी में मुसलमानों का अनुपात 11.2 प्रतिशत था। उसमें 8.4 प्रतिशत के आरक्षण का अर्थ है कि लगभग 75 प्रतिशत का आरक्षण। हिन्दू समुदाय में भी 22.5 प्रतिशत अनुसूचित जातियों व जनजातियों और 52 प्रतिशत पिछड़ी जातियों अर्थात लगभग 75 प्रतिशत को आरक्षण मिलने की सम्भावना पैदा हुई।

भाजपा, इंदिरा कांग्रेस और जनता दल के अन्दर देवीलाल-चंद्रशेखर गुट ने इस घोषणा का खुला या छिपा विरोध किया। अत: जब मस्जिद के सवाल पर राष्ट्रीय मोर्चे की सरकार गिरी, तो मंडल और मस्जिद की रक्षा के मुद्दे राष्ट्रीय मोर्चे व जद के साथ जुड़ गये। पहली बार मुस्लिम समुदाय कांग्रेस से अलग हुआ, किंतु इस भावनात्मक दूरी के बावजूद वह भाजपा को हराना अपनी पहली जरूरत मानता है और जहाँ कांग्रेस ही इसके लिए सक्षम है, वह उसे समर्थन देता है। बिहार में जनता दल की जीत इसी अल्पसंख्यक-पिछड़ा एकता के कारण हुई है। किंतु उत्तर प्रदेश में मुस्लिम जनसमुदाय विचलित है, क्योंकि वह जितना स्नेह विश्वनाथ प्रताप सिंह से करता है, उतना ही मुलायम सिंह यादव से। मुस्लिम नेता यह भी जानते हैं कि पिछड़ी जातियों के साथ एका वैसे ही जरूरी है, जैसे 1971 और उसके बाद दलितों-आदिवासियों से एकता जरूरी थी।

जनता दल और सोशलिस्ट पार्टी के इन दोनों नेताओं—विश्वनाथ प्रताप

सिंह और मुलायम सिंह यादव—पर अल्पसंख्यकों का दबाव है कि वे इकट्ठे हो जायें। पश्चिमी उत्तर प्रदेश में चौधरी चरण सिंह ने क्रांति दल/लोक दल में जाट-मुस्लिम साझेदारी बना रखी थी। परंतु 1991 में जाट समुदाय में मंडल विरोधी और विश्वनाथ प्रताप सिंह विरोधी भावना का उभार हो गया था और वे भाजपा समर्थक हो गये थे। अतः उनमें और मुसलमानों में दूरी पैदा हो गयी थी। भाजपा को हराने के लिए इस दूरी को भी वे पाटना चाहते हैं।

अधिकतम मुस्लिम नेता अगड़ों में से हैं—सैयद (अब्दुल्ला बुखारी), सैयद (शहाबुद्दीन) या फिर मुगल, पठान या शेख। अंसारी बिरादरी बड़ी संख्या वाली है, पर बिहार के पूर्व मंत्री अब्दुल कयूम अंसारी के बाद उनमें कोई बड़ा नेता नहीं उभरा। कुरैशी, इदरीसी, सलमानी वगैरह बिरादरियों में तो उनसे कहीं ज्यादा पिछड़ापन है। इसलिए स्थापित मुस्लिम नेता हिन्दू समुदाय की हद तक तो मंडल के समर्थक हैं, लेकिन अपने बारे में कहने लगते हैं कि हमारे मजहब में जाति प्रथा ही नहीं है, बराबरी है, अतः यहाँ मंडल न केवल अप्रासांगिक है, बल्कि विभाजनकारी है। उन्हें इस विवाद को उदारतापूर्वक सुलझाना पड़ेगा।

बाबरी मस्जिद ध्वस्त होने से पूरे समुदाय को भारी सदमा लगा है। उसका कांग्रेस से और भी मोहभंग हो गया है, जो जद की टूट के कारण कुछ विश्वसनीय लगने लगी थी। लेकिन उसके मन में अपने पुराने स्थापित नेताओं के प्रति भी सवाल उठने लगे हैं। इन नेताओं ने जब कभी मुसलमानों से संघर्ष की अपीलें की हैं, तो उनके वही कुछेक मुद्दे रहे हैं जबकि उद्योगीकरण, यंत्रीकरण के चलते मुसलमानों और अन्य समुदायों के शिल्प, हथकरघा आदि से सम्बन्धित रोजगार खत्म हो रहे हैं। शिक्षा में उनका पिछड़ापन बरकरार ही है। इधर शादी और तलाक संबंधी सवालों को नारियाँ भी उठाती रही हैं और सुशिक्षित युवा भी उठाने लगे हैं। पुराना स्थापित नेतृत्व इन सवालों पर रूढ़िवादी रुख अपनाता रहा है। यही स्थिति परिवार नियोजन की है। मुसलमानों की भारी आबादी पश्चिमी एशिया और उत्तरी अफ्रीका में भी है और उन मध्य एशियाई देशों में भी, जो सोवियत संघ में थे। उनका सुख-दुख पहले एक-दूसरे को जितना सालता था, अंतर्राष्ट्रीय घटनाक्रम के चलते उन देशों में लोकतंत्र की बहाली और विनाश, शरीयत में सुधार के संदर्भ में और आपस के तनावों और युद्धों की पृष्ठभूमि में वह घटता जा रहा है। इस सबके साथ-साथ शिक्षित बुद्धिजीवी या मध्यवित्त समूह की भूमिका बढ़ी है और बाबरी मस्जिद या दंगों में हिन्दू समुदाय में प्रगतिशील तत्वों की जो भूमिका रही है, उससे नये रुझान भी बढ़ रहे हैं।

स्वातंत्र्योत्तर राजनीति के इस संक्षिप्त सर्वेक्षण से जो नतीजे निकलते हैं, वे इस प्रकार हैं—(1) सामान्यतः मुस्लिम जनता के मतदान की धारा अन्य समुदायों के मतदान के साथ-साथ ही रही है। (2) संघ परिवार को बड़ा खतरा

मान कर भी जब उन्होंने यह पाया कि धर्मनिरपेक्ष विपक्ष ने प्रगतिशील भूमिका के साथ जनसंघ/भाजपा से दोस्ती की है, तो वे भी उसका समर्थन करते रहे हैं। (3) जब-जब संघ परिवार की सत्ता में भागीदारी से साम्प्रदायिक दंगों के भड़कने में उसकी भूमिका की आहट मिली है, वे चौकन्ने हुए हैं और कांग्रेस की ओर मुड़े हैं। (4) संघ परिवार के उदारवादी नेताओं, जैसे अटल बिहारी वाजपेयी, से उन्हें बराबर लगाव रहा है जैसे वे हिन्दू समुदाय के उन वर्गों-जातियों के साथ मैत्री सूत्र में बंधे रहे हैं जिन्होंने उन्हें सत्ता में भागीदारी दी है और/या जो कुलीन तंत्र-पूंजीपति तंत्र के सामने चुनौती बन कर खड़े हुए हैं।

इस सिलसिले में यह जोड़ना जरूरी है कि जब कभी उनके धार्मिक नेताओं ने भी ऊपर लिखी गयी प्रवृत्तियों के खिलाफ सलाह दी है, उसे भी उन्होंने अमान्य किया है।

बचाव के बन्धन

राजकिशोर

इस बात पर काफी आँसू बहाये गये कि जामिया मिल्लिया इस्लामिया के समकुल-पति मुशीरुल हसन को 'सैटनिक वर्सेज' के बारे में अपने विचार रखने का हक क्यों नहीं है। इस पर भी कम चिन्ता व्यक्त नहीं की गयी कि उदार मुस्लिम बुद्धिजीवी प्रो० हसन के समर्थन में आगे क्यों नहीं आये। यह तो अफसोस की बात थी ही कि जब बीचबचाव का सवाल उठा, तो सैयद शहाबुद्दीन, सुलेमान सैत और अहमद बुखारी जैसे कट्टरपंथी मुस्लिम नेताओं की शरण में जाना जरूरी समझा गया। लेकिन क्या यह महज संयोग है कि इस तरफ किसी का ध्यान भी नहीं गया कि इस बीच गैर-मुस्लिम उदार तथा प्रगतिशील बुद्धिजीवियों ने 'सैटनिक वर्सेज' पर से प्रतिबंध हटाने के लिए भारत सरकार से माँग क्यों नहीं की। प्रो० हसन कह सकते हैं कि 'मेरा खयाल है कि प्रतिबंध हट जाना चाहिए' और इसकी पूरी कीमत चुका सकते है, लेकिन गैर-मुस्लिम बुद्धिजीवी और तथाकथित सेकूलर वर्ग यदि प्रतिबंध हटाने की माँग करता है, तो न तो उसे अपने समाज में बदनामी का डर है और न कोई पद खोने का। फिर वह इसे मुद्दा बनाने से क्यों घबराता है? यह बात उसे अपने समाज पर एक कलंक की तरह क्यों नहीं चुभती कि सभी धर्मनिरपेक्ष समाजों में सिर्फ भारत ही एक ऐसा देश है जहाँ इस पुस्तक पर पाबंदी लगी हुई है? स्मरणीय है कि सलमान रुश्दी ने कुछ समय पूर्व अपील भी की थी कि भारत यह पाबंदी हटा कर विचार स्वातंत्र्य के प्रति अपनी सम्मान भावना का परिचय दे।

यह तथ्य इसलिए महत्त्वपूर्ण है कि हम भारतीय अपने को बहुत ज्यादा उदार, सहिष्णु तथा बहुलतावादी मानते हैं। लेकिन जब अग्निपरीक्षा की घड़ी आती है, तो वही यूरोपीय समाज हमसे ज्यादा खरा और ईमानदार साबित होता है जिसे एक बार फिर नफरत की निगाहों से देखना हमें सिखाया जा रहा है। ऐसा नहीं है कि पश्चिमी सभ्यता में गंदगी नहीं है। उसकी विश्व भूमिका तो बहुत ही शर्मनाक है। लेकिन जब अपने समाज के मूल्यों की रक्षा की बात आती है, तो वह कहीं

चट्टान की तरह अड़ने की भी क्षमता रखता है। सलमान रुश्दी की एक मूर्खता-पूर्ण लेखकीय सनक के बचाव में ब्रिटिश समाज ने कितना तनाव झेला और अन्य प्रकार की कितनी कुरबानियाँ दीं, यह किसी भी समुदाय के लिए एक महत्त्वपूर्ण नजीर की तरह है। स्वयं रुश्दी ने भी कम भयावह परिणतियों का सामना नहीं किया। वे चाहते तो बड़ी आसानी से अपनी इस विवादास्पद कृति को लपटों के हवाले कर सामान्य जीवन की ओर लौटने की कोशिश कर सकते थे। निश्चय ही यह एक सभ्यतागत जिद है कि वाणी की स्वतंत्रता का सम्मान करने के लिए कोई भी कीमत कम है। यह और बात है कि रुश्दी ने इस स्वतत्रता का उपयोग क्या किया, लेकिन स्वतंत्रता बचेगी तभी उसका सदुपयोग भी होगा और दुरुपयोग भी होगा।

यह भूलने की बात नहीं है कि 'सैटनिक वर्सेज' पर प्रतिबंध लगाने की बात उसी राजनीतिक चित्त को सूझ सकती थी जिसे मुस्लिम भावनाओं की उतनी चिन्ता नहीं थी जितनी इस बात की कि कहीं मुस्लिम वोट भड़क न जायें। लेकिन यह तर्क कितना खतरनाक हो सकता है, यह इस घटना से जाहिर है कि राम मंदिर निर्माण का सारा आंदोलन तर्क पर नहीं, हिंदू भावनाओं के आहत होने पर ही टिका हुआ है। अगर आप 'सैटनिक वर्सेज' और शाह बानो के सवाल पर बौद्धिक औचित्य के स्थान पर अतार्किक भावनाओं की चिन्ता करने की भीड़ राजनीति कर सकते हैं, तो दूसरे को यह छूट देनी ही पड़ेगी कि वह इस सिक्के को उलट दे और कुछ दूसरी भावनाओं की महाभीड़ राजनीति करे। कहना न होगा कि यह सिलसिला उस पूरे समाज को ही पतित करेगा, जिसके सार्वजनिक जीवन में लोक-तांत्रिक तर्क-वितर्क नहीं होता, बल्कि अपनी-अपनी भावनाओं की लाल-हरी-पीली झंडिया लहरायी जाती हैं।

क्या यह वही समाज है, जिसमें एक समय में कबीर माला फेरनेवालों की चित्त-चंचलता पर व्यंग्य करने के साथ-साथ मुल्ला के बाँग देने का उपहास कर सकते थे और दूसरे समय में स्वामी दयानन्द सरस्वती मूर्तिपूजकों से ही नहीं, ईसा-इयत और इस्लाम से भी खुली सार्वजनिक जिरह कर सकते थे? कबीर ने धार्मिक आडंबर पर चोट उस समय की थी, जब देश में मुगल शासन था और स्वामी दयानन्द सरस्वती ब्रिटिश शासकों की नाक के नीचे अपना शास्त्रार्थ जारी रखे हुए थे। फिर आज क्या बात हो गयी कि सिर्फ हिन्दू धर्म पर व्यावसायिक और घटिया छींटाकशी करनेवाली एक पाक्षिक पत्रिका के अलावा धार्मिक जहालत पर स्वस्थ और वस्तुपरक बहस नहीं हो सकती? निश्चय ही अब हम इतने वयस्क हो गये हैं कि विभिन्न धर्मों की तुलना कर यह सवाल नहीं पूछते कि कौन-सा धर्म बेहतर है। बेशक अधिकांश ऐसी तुलनाओं में अपने-अपने धर्म को सर्वश्रेष्ठ सिद्ध करने का सांप्रदायिक उत्साह ही मुख्य रहा है। आज धर्म मात्र की भूमिका पर गहरे और

विचारपूर्ण निबंध लिखे जा सकते हैं तथा समाजशास्त्रीय शोध हो सकता है, लेकिन किसी एक धर्म की विसंगतियों पर विचार नहीं हो सकता, तो यह सिर्फ वयस्कता का लक्षण नहीं है—इसके पीछे कहीं बौद्धिक पराजय या पलायन भी है। यह लोकतांत्रिक चतुराई तो है ही कि किसी भी धर्म को छेड़ना उचित नहीं है, क्योंकि इससे एक पूरा समुदाय नाराज हो जायेगा। राजनेता चतुर होते हैं तथा उन्हें अक्सर यथास्थिति से ही अपनी ताकत खींचनी होती है, इसलिए उनका आचरण तो समझ में आता है। और उस पर धिक्कार भी पड़ती रहती है। लेकिन क्या बौद्धिक वर्ग ने भी कहीं-न-कहीं आत्मसमर्पण नहीं कर दिया है?

इस स्तर पर इस्लाम की कातरता तथा अपने-आपसे लिपटे रहने की व्याकुलता एक लगभग न समझ में आनेवाली घटना है। इस्लामी कट्टरतावाद की तरह-तरह से व्याख्या की गयी है तथा आधुनिक पश्चिमी सभ्यता के प्रति उसकी शंकाओं को ऐतिहासिक संदर्भ में समझने की कोशिश की गयी है। अभी तक की शायद सर्वश्रेष्ठ समझ यही है कि पूर्वी देशों का इस्लामी कट्टरतावाद अंततः समुदाय की छीजती हुई भावना को फिर से कस कर पकड़ने की इच्छा की ही दृढ़ अभिव्यक्ति है। लेकिन क्या यही बात हिंदू पुनरुत्थान के बारे में भी कही जा सकती है? क्या वह भी घर वापसी की बेचैनी से पैदा हुआ है? लेकिन तब वह इतना बहिर्मुखी क्यों है—अंतर्मुखी क्यों नहीं है? क्या उसके केन्द्र में अपने को पुनर्संघटित करने के बजाय इतिहास के किसी विशेष काल खंड में लौटने की इच्छा नहीं है; जब इस देश में यवन इतनी संख्या में नहीं थे? यूरोप के कुछ अंचलों में ईसाइयत का भी पुनर्विमोचन हुआ है तथा चर्च ने अत्यन्त प्रगतिशील भूमिका निभायी है, लेकिन यह पुनरुत्थानवाद बहुत दूर तक नहीं जा सका। फिर इस्लाम ही आत्मसंघर्ष का परिचय क्यों नहीं दे पाता? वह क्यों अपने मध्ययुगीन बन्धनों को नमस्कार नहीं कर पाता? हमें भूलना नहीं चाहिए कि बचाव के दूषित बन्धन हमारी अपनी गुलामी को ही मजबूत करते हैं।

स्पष्टतः जामिया मिलिया इस्लामिया की घटना एक अर्थ में व्यापक इस्लामी जगत की घटना का ही अंग है। जामिया कांड के कुछ निजी गिरोहवादी पहलू भी सामने आये हैं, जिससे स्पष्ट होता है कि मामला उतना सैद्धांतिक नहीं है। फिर भी इसे सैद्धांतिक रंग दिया जा सका तो इसीलिए कि इसकी पूरी संभावना थी। क्या इस तथ्य से कुछ तसल्ली हासिल की जा सकती है कि यह सारा तूफान जामिया मिलिया के प्याले तक सीमित रहा और लखनऊ, अलीगढ़ आदि में उसकी प्रतिध्वनियाँ सुनाई नहीं पड़ीं? माँग सरकार से नहीं थी और सारा मामला एक प्रोफेसर को बरखास्त करने तक सीमित था, अतः इसका कोरस बहुत दूर तक नहीं जा सकता था। लेकिन यदि यह कोई व्यापक मामला नहीं बन सका, तो प्रो० मुशीरुल हसन के समर्थन में भी कोई ज्वार नहीं उठा। मुस्लिम समुदाय की ओर से कुछ

पत्रकारों ने टिप्पणी जरूर की, लेकिन ये वे आधुनिक लोग हैं जो अपने समाज से पूरी तरह कटे हुए हैं और जिन्हें अपनी टिप्पणियों के लिए कोई कीमत चुकानी नहीं पड़ती – उल्टे उनका मोटा पारिश्रमिक प्राप्त होता है। असली चुनौती उन बौद्धिकों के सामने है, जिन्हें अपने समाज के बीचोबीच रहना है तथा सुबह-शाम उसका सामना करना है। उन्हें अपना हर सार्वजनिक बयान तौल कर देना होता है। लेकिन क्या यह तौलना ही उन्हें कायर नहीं बनाता? क्या इस कायरता की कुछ जड़ें देश के उस सांप्रदायिक माहौल में भी हैं, जो मुसलमान के लिए सामूहिक आत्मरक्षा को सबसे बड़ा मूल्य बना देता है? लेकिन सवाल यह भी है कि अगर इरफान हबीब जैसे लोग राम जन्मभूमि आंदोलन की कटु से कटु आलोचना कर सकते हैं और अपने समुदाय के दुराग्रहों पर चुप्पी साध जाते हैं, तो उनकी विश्वसनीयता और प्रामाणिकता क्या रह जायेगी? आधुनिक और प्रगतिशील हिन्दू अपने सांप्रदायिक रुझानवाले भाइयों से जो संघर्ष कर रहा है, क्या उसे बल प्रदान करने के लिए यह जरूरी नहीं है कि प्रगतिशील मुसलमान भी अपने समुदाय के साथ रचनात्मक संघर्ष करें?

विचारणीय है कि यह आधुनिक और प्रगतिशील हिन्दू भी संख्या में कम है और उसका प्रभाव क्षेत्र भी सीमित है। अतः वह लोकतांत्रिक स्वाधीनताओं और धर्मनिरपेक्षता के मूल्यों की रक्षा के लिए शासन की ओर ही देखता है। एक मायने में भारत का आधुनिक राजतंत्र ही, चाहे वह कितना ही बुरा क्यों न हो, लोकतंत्र का एक मजबूत स्तंभ है। लेकिन स्वाधीनता संघर्ष की तमाम गौरवपूर्ण परंपराओं के बावजूद यह राज्य अब भी वायवीय भी है—भारतीय समाज के कठिन यथार्थ पर ऊपर से आरोपित-सी एक चीज। क्या इसका अर्थ यह नहीं है कि स्वतंत्रता संघर्ष ने हमारी जिन शक्तियों को मुक्त और ऊर्जास्वित किया था, वे कहीं अवरुद्ध-सी हो गयी हैं? इस अवरोध को कौन दूर करेगा? समाज में स्वस्थ बहस की धारा को फिर वेगशील कैसे बनाया जा सकता है? जो समाज आर्थिक नीतियों पर इतनी उग्र बहस कर रहा है, वह सामाजिक-सांस्कृतिक मामलों में अपराधी चुप्पी क्यों साधे हुए है? जालिमया मिल्लिया इस्लामिया का आंदोलन थक कर बैठ चुका है, लेकिन ये नाराज-से सवाल हमारे-आपके बीच अब भी टहल रहे हैं।

माना जाता है कि अल्पसंख्यक समाजों में हमेशा एक किस्म की कट्टरता और रूढ़िवादिता होती है, क्योंकि यही उनकी पहचान बन जाती है और अपनी पहचान की रक्षा करना उन्हें बहुत जरूरी लगता है। लेकिन यह तर्क भारतीय मुसलमानों पर पूरी तरह लागू नहीं होता। उर्दू सिर्फ मुसलमानों की भाषा नहीं रही है, लेकिन अब वह भारत में मुसलमानों की ही भाषा है। क्या उर्दू की रक्षा के लिए कोई उल्लेखनीय संघर्ष हुआ है? क्या भारत का मध्य वर्गीय मुसलमान

उसी तरह उर्दू का परित्याग नहीं कर रहा है, जिस तरह मध्य वर्गीय हिन्दू हिन्दी या किसी दूसरी भारतीय भाषा का? इसके विपरीत हम पाते हैं कि उर्दू को दूसरी भाषा बनाने जैसे प्रस्ताव राजनीतिक लाभ की दृष्टि से किये जाते हैं और उन्हें मान लिया जाता है। इसी तरह अन्यायपूर्ण मुस्लिम सिविल कानून के खिलाफ कोई सशक्त आन्दोलन नहीं है। क्या इसका कारण सिर्फ मुसलमानों की असुरक्षा भावना है? यह दावा करना समस्या का सरलीकरण करना होगा।

सच यह है कि भारत के मुस्लिम समाज के पास राजनीतिक या सामाजिक स्तर पर कोई नेतृत्व ही नहीं है। अतः आधुनिक और प्रगतिशील नेतृत्व का तो प्रश्न ही नहीं उठता। मुस्लिम समाज का जो हिस्सा आधुनिक सफल वर्गों में शामिल हो रहा है, उसका अपने समाज के साथ कोई सम्बन्ध नहीं रह जाता। वह अपने आपमें एक द्वीप बन कर रह जाता है। 6 दिसम्बर 1992 के बाद शिक्षित एवं सफल मुसलमान तबकों में एक नयी बेचैनी पैदा हुई। उसने महसूस किया कि एक समुदाय के रूप में उसके साथ भी वही सलूक होगा जो समुदाय के निर्धन और कमजोर लोगों के साथ। अतः इस अंग्रेजी शिक्षित तबके ने मुस्लिम समाज की वास्तविक समस्याओं की चर्चा करना शुरू कर दिया। उसकी बेचैनी प्रामाणिक थी, लेकिन उसकी स्थापनाएँ विचित्र। एक स्थापना यह थी कि बाबरी मस्जिद का सवाल मुस्लिम समाज का कोई वास्तविक सवाल नहीं है। यह नासमझी की बात है। चूँकि यह प्रश्न साम्प्रदायिक हिन्दुओं द्वारा बड़े पैमाने पर उठाया गया है, अतः मुस्लिम समाज को उसका कुछ-न-कुछ निश्चित उत्तर देना ही होगा। चूँकि इस नये नेतृत्व के द्वारा इस प्रश्न का कोई उत्तर देने की कोशिश नहीं की गयी, अतः इस मामले में मुस्लिम समाज की ओर से कोई बोल रहा है, तो वह है मुस्लिम पर्सनल लॉ बोर्ड। इस नवजाग्रत तबके के द्वारा यह सवाल भी उठाया गया कि आम मुसलमान की समस्या है शिक्षा और रोजगार। लेकिन यह नहीं बताया गया कि इसका समाधान क्या है। शिक्षा और रोज़गार बहुसंख्य हिन्दुओं की भी समस्या है। अतः सरकार सिर्फ मुसलमानों के हित में कोई अभियान छेड़ती है, तो इससे सांप्रदायिक ध्रुवीकरण और तेज हो सकता है। मौजूदा स्थिति में मुसलमान सिर्फ अपने समुदाय की शिक्षा और रोजगार के लिए कुछ अतिरिक्त करते हैं; तो शायद इसे भी अच्छी निगाह से न देखा जाये। स्पष्टतः कुछ प्रयास मुस्लिम समाज की ओर से भी होना चाहिए, लेकिन एक व्यापक अभियान के तहत ही, जिसका लाभ सभी को मिले, इस तरह की समस्याओं से निपटा जा सकता है। ध्यान देने की बात है कि जैसे-जैसे स्थिति कम तनावपूर्ण हो रही है, मुस्लिम समाज को नया नेतृत्व देने की यह इच्छा भी कमजोर पड़ती जा रही है। ऐसे में अदना मुसलमान की नियति और भी खौफनाक नजर आती है।

लेकिन बम्बई की घटनाओं ने यह सिद्ध कर दिया है कि मुसीबत आयेगी तो

सिर्फ गरीब मुसलमान पर नहीं आयेगी—अमीर मुसलमान पर भी आयेगी। यह मामला एक पूरे समुदाय की नियति का है। अतः कम से कम अपने ही हित में मध्य वर्गीय मुसलमानों का यह कर्तव्य है कि वे अपने समुदाय को उचित नेतृत्व देने की कोशिश करें। इस कोशिश का एक अंग यह होगा कि वे उसे आधुनिक बनाने का प्रयत्न करें। ऐसा करके ही वे हिन्दू सम्प्रदायवादियों के अनेक दुष्प्रचारों का जवाब दे सकते हैं। शाह बानो पर उच्चतम न्यायालय के उचित फैसले का विरोध नहीं हुआ होता, तो सम्प्रदायवादियों को यह कहने का मौका नहीं मिलता कि मुसलमानों के तुष्टीकरण के लिए कानून तक बदल दिया गया। दूसरी बात यह है कि इस देश को बनाने का काम सिर्फ हिन्दुओं का नहीं है। यह काम मुसलमानों का भी है। जब तक दोनों में यह भावना नहीं आयेगी, किसी भी समस्या का समाधान नहीं हो सकता। वस्तुतः राष्ट्र निर्माण की इस प्रक्रिया के दौरान ही देश के सभी समूहों का कायाकल्प हो सकता है।

मुस्लिम नेतृत्व कैसा हो

जावेद अख्तर

अल्बर्ट कामू की एक कहानी में स्वामी अपने सेवक से कहता है कि मैं यहाँ से जा रहा हूँ। सेवक पूछता है, 'मालिक, आप लेकिन जा कहाँ रहे हैं?' इसके जवाब में मालिक कहता है, 'तुम क्या यह बात नहीं समझ सकते कि मैं यहाँ से जा रहा हूँ और यही वह जगह है जहाँ मैं जा रहा हूँ?'

इस प्रसंग से यह साफ हो जाता है कि मुस्लिम समाज को आज तक जिस प्रकार का नेतृत्व मिला है, वह उसे नहीं चाहिए। उसे उससे दूर होना है।

एक आदमी, जो आम नागरिक है, उसका एक धर्म होता है और पूजा करने का उसका एक अलग ढंग होता है, पर इसके अलावा ज्यादातर मामलों में वह अपने पड़ोस और मुहल्ले के लोगों से जुड़ा है। बेरोजगारी हो, महँगाई हो, बीमारी हो, गरीबी हो, शिक्षा या अन्य सुविधाओं की कमी—ये सब आम इंसान के आम दुःखदर्द हैं और वहाँ हर किसी को आम नेतृत्व ही चाहिए। यह सच है कि हर समूह की अपनी मान्यताएँ होती हैं जो अन्य समूह से अलग होती हैं, पर इसका संदर्भ सीमित है। आम समस्याएँ आम मंच से ही उठायी जानी चाहिए, किसी भी समुदाय को इसे अपनी विशेष समस्या नहीं समझना चाहिए। बेरोजगारी, गरीबी या बीमारी की समस्या को समुदाय के स्तर पर कैसे सुलझाया जा सकता है? समाज के कमजोर लोग तो हर समुदाय में होंगे।

समुदाय विशेष के विशेष नेतृत्व के बारे में सोचना ही गलत है। यह मुमकिन नहीं कि व्यक्ति की एक ही पहचान हो। व्यक्ति अलग-अलग समस्याओं से जूझने में अलग-अलग भूमिकाएँ अदा करता है। उसकी सिर्फ एक पहचान निश्चित कर देना हानिकारक है। हिन्दुस्तान में मुस्लिम समाज के लिए जो तथाकथित नेतृत्व रहा है, वह मुसलमानों के बीच से विकसित हुआ नेतृत्व नहीं था, बल्कि उन पर थोपा गया था। उन्हें जबरदस्ती यह विश्वास दिलाया गया कि ये आपके नेता हैं। मुसलमानों ने एक समुदाय की तरह कभी इन नेताओं का समर्थन नहीं किया।

और, यह कोई हैरत की बात नहीं है कि इन मुस्लिम नेताओं ने बेरोजगारी

आदि समस्याओं की बात नहीं की, क्योंकि इन्हें यह मंजूर ही नहीं था। न तो उन्हें, जो कुर्सी पर बिठाये गये थे और न उन्हें जिन्होंने उन्हें कुर्सी पर बिठाया था। मुसलमानों को आज एक ऐसे नेतृत्व की जरूरत है जो उन्हें यह समझाये कि तुम अपना नेतृत्व अलग मत ढूँढ़ो, वह तुम्हारी परेशानियों का हल नहीं है। तुम्हारे दु:ख-दर्द एक आम हिन्दू के दु:ख-दर्द से अलग नहीं हैं। वे मुसलमान नेता वैसे ही झूठ बोलते हैं जैसे आज कुछ नेता हिन्दुओं को यह बता रहे हैं कि तुम्हारे दुख-दर्द तो इन मुसलमानों की वजह से हैं; ये मुसलमान नहीं रहेंगे तो तुम्हारी जिंदगी में सब सुख आ जायेगा।

मैं समझता हूँ कि मुसलमानों को अलग राजनीतिक नेतृत्व के बजाय एक ऐसे आंदोलन की जरूरत है जो उनकी सचमुच की तकलीफों के बारे में सोचे। उनकी गरीबी, बेरोजगारी आदि समस्याओं पर जब सोचा जायेगा तो इस समुदाय को खुद-बखुद लगेगा कि वह हर समुदाय के आम इंसान से जुड़ा हुआ है। और, यह सिर्फ मुसलमानों के लिए सच नहीं है। यह हिन्दू के लिए भी उतनी ही सही है। 'हिन्दू नेतृत्व' अपने अनुयायियों को यह नहीं बताता कि तुम्हारी जिन्दगी के जो आम दु:ख-दर्द हैं, वे एक मुसलमान से भी जुड़े हुए हैं, बल्कि यह बतलाता है कि तुम्हारे दु:ख-दर्द मुसलमानों के ही कारण हैं।

हिन्दुस्तान में अल्पसंख्यकों के साथ अजीब-सा रवैया रहा है। ऐसे लोग रहे हैं जिन्होंने अल्पसंख्यकों को चहारदीवारी में कैद कर रखा है—किसी ने संरक्षण से और किसी ने आरोप से। किसी ने भी किसी मंच पर पूरा सच नहीं कहा। ऐसा नेतृत्व विकसित होने की आवश्यकता है जो एक ओर तो आज के दौर की उनकी समस्याओं के बारे में साफ-साफ बात करें तो दूसरी ओर जो अंदरूनी बातें हैं, जिनसे समस्याएँ और बढ़ती हैं, उनकी भी आलोचना करें। अक्सर होता यह है कि हममें से कुछ ऐसे हैं जो हर बात पर अल्पसंख्यकों के पक्ष में खड़े हो जाते हैं और अल्पसंख्यकों से जब कोई गलती होती है तो कुछ बोलते ही नहीं। इस कारण उनकी विश्वसनीयता नहीं बनती। कुछ लोग केवल ऐब निकालते हैं। ये दोनों बातें नहीं होनी चाहिए।

हम समझते हैं कि हमारे मुल्क में सांप्रदायिकता के कारण दंगे होते हैं। पर मैं समझता हूँ कि सांप्रदायिकता उतनी नहीं है जितनी वे लोग चाहते हैं और इसीलिए दंगे करवाते हैं। मैं समझता हूँ कि आज हिन्दुस्तान के हिन्दुओं और मुसलमानों को एक ही तरह का नेतृत्व चाहिए। अलग नेतृत्व की धारणा ही गलत है। अलग नेतृत्व यही बतायेगा कि फलाँ हिन्दू हैं, फलाँ मुसलमान; आपकी पहचान यह नहीं है कि आप बेरोजगार हैं। जबकि सच में यही पहचान असली पहचान है कि गाँव से डेढ़ कोस दूर अस्पताल नहीं है, पहनने को चार जोड़े कपड़े नहीं हैं। जब आप इस असलियत की बात करेंगे तो अलग नेतृत्व की जरूरत नहीं पड़ेगी।

'रोटी, कपड़ा और मकान' मिल जाये, इसी सोच में सारा दिन गुजर जाता है, पर पहचान इससे नहीं बनती। लेकिन कुछ घंटे मंदिर या मस्जिद जाता है, तो पहचान बन जाती है।

दरअसल, मुसलमानों के बारे में धारणाएँ ही गलत रहीं और सारे फैसले उन्हीं धारणाओं के प्रकाश में लिये गये। सच यह है कि कठमुल्ला मुस्लिम नेताओं का तुष्टीकरण हुआ, मुसलमानों का नहीं। इन नेताओं को समुदाय पर थोपा गया। मैं सिर्फ कांग्रेस को इसके लिए दोषी नहीं ठहराता। भाजपा, विहिप और आर०एस०एस० जैसे संगठनों ने मुसलमानों को जानने की कोशिश नहीं की। मुसलमानों पर यह इल्ज़ाम लगाया कि वे अलग हैं और उन पर हमला किया। कुछ लोगों ने दोस्ती से तो कुछ लोगों ने दुश्मनी कर मुसलमानों को अलग कर दिया। धर्मनिरपेक्ष नेता जब शाही इमाम ने मिलते हैं और समझते हैं कि वह 'सेकूलर' है और भाजपा जब कहती है कि मुसलमान कट्टरपंथी हैं, तो भाजपा की एक प्रकार की विश्वसनीयता बनती है।

मुसलमानों के नेता तो दो रहे हैं—नेहरू और इंदिरा गांधी। इन्हें जनता का समर्थन भी था। आज मुसलमानों के लिए यह जरूरी हो गया है कि वे थोपे हुए नेताओं को स्वीकार न करें, अपने ऊपर किसी को बैठने की इजाज़त न दें। 6 दिसंबर की घटना के बाद मुसलमान समाज में जो 'भय ग्रंथि' उत्पन्न हुई है, उससे नेता फायदा भी उठा सकते हैं। दरअसल, हिन्दू फासिस्ट शक्तियों को मुस्लिम सांप्रदायिक शक्तियों ने वैधता दी। आज नेतृत्व के बजाय अपने भीतर की चेतना को विकसित करने की आवश्यकता है। यह समझने की जरूरत है कि ये सस्ते नारे और ये जज्बाती भाषण देनेवाले जो तथाकथित नेता हैं, वे अपने नारों और अपने भाषणों से हाँका करते हैं, मुसलमानों को वहाँ ले जाते हैं जहाँ हिन्दू फासिस्ट शक्तियाँ उनका शिकार करती हैं।

मैं समझता हूँ कि यह चेतना अगर हममें पैदा हो जाये तो अपना सही नेतृत्व मिलना कोई मुश्किल बात नहीं।

हमारी सामान्य समस्याएँ किस तरह एक हैं, इसका एक उदाहरण है समान सिविल कोड। यह इतनी बड़ी समस्या नहीं है जितनी बना दी गयी। लोगों का मानना है कि मुसलमानों में बहुविवाह की प्रथा है जिसके कारण मुसलमानों को अधिक बच्चे होते हैं। पर आँकड़ों के अनुसार हिन्दुओं में बहुविवाह की प्रथा मुसलमानों से अधिक है। वैसे भी बहुविवाह से अधिक बच्चे पैदा नहीं होते। दरअसल, सिविल कोड का महत्व तलाक, विवाह और संपत्ति के अधिकारों को ले कर है। मैं मुस्लिम पर्सनल कानून का समर्थन नहीं करता और न ही मैं कॉमन सिविल कोड का विरोध करता हूँ। आम हिन्दू धारणा यह है कि मुसलमानों का अपना कोड क्यों हो, पर सच पूछें तो इसका न्याय से कोई संबंध नहीं। भाजपा, जो शाह

बानो के बारे में इतनी चिंतित है, हिन्दू कोड बिल के परिवर्तनों का क्यों विरोध करती है? ज्यादातर अमीर हिन्दू अपनी बेटियों को संपत्ति-अधिकार से वंचित रखते हैं। इस स्तर पर यह सांप्रदायिक समस्या नहीं है। जितने भी वर्तमान कोड हैं, वे स्त्री के साथ ज्यादती करते हैं—हिन्दू कोड बिल भी। होना यह चाहिए कि शाह बानो को भी कोई न छोड़े और भाजपा का कोई आदमी भी अपनी बेटी को बेदखल न करे। स्वयं अर्जित की हुई संपत्ति हो या बाप-दादों की संपत्ति, उसमें से लड़कियों को बेदखल नहीं होना चाहिए।

जो तमाम लोग समान सिविल कोड की बात करते हैं, इस बारे में उनके क्या विचार हैं? मुस्लिम पर्सनल लॉ को मुसलमान ऐसे समझते हैं जैसे कि उनके पास वह ट्रॉफी है और उसे छोड़ नहीं सकते, क्योंकि उसके आगे 'मुस्लिम' लेबल चिपका हुआ है। वस्तुत: जहाँ औरतों की बात आती है, हिन्दू-मुसलमान सब एक हैं। मैं यह नहीं मानता कि भाजपा समान सिविल कोड की बात करती है, तो उसकी सहानुभूति औरतों के साथ है। हिन्दू औरतों को हिन्दू कोड बिल में न्याय देने में उन्हें क्या हिचकिचाहट है? यहाँ तो कोई रोक नहीं रहा, कोई शहाबुद्दीन नहीं खड़ा है।

कुल मिला कर, मुसलमानों और हिन्दुओं की समस्याएँ एक-सी हैं और दोनों को एक ही तरह का नेतृत्व चाहिए।

□□